心に映る無限

空のイマージュ化

長谷正當

法藏館

心に映る無限——空のイマージュ化——◎目次

I　無限のイマージュ……3
心情に映った空――空と無常――……5
1　心情の底に開かれた空　5
2　芸術と宗教の根源としての空――美と無常について――　13
3　人間の有限性と無常　18
4　日本中世文学に現れた無常の諸相　25
5　空と超越　30
宗教と構想力……39
1　人間における構想力の位置　39
2　応現の世界と影現の世界　42
3　人間が住む二つの世界　45
4　影現の世界としての宗教　48
5　イマージュの実在性　50
6　構想力の二つの方向　55
表現と自覚……63
1　自覚と表現　63
2　表現ということ――譬喩I「深山の池と小鳥の水紋」――　69

3 表現ということ――譬喩Ⅱ「二つの部屋を仕切る板」―― 72
4 デカルトの神の観念――神とその刻印―― 80
5 二つの世界の相互浸透としての表現
――ハイデガーの「土の開示性」と曽我の「分水嶺の本願」―― 85
6 表現としての「言うこと」 91
7 「言うこと」と主体――「我ここに（me-voici）」としての自己―― 96

Ⅱ 自然と自覚と他者

Ⅱ 自然と自覚と他者…… 101
自覚における自然
――シェリングの自然哲学とフランス・スピリチュアリスムの哲学――…… 103
1 フランス・スピリチュアリスムとシェリングの哲学 103
2 二つの哲学の共通の問題――精神と自然との連続性―― 109
3 二つの哲学の連関をめぐる研究 113
4 ラヴェッソンの『習慣論』 116
5 シェリングの芸術作品 120
6 ラヴェッソンの芸術論とベルクソンの宗教論――恩寵と愛としての自然―― 122
他者と無限――エマニュエル・レヴィナスの思想――…… 127

1 他者と西欧の哲学 128
2 自同と他 132
3 他者に面した自己 135
4 無限の観念と欲望 137
5 他者としての顔 140
6 発語としての言語 143
7 ブーバーとレヴィナス 146
8 有限性と超越 147

「霊動弁別」という判断の形式
——イグナチウス・デ・ロヨラの『霊操』における——……149
1 「霊操」と現代の問題 149
2 『霊操』という書とその具体的内容 154
3 霊操の順序と方法 159
4 霊動弁別と慰めおよび荒み 166

III 人間と超越……175

絶対自由意志と象徴の世界——ベルクソンから見た西田哲学の位置づけ——……177

1 経験と形而上学の乖離 177
2 意味の世界と所与の原理 184
3 ベルクソンと直観 189
4 西田のベルクソン批判、絶対自由意志 195
5 絶対自由意志と象徴の世界 204

死の哲学と実存協同の思想――田邊元の晩年の思想――……211
1 人の死と田邊哲学 211
2 田邊哲学の根本的性格――弁証法と象徴―― 218
3 死の哲学と実存協同の世界 226

ニヒリズムと空の思想――西谷啓治の哲学の根本問題――……238
1 空とニヒリズム 238
2 西谷とニヒリズムの問題 242
3 哲学以前としてのニヒリズム 247
4 近代化とニヒリズムの問題 253
5 現代のニヒリズムと科学の変貌 261
6 ニヒリズムの克服と空 265

トランス・デサンダンスとしての超越――武内義範の宗教哲学――……275

1　有限性の自覚と宗教哲学　276
2　転換の論理としての縁起思想　283
3　有限性の自覚と親鸞の思想　294
初出一覧……313
出典文献一覧……314
あとがき……317

心に映る無限

——空のイマージュ化——

I　無限のイマージュ

心情に映った空
——空と無常——

1　心情の底に開かれた空

空や無常の観念は仏教の教理の中心をなすものとして、これまで理論的にさまざまに説明されてきている。空の思想は原始仏教の時代からあったが、『般若経』において説かれて以後、龍樹の理論を通して大乗仏教の中心を占める観念となった。一方、無常の観念は仏教教理の特徴を表す三法印《さんぼういん》（諸法無我《しょほうむが》、諸行無常《しょぎょうむじょう》、涅槃寂静《ねはんじゃくじょう》）の一つであり、原始仏教以来、仏教の根本思想とされてきた。これらの観念は当初、教理や理論の影で述べられたが、しかし空や無常の観念が広く日本人に受容されたのは必ずしもそのような理論の形においてではなかった。

無常観が日本人の心に浸透する際、それは思惟において観念として表象されるよりはむしろ無常感となって情意に浸透し、以後日本人の心情を規定する基音となったことはこれまで多くの人々によって指摘されてきたところである。では、どのようにして無常観は日本人の情意のうちに浸透したのであろうか。

新しい観念の創造や受容は何もないところで生じることはできない。植物の種子は、それが発芽し、生育する土壌をもつように、新しい観念や情動が創造され、あるいは受容される場合、それらは発芽し成長するための素地を必要とする。それゆえ、無常の観念に共鳴し、これを増幅するごとき、自然の基底的な感情が日本人の心のうちにすでに存在するのでなければ、無常観は心情に効果的に浸透することはできなかったであろう。では、いかなる感情がそのような素地として働いたのであろうか。『万葉集』を貫いて流れているような「かなし」という感情や、王朝文学を色調づけている「はかなし」という感情をあげることができよう（阪倉篤義『日本語の語源』、講談社現代新書、参照）。これらの感情が、形相原因ともいうべき無常の観念を受け容れるための質料因となったのである。(1)

その事情は空の観念についても同様である。空の観念も仏教の教理の論理的な理解を通してのみ日本人の心に浸透したのではない。空の観念は日本人の心に浸透するための素地をやはり既存の自然のうちに見出した。それは目に見える「虚空」であり、また虚空と結びついている諸々の自然的情感であった。そのような素地を通して、空の観念は情意のうちに内化された。目に見える虚空やそれと結びついた諸々の自然的情感は、空の観念という基音に共鳴して、それを増幅する倍音として働いたのである（アンリ・ベルクソン『道徳と宗教の二つの源泉』、森口美都雄訳、中央公論社、二五四頁参照）。

我々が見たり聞いたりする自然の諸現象は情感によって気分づけられており、その気分において自然と自己が不可分なところで我々は生きている。その際、自然と結びついているこの直接的な情感は、すでにそのうちに混入した新しくて独自な情動によって創り変えられ、固有な色調と深みをもったものとなっていることは改めて言うまでもない。そもそも文化とは、そのようなより根源的な情動が、我々の自然的な感情の底に発見され掘り起こされるところに成立する。新しい観念の移植という事態が我々に教えるのはこのことである。ラヴェッソンが「観念の、自然への具体化ないし現実化の過程」として「習慣」を考察することによって、自然の深みに沈殿している観念を見出し、自然の秘密を明らかにしたように、空の観念や無常観の日本人の心への浸透という事柄を考察するとき、それは我々の目を人間の心の深層構造に向かわせ、我々の心情の底に開かれた文化的創造の源となるような透明で自由な創造的空間ともいうべき広がりがあることに注目せしめるのである。空や無常の観念がどのようにして情意に浸透したかという問題を考察する際に我々がまず導かれるのは、このような事態である。

そのことは、たとえばベルクソンがフランス人の自然感情の独自な質について考察して、次のように述べたときに明らかにしようとしたことであった。

自然は、どの時代にも、感覚とも言えるさまざまな感情《サンチマン》を呼び起こしていた。いつでも人々は快い木蔭、清らかな細流《せせらぎ》などを楽しんできたのだった。それは、ローマ人が田園の魅力を言い表わすのに用いた「アメーヌス」という言葉の示しているものである。だが、一人あるいは数人の個人が創り出した一つの新しい情動が到来したとき、あらかじめ存在していた音階を倍音とする――新しい楽器の独特な音色にも比せられる――何ものかが新たに産み出されたことは明らかである。それが、わがフランスでは自然感情と呼ばれているものなのだ。このようにして導き入れられた基音は、東洋、とりわけ日本で見られたように、われわれの場合とは全く違ったものにもなりえたろう。そこでは音色が違っていたであろう。

（同書、二五四頁）

同様な事情は近代人の山岳に対する感情や、ロマン的恋愛の感情のうちにも見出される。山岳が我々のうちに引き起こす新しいオリジナルな情動は、ただ山岳の自然的景観だけから生じたものではない。その独自な情動のもとにはルソーという個人があり、ルソーがそれを創造して、もともと山岳に結びついていた直接的で自然的な感覚ないし感情のうちに溶け込ませることによって通用させたものである、とベルクソンは言う。同様に、ロマン的恋愛感情のもとにはキリスト教神秘主義があるのであり、ベルクソンによれば、神秘主義が創り出した情動のうちに、婦人が男性に感じさせる、欲望とは異なった自然的な慕情を吸収させることが思いつかれた日に、ロマン的恋愛感情は生まれたのであった（同書、二五四頁参照）。こうして、我々が生きている直接的な情感は、自然の手を離れたままのものではなく、すでにそのうちに浸透した諸々の観念や、新しく発見された新しい情動によって創り変えられ、深みと豊かさを得ているのである。

このように我々が、直接的で自然的な感覚や感情のうちで、新しく自然を超えて創造された独自な情動を呼吸しているということは、我々が自然のうちにあってすでに、自然を超えた高みに、あるいは自然の深みにおいて生きているということである。人間が歴史的存在であるということがそのことを示している。いずれにしても、我々は所与の世界のうちで生きながら、同時に所与の世界を超えたもう一つの世界に生きているのである。(2) そして、そこから自然の世界からだけでは生じえない、新しく深い生命とエネルギーを得ているのである。そのもう一つのより深い見えざる世界は人間の自然的限界を超え出るものとして、自由の世界と呼ばれてもよいし、また無限の世界と名づけられてもよい。我々が生きている世界の限りなく多様な色調や深みは、このように我々の自然的感情の底にそれを超える透明で無限な世界が開かれ、そのような世界が我々の自然的情感のうちに降りてきていることに由来するのである。宗教において「空」と名づけられるのはそのような自由で透明な無限の世界である。そのような空が情感のうちに現れ、そこに自らを映しているところにまた芸術が成立する。目に見える虚空は、宗教の根幹をなすものとして我々の心の底に開かれた空そのものではないが、それは、そのような自由で無碍な「空」を我々の心の底に見る視力を支え強めるのである。

大乗仏教の教えの根本をなす「空」の観念が、インドでは目に見える「虚空」と同じ「スイーニヤ」という言葉で表されてきたことは周知の通りである。このことから、両者が文字通り同一であると想定したり帰結したりすることができないことは無論であるが、しかし両者の間にたんなる譬喩以上のある独特の深い繋がりがあることを西谷啓治は指摘している。

古来から空を歌った詩が数限りなくあり、人が自己の存在の核心に結びつくような思いを空に託してきたのは、一切のものが消失していく無常と、また一切の障りを超えた無碍で自由な世界とを人は虚空のうちに見るからである。実際のところ、虚空は我々が眺める自然的な対象物のうちの一つではない。虚空は視覚の対象物のなかで特別の位置を占めている。海や山、月や太陽は古来から宗教的世界の象徴ないし感性的写しとして捉えられてきたが、虚空もまたそのような宗教的象徴の意味を担った自然的対象物であった。しかし、それらの中でも虚空はやはり、異なった性格をもつ。それは、虚空は知覚の対象であって、しかも知覚の対象ではないということである。我々は虚空を見るが、何物をも知覚しない。あるいは知覚しえないものを知覚する。西谷啓治は、虚空のそのような独自な性格にとくに注目して、虚空は眼に見える永遠ないし無限であると言う。たとえば、青空を眺めることを「形而上的感覚」と名づけ、それがレクリエーションになるとして、西谷は次のように述べている。

昔から人は、静夜に星空を眺めて、天地の悠久を想い、ひるがえって、その無限なる宇宙の間に存在する小さい自分のはかなさを想った。しかしこれは既に高い想念である。ましてカントのように、星天を仰いでそこに司配する永遠なる自然法則を想い、かつ、自己の内を省みてそこに司配する永遠なる道徳法則を想い、畏敬の念をもってそれらを讃歎するというのは、崇高な想念である。しかし今ここで言うのは、もっと卑近な、ごく日常のことで、ただ白日のもと青空を見るということである。青空は、ふだん絶えずわれわれの感覚に上がっている。しかも青空は永遠であり、眼にみえる永遠なのである。

物理学は物理的空間というものについて、生物学は生物の環境を構成する生空間というものについて、いろいろ考えるであろう。そういうさまざまな空間に通ずる「空間性」つまり、あらゆる種類の空間を成立せしめる場は、無限に包括的で、永遠である。物理学的空間も生空間もそれの現れである。それは人間の世界、例えば心理や倫理の領域にも現れる。そういう空間性そのものを、古人は「虚空」と呼んだ。その虚空が人間の感性に現れて、眼に見えるものとなっているのが青空である。青空は肉眼でみることのできる永遠である。そういう意味で、それを形而上的感覚といったのである。（西谷啓治『随想集　青天白雲』一八七〜一八八頁）

西谷はここで虚空を眼に見える永遠・無限と言っている。大乗仏教の教理の中心に空が捉えられ、そして空の教えの根本にある直観を古人が目に見える虚空によって表したとき、そこでは、空と虚空との間にあるこのような直接的で深い繋がりが看取されていたのである。そして、「目に見える虚空」が目に見えない「空の教え」の譬喩である以上に、両者の間により直接的な関係があるとして、西谷は次のように述べている。

そらは果てしない広がりと限りない深さをもった空間として永遠不変なものである。それはわれわれが目で見ることができる「永遠なるもの」としては唯一のものである。目に見える世界のその虚空が経典のうちでは、永遠無限なるもののいはば形象（image, Bild）として目に見えない永遠無限なるもの、乃至は永遠無限性を表示するのに使はれてゐる。その意味では空とか虚空とかいふ言葉は基本的にいつて一つの譬喩であるとみへるが、しかしまた単なる譬喩であるともいひ切れない所がある。目に見える虚空は、それが目に見えてゐる限り、与へられた事実であり、現実である。それが目に見えない永遠無限を表示するとしても、その場合の表示である可視的な現象と表示される不可視的なるものとの間には、譬喩といふ以上の近親性がある。上に形象といふ言葉を使ったが、実は目に見える虚空は形なきものであり、厳密な意味では形象とかイメージとはいへない。むしろ形なきものの可視的な現象ともいふべきものである。可視的なるものと不可視的なるものとの関係は、その場合、どういふ関係かはつきりしてゐない。古来、西洋の哲学でいはれてきたアナロギアといふ言葉も、その言葉がいはゆる存在論に属し、存在の論理に関するものである限り、今問題にしてゐる関係に適用できるかどうかはつきりしない。

（「空と即」、『西谷啓治著作集』第十三巻、一一一～一一二頁）

こうして、西谷によれば、虚空において我々が見るものはじつは目に見えない永遠無限ともいうべきものであり、その永遠無限の可視的形態である虚空のうちに仏教の教えの根幹をなしている「空」が映されているのである。

虚空は目に見える永遠無限として蒼弓に開かれているだけではない。虚空はまた地上に降りて来て辺りの諸事物のうちにも浸透し、目に見えぬ雰囲気となって辺りを支配している。そして、それはまた辺りの雰囲気に感応する我々の心情の底にも開かれている。西谷は先にあげた文章のなかでさらに、そのような心情の底に開かれた虚空を指示するものとして「眼に青宵《あおぞら》を看る」という言葉を取り上げ、その「青宵」とは「知性や意志などを含めた人間の心における最根柢のところ」、「さまざまな形をとって現れてくる心の奥底にある、形のないところ」（西谷啓治『随想集　青天白雲』三頁）であると述べている。そのような虚空は目で見ることはできないので、心で見るしかないが、そのことが「眼に青宵を看る」ということであると言われる。

心情の底に開かれているそのような虚空は、感覚をはじめとして知性や意志を含めた心のあらゆる働きの根幹である「知る」ことのうちに現れている。「知る」ということは、心のうちの最も透明なところ、形なきところであり、心の最も深く本質的なところである。したがって、「知ること」は心のなかに開かれた「虚空」ともいうべきところである。

知るということの最も原初的な形態は感覚である。感覚において、我々は事物と一つであり、事物を直接的に生きているが、感覚には「原初的覚」ともいうべきものが備わっている。したがって、感覚において、事物と我々とが不可分に一つに生きられているところに、虚空はすでに出現していると言いうる。感覚における「知ること」がさらに展開されて、事物がいわば内から透明化され、イマージュとなって現れるとき、我々の心の底の透明な虚空がその姿を現してくるのである。我々の心の底から構想力がさまざまなイマージュを展開してくることは、あたかも虚空に白雲がたなびくさまに譬えることができるが、そのように形なき心の底から構想力を介してさまざまのイマージュが展開して、それがいわばノエマとして心に映るところに芸術があり、また逆に、展開されたイマージュを透かして形なきノエシスともいうべき虚空を見るところに宗教がある。

（1）九鬼周造『「いき」の構造』（岩波書店、一九三〇年）参照。九鬼は「いき」の構造を、「媚態」という質料因に「諦念」と「意気地」という形相因が加わったものとしているが、「質料因」、「形相因」という語の使い方は九鬼によった。

（2）上田閑照『場所――二重世界内存在』（弘文堂、一九九二年）参照。もう一つの世界ないし次元をめぐって、我々の住む世界の二重構造が的確に分析されている。

2　芸術と宗教の源泉としての空――美と無常について――

無常観が日本人の心に浸透したとき、それは仏教の教理や理論を通してではなく、情意において受け取られたことは先に述べた。したがって、無常観は日本人の心においては無常感として浸透したのであり、その無常感はまた無常美感という形をとった。日本人の無常観の特色は、それが美と結びついていることだと言われてきた。しかし、無常感に美が伴うのはいかなる理由によるのであろうか。そしてまた、無常と美との結びつきがとりわけ日本人に強く意識されたということは、その結びつきが日本人に固有なものであることを示すのであろうか。それとも人間の心に普遍的に備わる事柄がとりわけ日本人において強く現れたということなのであろうか。無常美感の特質を見ることで、そのことを考えてみたい。

西谷啓治は先にあげた「空と即」という論文のなかで、それ自身形なき空が情意に映されること、あるいは空が情意のうちに彩りをもって現れることを空の「イマージュ化」と呼んで（著作集第十三巻、一二四頁）、そこに芸術の根源を捉えている。宗教の根本に空があるならば、空のイマージュ化とは、いわば宗教が芸術のうちに姿を変えて現れることである。他方、芸術における諸々のイマージュや形は、空が情意のうちに形をとって現れたものであるから、そのイマージュや形を通して、形を脱したもの、無形なるものが見られてくるにつれて、沈黙の世界が開かれてくる。そこで芸術は自ら宗教へ転化する。このようにイマージュをめぐって、それを産出の方向に見るか、還滅の方向に見るかによって、芸術と宗教の立場が入れ替わる。そのかぎり、芸術と宗教は相互に映し（移し）合うところを有している。

芭蕉が風雅として捉えたものはそのような、情意に映された空である。風雅を芭蕉はまた「花」と呼んだが、花とはまさに空が「イマージュ化」されたものであり、宗教が芸術に映（移）ったところである。「西行の和歌における、宗祇の連歌における、雪舟の絵における、利久の茶における、その貫道する物は一なり。しかも風雅におけるもの、造化にしたがひて四時を友とす。見るところ、花にあらずといふ事なし、おもふところ、月にあらずといふことなし。像花にあらざるときは夷狄にひとし。心花にあらざるときは鳥獣に類す。夷狄を出て、鳥獣を離れ、造化にしたがひ造化にかへれとなり」と芭蕉は述べているが、花とは、そこで人間が鳥獣や夷狄の域を出て人間となる道とされている。芭蕉によれば、像や心に花をもつことが人間が真に人間となること、人間存在の核心に立つことである。花とは人間が見るべき、あるいは感じ取るべきある確かで不変な形ないし姿である。それゆえ、人間をその存在の核心に立たしめる花は、変化や無常のなかにあって不変なもの、常なるものであり、時間や歴史を貫通する一なるものでなければならない。

「花」はまた世阿弥がその芸能の核心に捉えたものであった。芸能の奥義としての「誠の花」は、世阿弥によれば、人間の心の内奥に開く「正覚」の花でもある。小林秀雄は『無常といふ事』のなかで世阿弥の花を取り上げ、花とはそこにおいて人間が動物であることから救われるものであると述べている。世阿弥の花は、小林によれば、死骸累々たる歴史の泥中に咲いたものであり、無常なるもの、アモルフなものを超えて獲得されたある確かな形である。それに対して、無常とはいついかなる時代でも、人間の置かれる「一種の動物的状態」であり、明確で定まった形をもつに至っていないことであると小林は言う（『小林秀雄全集』第八巻、一九頁）。原始仏教において無常の実相として人間と世界の底に見極められた執着と愛欲相がそのような動物的状態であると言えよう。それゆえ、人間は無常を断じて、人間存在の根本にある直接の心、直截な念をその純粋な形で把持しなければならない。しかし、それは秘められているがゆえに見定められ、信じらるべきものであった。直接な心の純粋な形としての花とは、カントによれば人間存在を貫く「善意志」であるとも言いうるが、感情においてそれは「美」として出会われるのである。いずれにしても、人間は「ただ生きている」だけではなく、人間存在の底を貫く常なるものを捉えることが、人間の置かれた無常という動物状態を脱することであり、そして、そのことが文学の根本の営為であると小林は捉えたのである。

しかし、美が形として常なるものでありながら、美が無常感を伴って現れるのはなぜだろうか。それは、常なるものは、人間にとって、無常のただ中でしか見られないものであることを意味する。先に、芸術における形は、空が情意において「イマージュ化」されるところ、形なき空が形をとって現れるところにあると述べたが、形が「花」であるゆえんは、それがまさに死骸累々たる歴史のなかから咲き出た常なるものであるところにある。したがって花の美しさは、それが無常のなかに置かれてあるということを条件としている。花が脆く儚いものであることは、永遠なるものは脆きもの、無防御なるもの、貧しきものという形においてこの世に現れることを意味している。美が不変なる形と結びつくものでありながら、無常感と切り離せないゆえんはそこにある。

美が実在であるなら、堅固なるもの、恒常なるもの、不壊なるものが実在であると考えるのは錯覚である。むしろ、脆いもの、壊れやすきもののうちにこそ、堅固なるもの、強きものがもつことのない実在性が現れている。庭先の見知らぬ花が、掛け替えのない実在性をもって見る者の心を打つのは、それが名前がないということ、それが種子から育って二度と返ることがないということ、それが無常のただ中に置かれているということと不可分である。無常を摑むことができず、触れることも、確保することもできない永遠は、この世に無常という姿をとって現れる。無常感に美が結びついている理由がそこにある。人間は永遠に直接しえず、永遠を所有しえないがゆえに、永遠は無常感のなかで美という形をとって現れるのである。

聖なるものが護られていないもののうちに現れることも、同じ事情による。赤子の笑顔が聖なるものであるのは、ガブリエル・マルセルによれば、それがあらゆる瞬間の破壊に無防御に晒されながら、その存在の全体を無心に露にしているからである。破壊に晒されるという仕方で現れるものは、我々が決して触れることのできないもの、つまり神の現存である。神が天にあるということは、それが我々にとって不在であり、無であるということである。したがって神はまた悲惨な奴隷という形をとってこの世に現れなければならなかった。神が悲惨な奴隷の姿として現れたということは、神はこの世にいないということである。しかし、神の不在がこの世における神の現前の唯一の仕方である。そのことは、神、つまり永遠なるものはこの世に無常として現れるということである。このパラドックスを、たとえば道元は「仏性は無常である」（「仏性」、『正法眼蔵』）と言い表している。

したがって、美と無常との結びつきは日本人に固有のものではなく、人間の心の普遍的な構造に基づいている。無常美感とは滅びゆくもの、失われゆくものに対する哀惜や詠嘆の感情ではない。むしろそこにあるのはある確かな実在の感覚である。それは裏返された永遠の感覚ともいうべきものである。永遠が無常なるものとして現存していることが美として感じられるのである。貧しきもの、脆きもの、無常なるものが心に滲みるのは、そこに永遠なるものの隠された現存があるからである。それゆえシモーヌ・ヴェーユは、貧困のうちに詩の源泉があり、そしてそこに「究極の美の条件」があると言う。そして次のように述べている。

貧困には、他にいかなる等価物も見当たらないような詩がある。それは、悲惨さという真理の中にみられる悲惨な肉体から発する詩である。春、桜の花の散る光景は、もしそのはかなさがあれほどに感じられるのでなければ、人の心を打つことはないであろう。一般的に、極限の美の条件は、距離がおかれることによるのであれ、はかなさによるのであれ、ほとんど不在のものであるということだ。星座は不変である、が非常に遠くに存在する。白い花はそこにある、が既にしてほとんど破壊されようとしている。同じように、人間が純粋な愛をもって神を愛することができるのは、人間が神をこの世界の外に、天にあるものと考える場合でしかない。あるいは、神が人間のようにこの地上に存在していても、か弱い、侮辱され、殺害されるものである場合、あるいは、神がさらに大きな度合の不在に外ならないもの、つまり食用の微小の物質のような形で存在するものである場合に限られるのである。

（シモーヌ・ヴェーユ、『ロンドン論集とさいごの手紙』、田辺保・杉山毅訳、二一六頁）

空とは、そこにおいて事物が自己自身に透明になり、その独自性、固有性、実在性をもって現れてくる場所である。そこにおいて事物は意味を変え、異なった相貌のもとに現れてくる。しかし、我々は空をそれ自体として知ることはできず、ただ、事物に即して、事物の独自の現れ方のうちにしかその現存を感じ取ることができない。言い換えるならば、空は、無常なるものが無常なるものとして現れてくる源、すなわち、無常を捉える眼差しのうちに現存するのである。詩、とりわけ叙事詩は、世界を眺める眼差し、あるいは世界に触れる心の底にそのような空が開かれているところに成立する。そこに仏や神の知恵が宿るのである。

『平家物語』の唯一の主題は、あらゆる人間が無常という事実に従属しており、誰一人その事実を免れる者はいないという苦渋を、曇りなき眼差しのもとに眺めたところにある。そこには冷酷さや美辞麗句や悪趣味は存在しない。無常という事実のもとでは勝者は勝者ではなく、敗者は敗者ではない。勝者は勝者のゆえに賛美されることはなく、敗者は敗者ゆえに軽蔑されてはいない。無常のもとに置かれた人間は粉飾されず、安易な憐憫もされず、軽蔑に晒されてもいない。そこではあらゆる人間の活動があたかも自然の運動を模しているかのごとく公平で無私な眼差しのもとに眺められているが、その無私な眼差しは無常のもとにおかれた人間の苦渋を深い共感と愛情をもって眺めているので、あらゆる人間の活動はそこでは真にリアルで生きた姿をもって現れてくる。

『平家物語』の作者の心を貫通している「空」は、また『イーリアス』の作者の心を貫いているものである。『イーリアス』の作者は神を愛する人にだけ見えるような仕方で人生を描いた、とヴェーユは述べている。「ひとつの魂が、優しさや平静さを失うことなく、これ程まで明瞭に、冷静に、人間の悲惨さや恐怖をみてとることができた」（『超自然的認識』、田辺保訳、一二五頁）のは、ヴェーユによれば、神への愛が作者の心に宿ることによって初めて可能である。『イーリアス』の作者がしたように、この世において「勝利者と敗北者を同時に理解し、愛することは不可能である」。しかし、それが現実に可能となるとき、その眼差しは、「神の知恵が宿る、この世の外に位置する場所」（同書、一二八頁）にあるのでなければならない。その神とは『マタイ福音書』で完全であるとされた神、「善人にも悪人にも等しく日を昇らせ、雨を降らせる」無私なる神である。その神の知恵は、その愛の無私性において「空」に通じるものである。

3　人間の有限性と無常

空と無常の観念は、一切の事物が無自性であることを示すことにおいて、本質的には重っている。しかし、現実的には、無自性性は両者において全く異なった相貌をもって現れる。それは空において、世界の如実相として端的に肯定されるが、無常においてはそれは否定的な相のもとに現れる。論理的には同一の事柄を指している空と無常が、あたかも同じ星の表と裏のように異なって現れるのは、そこに時間に繋がれた有限な人間が介在するからである。したがって、重要なことは、無自性性において本質的・論理的に同一である空と無常が、現実的・実存的にも同一となることである。そこには無常から空への転換がなければならない。そこで問われてくるのは、時間と結びついた人間の在り様である。

「空」の思想が明らかにした一切の事物の無自性性は、「縁起」によって説かれた。一切の事物は互いに依存して生起しており、相互に他を縁として成り立っているがゆえに、不変の実体のごときそれ自身の自性をもたず、したがってまた、固定した名前をもたない。一切が無自性であるということは、一切が名前なきものであるということである。この事態を如実に観察し、端的に肯定するところに空の思想が成立した。その際、縁起説が、一切の諸事物の無自性性という空の原理をそれらの相依相関といういわば空間的関係のもとで明らかにしたとすれば、この同じ無自性性という原理を時間において把握するとき、それは「無常」として現れるのである。

すべてのものが転変し、消滅し、虚無へと消え去りゆくことは、すべてのものは究極において名をもたないものであるということである。縁起における無名性が時間において捉えられるとき、無名性は無常となる。たとえば、西田幾多郎は、キーツがその墓碑に彫らせた言葉「'Here lies one whose name was writ in water…'（ここにその名が水に書かれたものが眠る）」（「続思索と体験」、『西田幾多郎全集』第十二巻、一八四頁）に触れて、そのような無名性に思いを致している。西田はそこで無常の本質を無名性に見たのである。無名性とは、歴史の基礎にある自然の大地性そのものの本質でもある。大地はこれまでに時間が殺した無数の名もなき人間の墓場である。一切の事物の無自性性という空の真理を、大地は時間面において無常として示すのである。一切の事物の無自性性は、時間においては人間を否定する無の脅かしとして経験される。無常において我々は無の否定に出会うのである。無常が明確な観念にまで高められ、実在の如実相として明らかにされたのは東洋において、とりわけ仏教においてであった。しかし、無常は人間が生きている至る所に顔をのぞかせており、誰しもがその眼光によって等しく見射られねばならなかったことは、洋の東西を問わない。その眼光に見射られた者は、一人死者の国に赴かねばならない。無は人間がその実存の根本において直面せざるをえない、宇宙の根本事実なのである。宗教の根本は人間を脅かしてくるこの無をいかに受け容れ、乗り超えるかということにある。宗教における超越の問題は無との関わりにおいて生じるのであり、超越が課題となるところでは無がその足元を脅かしているのである。

パウル・ティリッヒは西洋の哲学において無がいかなる位置を占めているかを考察している（『生きる勇気』、大木英夫訳、四二頁以下）。無は克服さるべきものであるが、排除してしまうことはできない。むしろ、無は生が生として成り立つための不可欠な要素として受け容れられねばならない、と彼は言う。もし生から無を取り除くならば、生も犠牲にされざるをえない。新しい生命の誕生は、古い生命の消滅という無のゆえに可能となる。「生」や「過程」、あるいは「生成」といった概念は無と切り離しがたく結びついているのである。事実、無は西洋の哲学において大きな位置を占めてきた。プラトン、アリストテレス、プロチノス、アウグスチヌス、ディオニシウス・アレオパギータ、ヤコブ・ベーメ、ヘーゲル、ハイデガーやサルトルにおいては無の概念は重要な位置を占めている。そこでは、無は論理的概念として考察されている場合もあり、端的に人間を否定し脅かしてくるものとして捉えられているとは限らないが、しかし、無が論理的に取り扱われている場合でも、その根本では無は論理を超えた実践的な性格をもったものとして出会われている、とティリッヒは述べている。そして、こういうさまざまな仕方で用いられる哲学における無の概念は、すべての被造物のもつはかなさや人間の魂や歴史のなかにある「悪魔的」な力などに関する宗教的体験を背景としていると見ることができるのである。
（同書、四四頁）

と言う。

無常の背後に潜む否定ないし無は、直接的には物の消滅や生成流転や死の不安として現れてくる。したがって無常は、一般には死の不安として捉えられてきた。しかし、無は死としてだけ現れるのではない。無は罪や虚無としても現れる。それゆえ、無常はまた罪や虚無をも含む。しかし、死という見地からすれば、罪や虚無もまた死のうちに含まれる。肉体の消滅だけが死ではない。精神的な意味や道徳的な意味での死もある。それらは時として肉体的な死以上に大きな脅かしや不安をもたらし、肉体的な死以上の死である。こうして無常には死の種々相が含まれる。肉体的な死が無常であるならば、死すべきものを死すべきものと知らずに執着している生の有り様は二重の死であり、より深い無常である。それが罪である。さらに、一切のものが確かさを失い、空虚で無意味なものとなるときに生じる精神的な死は、肉体的な死がいかんともすることのできない深みをもつ。一切のものの無意味さは自殺をも不可能とするという意味で、精神的な死は究極的な死である。こうして、人間が時間において出くわす否定を無常と解するならば、無常には種々の形態が含まれてくるのである。

ティリッヒは無が存在を脅かしてくる三つの様相を捉え、それに応じて不安の三類型を区別している。それは、第一に「運命と死の不安」であり、第二に「空虚と無意味性の不安」であり、第三に「罪責と断罪の不安」である。これら三つの類型は一応は区別されるにしても、互いに排除しあうものではなく、現実には互いに他の内に入り込んでおり、ただそのいずれかが優勢となって現れるという違いにすぎない。無の現実相はむしろこれらが相互に入り込んで複合態をなし、切り離すことができないというところにある。そこで、無の諸相をティリッヒの分析にしたがって見ておこう（同書、五一頁以下）。

最も基本的で、普遍的かつ不可避なものは「運命と死の不安」である。運命の不安は具体的であり、かつ直接的な衝撃をもって現れる。それは我々が意味や目的を欠いた偶然性に支配されていること、不合理性や見通すことのできない出来事に左右されているという不安である。運命の不安は相対的な不安であるが、それが逃れられないような切迫性をもって迫ってくるのは、運命の背後に死の不安という絶対的な不安が控えているからである。

無は、われわれが過去から未来へ向かって、他のすべてのものと同じく、消滅をまぬがれるような一瞬の時ももたずかりたてられていくという経験の背後に立っている。無は、われわれの社会的また個人的実存における安全喪失と故郷喪失の背後に立っている。無は、弱さや病気や事故がわれわれの肉体と魂におけるその存在の力を攻撃するとき、その背後に立っている。これらすべての形において運命は姿をあらわし、そしてそれらを通して無の不安がわれわれを捉えるのである。（同書、五五〜五六頁）

こうして、運命と死の不安において我々は無常に出会うのである。これが無常の第一の様相である。

しかし、人間はたんに存在的な意味においてだけではなく、精神的な意味においても自己肯定を脅かされている。そこに無の第二の類型としての「空虚と無意味性の不安」があるとティリッヒは言う。無が精神的自己肯定を攻撃する形は、直接的には空虚という形をとる。空虚の不安はある確信が外的事件や内的変化によって打ち砕かれ、創造的エロースが無関心と嫌悪に化してしまうところに生じる。そしてこの空虚がさらに、個々の内容に意味を与えるところのある意味の喪失、精神生活の中心であり現実である究極的関心の喪失の不安となるとき、無意味の不安が生じる。こうして、運命の不安の背後に死の不安が横たわっているように、空虚の背後に無意味の不安が横たわっているのである。空虚と意味喪失の不安は精神的生活において現れた無常である。この無常は存在的な自己肯定を直接的に脅かすものではないが、精神生活の全体に及ぶものとなるとき、人は空虚と無意味の絶望に耐えるよりは、むしろ自己の存在を放棄せんとする。その意味で、存在的な自己肯定と精神的な自己肯定とは区別されねばならないが、分離することはできない。

さらに、無の第三の類型として「罪責と断罪の不安」がある。人間は存在的な自己肯定や精神的自己肯定におけると同様、道徳的自己肯定においても無に脅かされている。無は、人間が規範に背いて行為する力のうちに、最善と考えた善行にも存在するエゴイズムのうちに、人間が善と悪との判別しがたい曖昧な状況に置かれていることのうちに、混入している。その曖昧さの自覚が罪責の感情である。罪責の感情が自己について否定的な判断を下すとき、罪責の不安は断罪の不安となる。

このような罪の不安は、死の不安や無意味の不安と区別されねばならないが、分離することはできない。死の恐怖や無意味の不安はそれだけに止まらず、罪責の意識と結びつき、罪のうちで内化されて冪《べき》をたかめてくる。死は罪の現れないし報いとなり、無意味の絶望は罪の徴となるのである。

こうして、人間の自己肯定を脅かす無の三類型が区別されるが、この三類型は相互に入り組み合っていて、それらのうちの一類型が優勢となって現れ出るとしても、そこには他の二類型も入り込み、それに彩りを与えている。無の脅かしが絶望的になるのはこの三つの類型が絡みあって複合態をなしていることによる。運命と死の不安が孤立して現れるならば、人は自殺によってそれから逃れることができるが、しかしその背後に罪責と断罪の不安が控えているならば、死によってそれから逃れる道は閉ざされる。こうして、ストア主義者に開かれていた道はキリスト者には閉ざされることになる。しかも、死の不安は断罪の不安と結びつくことによって倍加される。罪の不安という倫理的次元は、死の不安という存在的次元が捉えることのできない深みをもつのである。無の脅威が全き絶望にまで人間を追い込むことは滅多にない。しかし、それが現実となって世界全体を覆うとき、実存全体はそれまでとは異なって現れてくる。自己を含めた世界の全体が無常一色となる。そこにプラトンが言うように、無常の世界から自己の全体をあげて向きを変えようとする要求が生じる。

無の三類型は、西欧においては、時代の社会的・歴史的状況と深く結びついている。存在的（死の）不安は古代末期に優勢であった。倫理的（罪の）不安は中世末期において支配的であった。精神的（無意味の）不安は近代末期に優勢となった。ところで、これらの不安がいずれも古代・中世・近代の末期に出現しているということはいかなる理由によるのであろうか。ティリッヒによれば、それは不安がそれ以外の時期には存在しなかったということではない。無の不安は常に存在していた。ただ、意味・権力・信仰・秩序の構造が安定していたとき、不安は表に現れることはなかった。それらの構造が、不安を克服せんとする個人の勇気が有効に働く堅固な支えとなりえたからである。それに対して、時代の変わり目においてそれらの構造が崩壊するとき、それらは不安を押さえ込むための確かな支点とはなりえなくなる。こうして、無の不安が出現すること構造の崩壊と切り離しがたく結びついているのである。

4　日本中世文学に現れた無常の諸相

無が自己肯定を脅かしてくる様相は、何処においても本質的に異なるものではない。日本において無常がとりわけ強く意識されるに至ったのは中世であるが、それはまさにその時代に意味・権力・信仰・秩序の構造の崩壊が最も顕著な仕方で現れたからである。そこでも無常はただたんに死の不安としてだけ現れたのではない。死の不安に罪や無意味の不安が混入し、時として死の不安以上に罪の不安が優勢となって現れ、そしてまた死の不安や罪の不安を透かして、無意味の不安が顔を覗かせている。無常は日本の中世においてさまざまな相をもった複合態として現れており、無常を超えんとして格闘した思想家や詩人や宗教家たちのうちでそれはさまざまな異なった表現を見い出すことになった。わが国における無常の諸相を見るために、それらの表現に簡単にふれておきたい。

日本の文学において無常感が基音となったのは中世である。唐木順三は王朝時代の「詠嘆的無常感が自覚的無常観となることによって初めて文芸史上の中世が始まる」としている。それには死が日常のこととなった社会的・歴史的な変動や動乱が結びついているのは言うまでもない。王朝の「はかなし」という詠嘆的な無常感においては死は足元に迫ってきてはいたが、死はまだ非自然、非常のことであった。しかし、死が自然であり日常のことになったとき、無常はまさに自己のこととなった。無常が自己の外の出来事ではなく、自己のこととなり、世界とともに自己が無常として観ぜられるとき、自己は一つの大きな問い、大きな疑問として現れるに至った。無常を観ずることが自己への問いとなったところに鎌倉期の文学や思想の特色がある。そこでは無常観は無常を断ぜんとする主体の実践的努力や決断と結びついてくるのである。

中世における自覚的無常観は、第一には家からの脱出となって現れた。家は人間の個人的生活のみならず、社会的生活の中心をなすものである。とりわけ家は社会的生活を営むために欠くことのできない基点である。無常が最も具体的で衝撃的な仕方で人を襲うのは運命の不安という形態においてであり、運命の悲惨は社会における没落と破滅という形で個人を襲う。そのような運命の不安を克服する道は家から脱出することである。そして、それはさらには死の不安を乗り超える道でもあった。そこに遁世、半僧半俗の風雅の道が成立する。風雅は自覚的無常観のとった最も一般的な形であった。しかし、風雅の道は運命の不安を免れたにしても、死の不安を克服したものではなかった。しかも、それは風雅の道に安住せんとする点において、運命の克服に対してもなお不十分なところを残した。そこで、無常をより徹底した形で克服しようとする次の三つの立場が生じることになった。無常観は(1)死の自覚、(2)罪の自覚、(3)無意味の自覚の方向に徹底され、深められたのである。

(1)無常観が死の自覚の方向に徹底した形で現れているのは『一言芳談抄』に見られるような立場であろう。そこでは風流という立場は捨てられている。この世の一切を放擲して後世を念ずることで無常を超えようとする立場が明確に出ている。「死を急ぐこころばへは後世の第一の助け」という念死が強く出てくる。死を念ずることの背後には、生にまつわるあらゆる煩悩を捨てて、生そのものに対して無私であろうとする願いがある。生への断念において、逆に死をも含んだ生の全体が見通されているのである。しかし、この立場には問題がないわけではない。それは、亀井勝一郎によれば、死を凝視することで逆に死に囚われるということである。「すべての執着を断ち切らうとして、逆に死に執着する」(『亀井勝一郎全集』第八巻、四四頁)ということである。それは死と後世とを対比的・連続的に考えるということであり、死を強調することで後世との繫がりを打ち立てようとすることである。唐木は、そこに死に対する「雄弁」があり、この雄弁のうちには生死を自己のものにしようという一種の退廃があると言う。そのような死についての雄弁は、たとえば蓮如の「白骨の御文」のごとき立場に現れている（唐木順三『無常』、二一三頁）。

死の雄弁は親鸞や道元においては消えている。それはたとえば道元の「この生死は仏のいのちなり。これをいとひすてんとすれば、すなはち仏のいのちを失わんとするなり。これにとどまりて、生死に着すれば、これも仏の御いのちを失うなり」によく現れている。そこには生死を自分のものにしようとする考え方からの根本の転換がある。この世とあの世とを対比的・連続的に考え、死を強調することであの世への移行を直接的に果たそうとする立場を、親鸞は「邪定聚《じゃじょうじゅ》」という誤った信の形態であるとして、信の正しい形態から退けた。道元や親鸞において中心の問題となってくるのは、死を超えることよりも、生死に着する立場を超えることである。信あるいは悟りとは生死を超えた無我に至ることである。道元は無我において悟りに至ったが、親鸞においては無我は罪の自覚という形をとった。救われがたい煩悩具足の凡夫という自覚が、ある意味で無我のより徹底した形なのである。そういう無我としての自己の自覚を罪悪深重な凡夫の自覚として捉えたところに、親鸞の「信」の特色がある。

(2)先にみたように、無常観は法然や親鸞において罪の自覚の方向に徹底して現れることになった。親鸞においては無常とは自己の外からやってくる死ではない。無常は、親鸞において自己の内に内面化され、無常であるのはこころそのものとなった。こころが無常であることの自覚が罪の自覚である。自分のこころの頼みがたいことを親鸞は「よろづのこと、みなもて、そらごと、たはごと、まことあることなき」と表現し、また「悪性さらにやめがたし、こころは蛇蠍のごとくなり、修善も雑毒なるゆゑに、虚仮の行とぞ名づけたる」と述べている。このような親鸞の自己確認は、救いに近づきやがて救われる自己ではなく、救いから遠ざかりゆく自己の確認、「いづれの行もおよびがたき身なればとても地獄は一定すみかぞかし」という自己確認である。それは上への超越ではなく下への超越である。このような自己確信が親鸞の信の核心をなしている。その自己確信の深さは「みづからが身をよしと思ふ心」ばかりではなく、「あしきこころをさかしく顧みること」をも無効にする体のものである。そこに自力無効の世界、一切のはからいを捨てた世界、捨てようと思うこころをも捨てて、仏の方より行われる世界が開かれる。現実的には、煩悩に囚われて我を捨てることのできない自己の徹底した自覚のうちに一種の無我が現れているのである。この逆説のうちに親鸞の言う救いが現れてくる。親鸞においては、一切の救いが閉ざされているという罪の自覚が同時に救われていることであった。そこでは、罪の自覚は、それが一切のはからいの放棄に導くという点において、無我の一形式、しかも最も徹底した無我の形式であったということができる。死の問題はそこでは中心からはずれて副次的な意味しかもたなくなり、罪からの救いが中心の問題となる。

(3)風流は無常観が強いた一つの生き方であったが、それは風流に安住し執着するという点においてなお無常観に不徹底なところを残した。その不徹底さが意識に上るとき、人は風流という文学の道を捨てて宗教の道へとすすんだが、なお風流に止まりながら無常観に徹しようとするとき、風流は深い懐疑と虚無に包まれてくる。自己を捨てようとしてなお風雅に執着する自己がそこに現れてくる。文学と宗教との矛盾が自覚されてくるのである。その懐疑において風流の道の安定は破れて、「流転」の不安定が現れる。鴨長明・西行・芭蕉のうちに見られるのはそのような流転の自覚である。そこには風流のうちにありながら風流に止まることはできず、風流の意味を疑いながらそれを捨てることのできない、引き裂かれた自己の有り様が自覚されている。風流のうちにあってどこにも救いがないと痛感した懐疑と虚無の自覚を、鴨長明の次の有名な告白が表している。

そもそも一期の月影かたぶきて、余算の山の端に近し。忽ちに三途の闇に向かはんとす。何のわざをかかこたむとする。仏の教へたまふ趣きは、事に触れて執心無かれとなり。今、草庵を愛するも科とす。閑寂に著するも障なるべし。いかが要なき楽しびを述べて、あたら時を過ぐさむ。

静かなる暁、このことわりを思いつづけて、自ら心に問ひていはく、「世を遁れて山林に交はるは、心を修めて道を行はんとなり。しかるを汝が姿はひじりに似て心は濁りにしめり。住家はすなはち浄名居士の跡をけがせりといへども、たもつところはわづかに周利槃特が行にだも及ばず。もしこれ、貧賤の報の自ら悩ますか。はたまた妄心の至りて狂はせるか」と。その時、心更に答ふることなし。ただ、傍らに舌根をやとひて、不請の阿弥陀仏両三返を申して止みぬ。

（『方丈記』）

このシニカルな反省のうちに、無意味性の不安ともいうべきもののまえに立ち尽くしている姿が現れている。そのような懐疑はまた『徒然草』のうちにも現れている。

しかし、両者においてはその懐疑は草庵における知的静止ともいうべき性格をもっているが、その懐疑が実存全体を一色に染めあげ、旅における彷徨となったのが西行である。西行においては、文学と宗教の矛盾が彼の存在そのものの悩みとなって集中し、その悩みが流転となって現れている。戦乱、火災、陰謀、飢饉という無常のなかにあって自己をいかに処するかという悩みは、「世のなかをおもへばなべて散る花の我が身をさてもいづちかもせん」という歌に直截に表されている。そのような西行の懐疑を、亀井は次のように述べている。

無常観を深め、帰依し、しかも僧形をとらず、風流に遊び、同時に罪の苦悩をもかさね、どのようにしても拭いきれない不安を、永遠に引きずっていったともいえるのは西行である。長明や兼好に比べるとはっきりするが、西行は巨人である。無常にともなう「流転」という言葉が、血肉をえて生きてくるのは西行と芭蕉である。時代をはるかにへだててはいるが、無常観を根底として成立した芸術として、それは同じ根底から成立した道元と親鸞の信仰に、まさに対立するものである。

（『亀井勝一郎全集』第八巻、五八頁）

無常はそこで根源的な懐疑となって西行の実存そのものの中に入り込んでいる。しかし、無常そのものを引きずっている点で、無常は西行にあってはなお自己の外に止まっていると言いうるところがある。風流の道そのものが、自らのうちに侵入してくる無常に抵抗する最後の砦となっているのである。

親鸞と道元にあっては無常はまさに自己の存在そのものとなった。無常が自己の存在のただ中に見出され、無常が自己となったとき、風流の道は宗教の道によって取って代わられたのである。

5　空と超越

無常をいかに超えるかということは仏教に限らず、あらゆる宗教の中心の課題であるが、釈迦の正覚に発する仏教の根本は、無常を超える道を「空」に見出したところにある。では、それはいかなる道であろうか。

仏教は無常を観ずることによって無常を超える道を開いたが、そのときその転換が成立する場として明らかにされたのが「空」である。このことは、空が無常を解消するような常住の場として示されたということではない。空は無常とは別にあって、いわば無常の外へと人々を導くことで無常を超えるのではない。空はむしろ無常を無常として徹底することにおいて、無常の内から無常を超える道を開いたのである。しかし、無常を内から乗り超えるとはいったいいかなることとであろうか。そして、なにゆえに無常は内からでなければ乗り超えられないのであろうか。

無常を超越するということは無常を出ることであり、無常でないところに至ることでなければならない。しかし、無常でないところを我々はどこに求めるべきであろうか。空の思想の独自性は、そのような無常を超えたところを、無常とは異なった特別の場所ではなく、まさに無常のうちに、無常であるという事実そのもののうちに見出したところにある。そのような無常のただ中にあって無常でないところが空である。それはこの世のただ中においてこの世を超えたところであり、如去とか如来といわれるところである。したがって、空において無常は無常でなくなったのではない。むしろ、無常という事実は空においてかえって深まる。しかし、無常が真に無常であるところは無常ではない。空が無常の転換の場所としてあるというのは、そのような意味においてである。

したがって、空における転換は媒介によって成立するのではない。それは事実が事実の底に徹することであり、そのような事態は仏教において「即」として捉えられる。「死即生」、「生死即涅槃」、「煩悩即菩提」あるいは「無常即仏性」といわれている事柄はこのような事態を表している。それは生死や煩悩を超えた涅槃や菩提は生死や煩悩から離れた別のところではなく、まさに生死や煩悩のただ中において見出されなければならないということを指している。そこでは空は無常の彼岸ではなく、無常の此岸において無常を超えたところとしてあるのである。

空が超越の場として、つまり、無常のただ中において無常を超えたところとしてあるならば、そのような空を我々は空なるものとして見たり表象したりすることはできない。「空とか無とかは、我々がそれに向ひ得るやうなものではない。我々に対するものとして我々自身の前に見出し得るもの、総じて対象的に表象され得るものではない。むしろ我々がそのやうな態度をとるや否や直ちに隠れ去るやうなものである」（『西谷啓治著作集』第十巻、一一〇頁）と西谷は言う。したがって、空は人に示しうるような形をもたない。また空はどこかにあるというものでもない。それは無常のただ中に絶対的な此岸として、それゆえかえってこの世を超え出たものとして開かれている。

このような空における超越は、一般に宗教において考えられてきたような超越とは異なった性格をもってくる。西谷によれば、無常の超克はこれまで、無常に対して常なるもの、死に対して不死を立てるという仕方によって考えられてきた。それが従来の宗教の立場である。そのような立場は、変化し消滅する物質に対して不死・不滅の「魂」や「精神」や「人格」を立てることと結びつき、最後に神と人間との間に人格関係を立てることに至って完成する。そこでは死を克服するものとしてもっぱら生の面が強調されてきたのである。このような立場は宗教だけではなく、西欧の形而上学もまたこのような立場に立つものであった。それは存在の低い段階、変化と消滅に晒されているものから次第に存在の段階の高いもの、恒常で、永遠不変なものへと高まるところに成立する。たとえばプロチノスに見られるように、最も低い段階としての「質量」から次第に高く上り、最後の段階として「理性」や「一者」が考えられてきたのである。「感性界」から悟性を経て「英知界」へと至る二世界論や、「身体」から「精神」を経て「慈愛」に至る諸段階の区別など、ソクラテス、プラトン、アリストテレス、アウグスチヌス、デカルト、パスカル、カント、ヘーゲルなどすべての西洋の形而上学はそのような立場に立つ。これらの諸体系が共通して示していることは、西谷によれば「人間の存在が、知に於いても、意志に於いても、最初の不確かさから或る転換を通して確かさに達し、……その確実性が更に神の方からの絶対的な確かめによつて、その真実の根拠づけを得るといふ考へである」（同第十一巻、一七一頁）。無常の超越を恒常不変な存在者において果たそうとする立場は西欧の形而上学だけに固有なものではない。インドのウパニシャッドの哲学に見られるような「ブラフマン」や

「アートマン」といった最高の形而上学的存在者を立てる道、中国の神仙道において求められたような不死の道、仏教においても先尼外道として排斥されてきたような立場はいずれも、死せるもの・無常なものに対立して不死なるもの・常住なるものを立てることにおいて共通の指向を表している。仏教においても、たとえば浄土教において、無常なるこの世に対して死後の浄土の世界を表象し、それに執心することによって超越を果たそうとするがごとき立場が現れたとき、それは信の真の有り様から外れた「邪定聚」として、たとえば親鸞によって浄土教そのもののうちから克服されたのであった。

空は無常なるものの外に見られたり、表象されたりするものではないから、無常なるものは空においてはただひたすらに無常である。それがありのままの実相であり、そのありのままの実相が絶対空である。西谷は唯識の円成《えんじょう》実性《じっしょう》がそのような空の立場を表すものとして、十世紀、中国五代の頃に生きて、法眼宗といわれる宗風を開いた禅者法眼の頌をあげて説明している。その頌には次のように書かれている。「理極まって情謂を忘ず、如何んか喩斉有らん、到頭霜夜の月、任運に前渓に落つ、菓は熟して猿と兼《とも》に重く、山長くして路迷ふに似たり、頭を挙げれば残照の在るあり、元《もと》是れ住居の西」。西谷はこの頌を次のように説明している。「霜夜の月が前渓に落ちるとか、猿が果物をとりに来てゐるとか、すべて法眼平生の山居の趣が語られてゐるのみである。それがそのまま禅の境地としての「円成実性」であり、禅者としての法眼の心である。その趣を風景描写と解してはならない」（同）。このように注意したあとで、西谷は次のように述べている。

> ゲーテは『ファウスト』の最後で、すべて移ろひゆくものは永遠なるものの比喩（das Gleichnis）であると詠じたが、今の頌の「喩斉」といふ語はまさしくこの Gleichnis に当る。しかしゲーテでは、かの山居の趣な

どもみな移ろひゆくものの世界に属し、みな永遠なるものの比喩といふことになるであらう。しかし法眼の自性は喩斉を絶したものであつた。それは無常性と永遠性との別を超え、無常なるものと永遠なるものとの相対を絶してゐる。かの山居の趣は、無常といへば徹底的に無常であり、永遠なるものの比喩や暗喩や象徴ですらない。それはありのままの山居の実相である。永遠といへばそれは徹底的に永遠であり、無常なるものに比喩すら見出すものでない。それは絶対空である。ありのままの実相が絶対空であり、絶対空がただちに山居の如実相であり、それが畢竟するに法眼の自心である。それにくらべればゲーテすらもなほ「理」に堕ちてゐる。さういふ法眼の境地には、唯識の円成実性が実存化された姿が見られるのである。（同書、二一九頁）

ところで、このような空における超越は現代においていかなる意味を有しているであろうか。空の思想の意義を現代において徹底して考えた西谷は、現代における超越の問題にとって、空は特別の意義を有していると考える。それは、現代において、無常は虚無や無意味性の不安という様相をとって現れてきており、そしてこの虚無や無意味の不安は、空における超越を必要とするということである。虚無と無意味の不安が空における治癒を必要とする理由は、虚無と無意味の不安にはこれを外から乗り超える道が閉ざされているからである。つまり、これまで無常を乗り超えんとして立てられてきた「常なるもの」や神と人間との間の「信頼関係」のうちに、それを内から無効にし、瓦解するものとして虚無と無意味の不安が侵入してきているからである。

現代において無常が虚無や無意味性の不安という相を強く纏って現れてきたことの理由として、近代以来の自然科学によって自然世界が一変し、世界は人間的関心に対して無関心で非情なものとなったこと、自然科学と結びついた技術が自然を簒奪してこれを無力化し、無限衝動ともいうべき人間の欲望の展開の場所と化したことなどがあげられる。こうして「現代のニヒリズムに於ては、（中略）その虚無はいはば神の存在の場にまで延び入り、かくして深淵化し、その深淵化した無神の虚無の上では、あらゆる生が、即ち生物的な生命や魂のみならず、精神的・人格的な生すらが、根本に於て無意味なるものの相を現してくる」（『西谷啓治著作集』第十巻、一〇四頁）と西谷は述べている。そのような虚無と無意味の不安を乗り超える道は虚無や無意味の外からもたらされないので、それは虚無の内から開かれるしかない。空がそのような虚無の内からの超越の道を示唆する、と西谷は考えるのである。そこに現代における空の思想の可能性がある。

虚無や無意味の不安が外からの治癒を拒むのは、それが人間存在の底から深い懐疑となって現れてくるからである。この懐疑を倫理や宗教によって圧殺することは真の解決とはならない。なぜなら、この懐疑は人格の中心をなす思考の自由と深く結びついているので、その懐疑を圧殺し、押さえ込むことは思考の自由を阻害し、それはやがて人格の中心を内から蝕み人格を破壊することになるからである。それゆえ、この懐疑を懐疑として丸ごと受け容れるしかこれを乗り超える道はない。そのような道が空にある。空において懐疑が転換されるのはそこに特定の意味を持ち込むことによってではない。むしろ懐疑をそのまま受け容れて一切の意味を放棄することによってである。懐疑を丸ごと受け容れることが懐疑の克服となるのは、たとえば、思考によって円の半径を無限大に拡張してゆくとき、円の質が変わるに等しい。半径が限定された円においてはその円の中心は一つであり、その中心が円の意味である。しかし、半径が無限となるとき、その円の中心はどこにもないがゆえに、立脚すべき意味もどこにもない。しかし同時に、そこでは至るところが円の中心であり、至るところに立脚すべき意味がある。全体的懐疑はそこでは転換されるのである。空はそのような転換の場である。

現代において運命と死の不安がないわけではないし、また罪や断罪の不安もないわけではない。先に見たように、死や罪や無意味の不安はそれぞれが相互に他のうちに浸透しあっている。しかし、とくに現代において顕著な形をとって現れてきた不安は無意味性と懐疑の不安であると、ティリッヒは述べている。そしてティリッヒもまた、その懐疑を乗り超える道は懐疑の外からもたらされえず、ただ懐疑のうちから開かれるしかないと言う。そのような懐疑を内から乗り超える道をティリッヒは「絶対的信」（『生きる勇気』、大木英夫訳、一八六頁以下）として捉えている。

一切の意味と確かさの感覚が失われたなかにあって、なお自己自身の肯定を成り立たしめるための基礎となるものが信であると言われる際、その信における神は、神と人間との人格的関わりを超えた神、「神を超える神」でなければならない、とティリッヒは言う。その理由は「神を超える神」のみが懐疑を懐疑として受け容れることを可能にするからである。信が懐疑を超えるものであるということは、それが懐疑を消失せしめてしまうことを意味するのではない。むしろ、信は懐疑が存在することを絶対の条件とする。その点で、ティリッヒは有神論の神とともに神秘主義をも乗り超えられねばならないと言う。なぜなら、神秘主義は無意味性の不安という抜きがたい不安や懐疑を知らないからである。

絶対的信の要素としてティリッヒは三つをあげている。第一は「無のラディカルな噴出にもかかわらず、なおそこに現在している存在の力の経験」があるということである。「無意味性の深淵に耐え得る生命力」はそこから由来する。その存在の力の経験とは、「意味の崩壊のなかになお潜む隠された意味を知っている」（同書、二〇一頁以下）ということである。第二は、「無の経験は存在の経験に依存しており、無意味の経験は意味の経験に依存している」ということである。そして第三は、意味喪失の状態のなかにあってもそれを貫いて「受け容れられているという経験」が存続することである。この「受け容れられている」という要素を明確に把握することが「宗教的解決」に至ることであり、信が自覚的なものとなることである（同書、一九二頁）、と言う。

無意味性の不安のなかにあってなお「受け容れられている」という経験が存続することが、無意味と懐疑の不安にもかかわらず生きることができるゆえんである。受け容れられているという経験は有神論の神からは生じない。それはただ「神を超えた」神においてのみ可能である。ティリッヒはその転換の力を「存在自体」や「存在の力」（同書、一九四頁）に基づけている。

ところで、ティリッヒの言う有神論の神ではない神、「神を超える神」が、たとえばロバート・ベラーらによって「喪失の信仰」ないし「無」の豊かさなどとして把握されている点で、それは「空」と近い性格をもっていると言うことができよう。しかし、それは空と同一であるとも言えない。なぜなら、「空」はいかなる意味でも「存在」ではないからである。では、空における転換の力が「存在の力」に由来するのでなければ、それはいったいどこに由来するのであろうか。空は一切の事物のただ中にあると同時にその手前に開かれていて、それ自身形なきところ、無限の開けともいうべきところである。空の本質はそれが「無限」であり、「底なき深淵」であり、摑むべきところがないところにある。


例へば底知れぬ深い谷も実は際涯なき天空のうちにあるとも言へるが、それと同様に虚無も空のうちにある。但しその場合天空といふのは、単に谷の上に遠く拡がってゐるものとしてではなく、地球も我々も無数の星もそのうちにあり、そのうちで動いてゐるところとしてである。それは我々の立つ足元にもあり、谷底の更に底にもある。（中略）そのことを自覚しないのである。

（『西谷啓治著作集』第十巻、一一〇～一一一頁）

空が懐疑と無意味の転換を成り立たしめる働きは、それがまさに「無限の深淵」であるということに由来する。空が底なき深淵であることは、一切の事物や存在者の手前に、限りなく無私で無記なる透明な世界が開かれているということである。それは西谷によれば、たとえば「秋天荒野行人絶」というところである。そのような無限が開かれ我々の内に映ることが、「受け容れられている」という経験を可能にし、無常の転換を成り立たしめる力として働くことになるのである。「善」が「存在」と区別されるように、空の「無限」と「存在」とは区別されねばならない。そのゆえんは明確に説明されねばならないが、ここではこれ以上立ち入ることはできない。

一切の事物のうちに、あるいは手前に開かれている「空」は事物の「知」ともいうべきものであり、それゆえ空の把握は根本的には「大智」の事柄である。しかし、「空」との関わりはまた「信」の事柄でもある。なぜなら、空は我々の把握を無限に超える「底なき深淵」であるからである。「信」とは我々が触れているもの、摑んでいるもの、知っているものが、我々の把握を無限に超え、知りえないものであるという知の有り様である。あるいは、我々の把握を無限に超えるものが、把握されえないものとして現に我々の手元に届いているという知の有り様である。それゆえ、空との関わりを「信」として把握することは、人間の有限性の自覚と結びついている。空が無限の深淵であるということは、その無限の広がりや深さを我々は見通すことができず、底は不透明のままに止まるということである。しかし、そのことは空が我々に閉ざされているということではない。親鸞が述べているように、雲によって覆われた曇天においても我々の許に光が届いており、その光のもとで我々はものを識別することができるという状況に、それは似ている。すなわち、空の透視を妨げているものは我々の有限性に基づく無の作用であるが、曇天の雲を通して朧げに光を看取する者にとっては、曇天は空が我々の手許に到来していることの確信を妨げるものとはならないと親鸞は言うのである。

宗教と構想力

1　人間における構想力の位置

構想力とは、カントによれば「対象を、その現前がなくても、直観のうちに表象する能力」のことである。これはきわめてありふれた一般的な定義であるが、構想力のもつ深い意味の一端はすでにこの規定のうちに窺うことができる。構想力が対象の不在においてそれを表象する能力であることは、構想力が対象への固着から離れ、対象から距離をとり、対象を自らのうちに映し出しうるような自由で透明な空間を心の底に開く能力でもあることを示している。構想力がそのような透明な空間を人間の心の底に開く働きであることは、それが人間の自由や超越の働きと切り離しがたく結びついていることを意味している。像の産出、現実超越の働き、自由な空間を開く働きなどが構想力において一つに結びつき、人間が住み呼吸する世界を成り立たしめている。そのような構想力の深い意義は宗教において最も明確になってくるといえよう。

カントが構想力を「人間の心の奥底にひそむ見えない技能」であり、一切の認識の根底に「アプリオリに働いている人間の心の根本能力」であるとしたことは周知の通りである。しかし、構想力はただ認識の根底にだけ働いているのではない。それはまた実践の領域においても働いている。実践の領域を支配する心の働きを意志と名づけるならば、構想力は意志の根底においても働いているのである。カントが構想力の働きを認識に即して考察しながら、それを「人間の心の底にひそむ見えない技能」と名づけたとき、彼は構想力の働きが認識の領域のみならず、実践の領域にも及び、さらには芸術や宗教を含む人間存在全体の根底において働いている根本能力であると考えていた。

もちろん、カントはそのような考えを表立って表明しているわけではない。構想力の考えはカントにおいてむしろ慎ましい位置を占め、『純粋理性批判』の第一版で大きな比重をもっていた構想力は第二版では影を潜め背後に退いている。実際のところ、カントが人間の心の全領域にわたって追究したのは理性の働きであって、構想力の働きではなかった。人間の心の諸領域における理性の働きの可能性と限界を「認識」や「実践」や「感情」の諸領域において確定することがカントの中心の意図であった。それをカントは「私は何を知り得るか」、「私は何をなすべきか」、「私は何を望むことが許されているか」というテーゼによって表明したことは周知の通りである。理性の働きを「認識」と「行為」と「感情」という人間の心の三つの領域において吟味し、それらの間にある「建築術的」連関を明らかにすることをカントはその哲学の課題としたのである。しかし、そのときでも構想力の働きは理性の周辺を縁暈のごとく取り囲んでいるのであって、理性の吟味において見られた建築術的連関は構想力においても同じように看て取ることができるのである。

構想力の働きは認識において「図式」として取り出されたが、認識の根底に働いている「図式」に相当するものとして、実践においては、意志の決断を促す「動機」が捉えられている。意志は動機を介することなしには自らを規定することはできないが、意志を傾ける動機の成立には構想力が働いているのである。その意味で、認識における「超越論的図式」に匹敵するものとして、実践の領域では「尊敬の感情」がある。感性的直観と純粋悟性概念とが図式において結びつくように、尊敬の感情という主観的動機が意志の根底に働くことによって初めて、意志は道徳法則によって自らを十分に規定することができる、とカントは考えている。そのような構想力の働きは、より明確には趣味判断というような感情の根源にも働いており、芸術において構想力は「美」や「崇高の感情」の根源に捉えられている。悟性や理性が、構想力の働きを介することによって人間の心の内奥に出現するところに美や崇高が感じ取られるのである。構想力の働きはさらに、宗教においては「望み」や「希望」として現れる。このようにして、構想力はさまざまな形をとって人間の活動の全領域、認識や道徳や芸術や宗教において働いているのであり、理性の建築術的な連関は構想力の働きにおいても看て取ることができるのである。

その連関は、構想力の働きが展開して次第に自覚的となってくる過程として見ることもできる。「心の奥底において働く見えない技能」としての構想力は、認識から意志へ、意志から感情の領域へ進むにつれて、意識の明るみのうちに現れ、自己自身を自覚するものとなってくる。認識において表象の背後に隠されていた構想力の無意識の働きは、「美」や「望み」や「希望」の領域において自らを意識するものとなってくるのである。そして、それにつれて、人間の心の底に次第に自由で透明な空間が開かれてくる。カントが宗教の根幹に捉えた「望み」や「希望」は、構想力がうちに反省的になったところに開かれる自覚的空間において成立するということができる。超越論的図式において覆い隠されていた自由の世界が人間の心の底に開かれてきたところとして、望みや希望を見ることができるのである。

カントが構想力を「人間の心の奥底」に働いている「心の根本の能力」として捉えたとき、漠然としてであったにせよ、このような見通しを彼は描いていた。しかし、我々がこのような見通しを語るのは、カントの構想力の考えそのものを追究することを目的とするからではない。人間存在において構想力のもつ位置の重要性に目を開いたカントの考えを手引きとして、宗教の世界を構想力との関わりから掘り下げるためである。

2　応現の世界と影現の世界

宗教に固有な世界を、曽我量深は「影現《ようげん》の世界」として捉えている。この「影現」という言葉は我々にはあまり馴染みのないものであるが、宗教における構想力の位置をよく示しているように思われる。それで、この言葉を手掛かりに宗教と構想力との関わりを考察してみたい。

曽我は「影現」を「応現」に対比させている。「応現」とは仏教において一般に用いられるもので、「仏・菩薩が衆生の素質などに応じて姿を現すこと」とされているが、それは血肉を具えた身体的存在として、客観的・歴史的世界に出現する。釈尊がそれに当たる。それに対して、「影現」とは主観の内面にイマージュとして出現するものであり、自己の外に見る客観的・歴史的存在ではない。阿弥陀如来やそれの前身としての法蔵菩薩がそのような影現存在である。親鸞は、この異なった二つの出現の様相を注意深く区別して、「阿弥陀如来は無碍光仏としめしてぞ安養界《あんにょうかい》に影現する」、「釈迦牟尼仏としめしてぞ迦耶城に応現する」と阿弥陀和讃において謳っている。迦耶城とはインドのカピラバッツに歴史的に実在した城のことであり、釈尊もまたそこに生まれた歴史的な存在であるから、それは応現存在である。しかし、阿弥陀如来は釈尊のごとき歴史的存在ではないから、それが出現する場所を親鸞は「安養界」としている。安養界とは浄土のことであるが、浄土とはどこかに客観的に実在する場所ではない。浄土経典において、浄土は西方十万億仏土の彼方にあると述べられているが、それは宇宙船に乗って探索し確認しうるような客観的場所でないのであるから、それが存在する場所は唯一、主観の内面、つまり情意の世界に求められなければならない。阿弥陀如来は主観の内奥に出現するのであり、阿弥陀如来が主観の内奥に出現するところに安養界が開かれるのである。そのような安養界は情意の世界に外ならない。

我々を取り巻き、存立させている目に見える世界を「環境」と言うならば、我々が生きる世界にはさらに「心境」がある。心境とは外的環境が内面化されたところに開かれる第二の環境と言いうるが、第一の環境によって左右されない自由で独立した世界がそこにある。阿弥陀如来はそのような心境に影現するのであって、阿弥陀如来がそこに現れた心境が浄土であり、安養界に外ならない。それは静謐な喜愛に満たされ、清浄で自由な安らぎが支配する「純粋感情」の世界である。親鸞が、阿弥陀如来の出現する浄土が安養界であるとしたのは、それがまさに主観の内面に開かれる世界であるからである。それゆえ、西方十万億土の彼方にある浄土は我々の最も身近にあるのでなければならない。絶望して苦しみのない清浄な世界に生まれたいと願った「韋提希」に、釈尊は「阿弥陀仏、此処を去りたまうこと遠からず」と教えた。親鸞が「浄土」に生まれることとしての「往生」の意味を内面化し、「大涅槃を証すること」として「正覚」の方向に徹底しようとしたことの理由も、そこにある。そのような心境に阿弥陀仏が出現する様相が、影現と言われるのである。

曽我はこの応現と影現という二つの現れの様相を、やや誇張した感はあるが、次のように述べている。

> 惟ふに大自然の如来は現実界に於て二面に表現する。それは内界に影現し、外界に応現する。唯この二つのみ現実である。影現するものは自我の根本主観であり、応現するものは自我主観の前に厳然として立つて叫ぶところの教の声である。この教の声の背後に静に声を黙聴する所の主観、あゝ、それこそ内界影現の真実の救主である。
>
> （『曽我量深選集』第三巻、二九五頁）

あるいはまた、

げに、わが法蔵菩薩は大自然の内面、観念の霊界に、静に影現し、かの上行菩薩は自然の外面、雑音の物界に、忽然として応現したまひた。（同、二八七頁）

とも述べている。

応現の世界と影現の世界を曽我がとりわけ注意深く区別するのは、宗教に固有な世界を明示するがためである。宗教的世界は影現という有り様のうちに捉えられなければならない。しかし、宗教的世界をこのように影現の世界とし、内面の世界とすることは、それを主観化・心理化することと考えられてはならない。心理的な見方はむしろ、影現の世界の固有性を見失って、これを対象化し固定化して見るところより生じる。それは応現の世界を唯一の実在とし、内面的世界をそれより派生したものとする見方を潜めている。つまり、影現の世界を応現の世界の法則にしたがって理解しようとするところに心理的な見方が成立するのである。しかし、影現の世界は我々に最も直接的で真に実在的な世界であり、応現の世界による支えや保証を必要としない。影現の世界が高次の実在の世界であることが明確に把握されるとき、心理的な見方は自ら超えられる。宗教がそのような高次の実在の世界であることを明らかにしようとするところに、曽我の主眼がある。

宗教的対象が我々にリアルに現れるとき、それはどこまでも自己を超えたものとしてである。しかし、それは自己の外において自己を超えたものでなく、「自己において」自己を超えたものである。それゆえ、宗教的世界は、西田幾多郎が言うように、「対象的超越」の方向ではなく、「内在的超越」ないし「場所的超越」の方向に捉えられなければならない。この「自己において」というところに開かれてくるのが影現の世界である。影現の世界においては、対象は外側からではなく、内側から知られてくる。それは「イマージュの世界」、「情意の世界」である。そのような情意の世界が宗教に固有の世界である。

先に述べたように、宗教的世界をイマージュの世界、情意の世界とすることは、イマージュを対象的に固定化し、これを心理主義的な観察の対象とすることではない。心理的な見方は、むしろ逆に、イマージュの本質を否定し、イマージュからその透明性、高次の実在性を奪って、それを不透明で物化した対象に変えてしまうものである。宗教的世界をイマージュの世界とすることは、我々にとっての確実性や実在性の源を明らかにすること、深みの次元を開くことである。したがって、宗教を情意の世界とすることは、主観的で曖昧なものの世界に沈没することではなく、リアルで確かな世界へと目覚めることである。情意には対象を知る固有の仕方、それを内から知る仕方が備わっている。そのようなものとして情意の世界は我々に最も直接的なものである。我々の生きている世界を喜びや苦悩によって彩っているもの、そしてそこから生きるエネルギーを汲み取り、あるいは見失ったりするのは、情意の世界であるということにおいて、情意の世界は我々を取り巻いている客観の世界以上に確実で、実在的な世界なのである。

3　人間が住む二つの世界

実際のところ、このような「影現」と「応現」という概念によって示される二つの世界の区別は別に奇異なものではない。それらは我々に馴染みのものであって、我々はこの二つの世界の間、もしくはこの二つの世界の重なりあったところで生きている。サルトルが「イマージュ」と「知覚」の間に見た区別、ベルクソンが「物質」と「記憶」の間に捉えた相異は、この二つの世界の区別に対応する。サルトルはこの二つの世界の異質性を明らかにすることに主眼を置いたが、ベルクソンは我々の具体的な知覚がこの二つが相互に重なりあい、浸透しあったところで成立していることに着目して、我々の「知覚を拡大すること」を哲学の任務とした。

ベルクソンは、我々の知覚はそこに浸透してくる記憶が増大することによって次第に深まりゆくことに注目している。空間面に広がる「純粋知覚」に、時間軸に沿って蓄積された「純粋記憶」が重なるところに我々の具体的知覚が成り立っているが、この知覚に入り込んできている記憶が我々の知覚を多様なニュアンスで彩り、それに奥行きや深みを与えているのである。この知覚と記憶の相互浸透の様相を、ベルクソンは有名な「幼児の記憶をバラの香のうちに嗅ぐ」という言葉で語っている。我々はバラの香りに感覚的なバラの香りだけを嗅いでいるのではない。バラの香りを嗅ぐ感覚のうちには過去の記憶が浸透してきていて、記憶のなかでバラの香りを嗅いでいるのである。バラの香りはいわば記憶の世界に包まれ、記憶の世界を背景として我々に現れる一方、我々はバラの香りを通して記憶の世界に深まってゆく。ベルクソンは我々の知覚を包みこれを縁取っている記憶の世界に深い思いを致し、我々の存在の底に無限に広がっている純粋記憶の世界において深層の自己、真の自己を捉えているのである。そのような記憶の世界は、我々を内に包みつつ我々を超えて広がる世界を指し示すものである。アウグスチヌスは、そのような我々の存在の底に開かれた記憶の世界に思いを致し、我々は記憶の世界において神に接すると述べている。

リクールが「時間」と「物語」において捉えているのも、そのような二つの世界の関わりである。我々がそのなかで生きている「時間」（クロノス）は我々にとってよそよそしく、我々を否定し食い尽くす、無意味で非情な取りつく島のない流れである。リクールによれば、そのような時間は物語られることによって、つまり、物語のなかで流れて初めて人間的な時間となる。人間の歴史はたんに客観的な出来事の羅列から成り立っているのではない。それは物語化され、筋やフイクションをうちに含み、それによって再統合されることによって歴史的な出来事となる。このことは、歴史は人間による解釈を必要とし、解釈によって成り立っていることを表している。解釈とはどのような物語、どのようなフイクションを内に持ち込むかということに外ならないが、そのような歴史を物語化する働きは人間の構想力に由来する。歴史はそこにどのような物語が持ち込まれるかによってさまざまな形をとる。しかし、いかに貧しい物語であっても、物語られることによって、歴史はたんなる無味乾燥で死せる資料の集積であったものから、意味と生命をもつものとして蘇ってくる。したがって、物語とはそこにおいて人間が呼吸し、生きることが可能となるような意味空間を形成する働きであって、それゆえ、アーレントが語っているように「どんな悲しみでも、それを物語に変えるか、それについて物語れば耐えることができる」のである。

こうして、人間は歴史や社会において、それを生きうる空間と化するような物語を分泌し続けている。人間の歴史や社会を構成する物語は人間の構想力によって生み出され、歴史や社会のうちに挿入されたものである。社会を構成している諸々の制度もまたそのような物語の一種であって、構想力によって生み出されたものである。そのような構想力は人間の根源において自覚されない仕方で働いている。ベルクソンはそのような構想力の働きを「ファビュラシオン」（想話機能）と名づけ、あらゆる社会の基礎にそれが働いているとしている。しかし、人間社会においてファビュラシオンは昆虫の本能のごとく、無意識で自覚されない仕方で働いている。カントが構想力について述べたように、ファビュラシオンは人間の心の奥底で根源的な仕方で働いている無意識の技なのである。そして、そのかぎり、その社会は内に閉鎖性と排他性を秘めている。しかし、生命の根源において意識されないで働いている構想力は内に自覚され意識化されてくる。そのとき構想力は情動として、あるいは情意の世界として光のうちに揚げられてくる。そのような、内から照らし出され、自覚化した構想力をベルクソンは神秘家によって代表されるような動的宗教の源に捉えている。影現の世界とはそのような自覚化された構想力の世界、情意の世界なのである。

4　影現の世界としての宗教

宗教に固有な世界を「影現」という概念を手掛かりとして考察したが、曽我自身はこの「影現の世界」をいかに捉えているのであろうか。

先に述べたように、曽我は影現と応現とを対比させて、釈尊が応現存在であるのに対して、阿弥陀如来を影現存在とした。釈尊はカピラバッツ城に生まれ、歴史的に実在する人物なので応現存在であるが、阿弥陀如来は浄土教において物語られている架空の存在であり、歴史的にその実在を確認しうるような存在ではないので、影現存在である。人々を教化する釈尊は歴史のうちに出現するが、悩める衆生を救う阿弥陀如来は客観的な歴史のうちに、つまり地上には出現してくることはない。その点において曽我は、仏教における「釈尊」と「阿弥陀如来」との関係を、キリスト教における「イエス・キリスト」と「神」との関係に対応させている。『新約聖書』において説かれているイエス・キリストは人類の願いに応じて地上に出現した歴史的存在であるのに対して、『旧約聖書』で語られている神は、歴史のうちに出現することなく、地上の歴史的世界を苦悩しつつ流転し放浪する人類を見護ってきたものであり、歴史に現れることなく隠された存在である。それゆえ、神は阿弥陀如来と同じく影現存在であり、救主であるのに対して、イエス・キリストは釈尊と同じく応現存在であり、教主とされる。

注目すべきことは、キリスト教の聖書の『旧約』と『新約』に仏教の側において対応するものとして、曽我は

『大無量寿経』と『法華経』をあげていることである。釈尊と同じように地上に出現した「上行菩薩」を説く『法華経』は「イエス・キリスト」の出現を説く『新約』に相当し、法蔵菩薩や阿弥陀如来を説く『大無量寿経』は、神を語る『旧約』に相当する。一見すると、曽我が示しているこの対応は、意外であり奇異の感がある。阿弥陀如来を説く『大無量寿経』は神の愛を説く『新約』に相当し、多分に律法的で指令的な性格をもつ『法華経』は、おなじく律法的な性格を多分に有する『旧約』に対応すると見るのが一般だからである。しかし、曽我の視点はそれぞれの経典において中心を占める人格的存在の出現の様相の違いに注目することによって、通常の見方を破っている。応現神を説くことにおいて、『法華経』と『新約聖書』は照応し、影現神を心想中に観ずることにおいて、『大無量寿経』と『旧約聖書』は照応するのである。

曽我のこの考えは多分に粗削りで大胆なものであるが、宗教的対象に固有な有り様を明らかにしている点において核心を衝いている。曽我にとって重要なことは、「影現」という現れの固有性を明らかにすることである。それは外界、地上において私が対面すべき客観的存在としてではなく、内界、つまり主観の内面において私が瞑想する「影」あるいは「イメージ」として現れる。「神」や「阿弥陀仏」はそのように主観の内面において瞑想し、内観されるところに現前する影現存在である。

曽我は、釈迦やイエス・キリストが出現するのは「地上の現実界」であるのに対して、阿弥陀仏や神が現れる場所は「内面的世界」であるとするが、その阿弥陀如来が影現する世界を曽我は「地下観念界」であると言う。そのように述べることで、曽我は「内面的世界」がもつ主観的・心理的残滓を取り除いている。「地下観念界」は、我々の「内面的世界」がそれ自身のうちに閉じてはおらず、一方において、身体を通して地下の無意識の世界に連なっていることを示している。他方において、その無意識の地下の世界は、それを内から照らし出すごとき光や明るみが出現してくるところ、つまり観念界であることを示している。地下の無意識の世界に根を下しつつ、そこに明るみが開かれてくる場所が我々の内面的世界である。阿弥陀如来はそのような「地下観念界」としての「内面的世界」に出現するとされるのである。

阿弥陀如来が我々の内面的世界に影現するということは、それを夢のような非現実的で空虚なものとすることではない。それは歴史的世界に出現する客観的事物や出来事とは異なった実在性をもつのである。宗教的信はその確実性を、そのような影現存在のもつ実在性に仰いでいる。その実在性は客観的事物による保証を必要とはしないのである。

5　イマージュの実在性

「宗教とは何か」を究明する視点ないし角度は多様であるが、西谷啓治は「実在性の実在的会得」という角度から宗教を究明している。その際、重要なことは実在の多様な側面に注意することである。実在というとき、我々は一般に事物の存在を考えるが、それが実在のすべてではない。それは、むしろ低度の実在であって、そのような事物の存在とは異なった質の実在性を摑むところ、あるいは目覚めるところに宗教的世界があることを西谷は示している。では、それはどのような実在性であるか。西谷はそれをドストエフスキーの『死の家の記録』の文章を取り上げて説明している。少し長いが引用しておこう。

夏になつて、囚役に服してゐた彼が、或る河の岬で煉瓦運びをやりながら、その土地の風物にうたれた時の感慨を記してゐる個所がある。荒涼たるステップ地帯、天空の無限な青のうちに輝いてゐる太陽、対岸から聞えてくるキルギス人の遠い歌声などを語つた後、彼は次のやうに言つてゐる。「じつと長いこと眺めてゐると、やがて遂に貧しいくすぶつた乞食小屋らしいものが見分けられる。小屋のほとりに立ち昇る煙、その辺りで二頭の羊を相手になにか忙しさうにやつてゐるキルギス女などが見えて来る。それ等は凡て見窄らしく野蛮めいてゐるけれども、その代り自由である。鳥はさつと水面を掠めたかと思ふと、忽ち空の紺青のなかに消えてしまふ。と、またもや僅かにそれと見分けられる小さな点となつて姿を現し、ちらりと見え隠れする。（中略）早春の頃、岸の岩の裂け目にふと見つけ出した貧しい惨めな一輪の花でさへ、何か病的に私の注意を惹くのであつた。」彼はその地点のことを「我々が神御自身の世界、即ち一つの純粋な輝いてゐる地平、自由な荒野、を見た唯一の地点であつた」といひ、その川岸で広大な、人気のない空間の上に視線を送つてゐる時、自分はみじめな自分を忘れることが出来た、とも言つてゐる。

そして、そのことを西谷は次のように説明している。

ここでドストエフスキーが語つてゐるのは、立ちのぼる煙とか、羊の世話をしてゐる女とか、貧しい小屋とか、飛んでゐる鳥とか、すべて我々が日常触れてゐる事物である。我々はそれを日常的な意味で実在なものといつてゐる。（中略）併し、さういふありふれた実在に対して、それを凝視するとか、それが殆ど病的なまでに自分の注意を惹くとかいふことは、決して日常的ではない。科学や哲学の理論によるものでもない。そこには我々が日常に実在的といつてゐる物が、質的に全く別な次元で彼のリアルに迫つて来てゐるのである。我々が見るのと同じ実在的な事物であるが、その事物が実在的と受取られた時の実在性の意義、また実在感は、質的に全く違ってゐたのである。それ故にこそ彼は、そこに「神御自身の世界」を見ることが出来た。またみじめな自分を忘れることが出来た。

（『西谷啓治著作集』第十巻、一二頁）

ここでドストエフスキーが見たという「神自身の世界」とは何か特別な世界の認識なのではない。我々が日常的に見る同一の事物が、質的な全く異なった実在性のもとに現れるところに開かれる世界である。そのことによって事物の認識はいわば神認識となる。事物の上に加わるそのような実在性は、我々が手にとって見ることができるものではなく、その意味でそれは非在である。しかし、それに触れることによって我々は惨めな自分を忘れ、自由を獲得することができる。それゆえに、それは高次の実在である。そのような実在を我々はどこにも見ることはできないが、心において直にはっきりと感じることはできる。それは我々が事物を無心に眺めるとき、どこからか生じてきて事物に加わるものである。事物が「質的に異なった別の次元でリアルに迫ってくるところ」は、事物がその「本質」において現れるところとも言いうるが、それは事物が「イマージュ」となって現れるところでもある。それは、事物が「応現の世界」ではなく、「影現の世界」に置かれることである。そこに宗教的世界に固有の実在性がある。

宗教的世界に固有な実在性は、それに触れることによって惨めな自己を忘れ、自己を超出せしめる働きをもつ。それは自己においてある確かなものとして感得される。宗教的世界における構想力の意義は、そこにおいて、人間が真に生きることが可能となるような内面の世界、自由な世界を開くことにある。それはイマージュの世界と言うことができるが、そのようなイマージュの世界のもつ高次の実在性について、あるいはイマージュの世界が人間に対してもつ意味についてフランクルは語っている。

フランクルの『夜と霧』はドストエフスキーの『死の家の記録』と同じような、あるいはむしろ、より以上に苛酷なナチスの「強制収容所の経験の記録」であるが、冷静な人間観察の記録である点において、両者はある共通の視線によって貫かれている。そこで彼は、人間が生きるということにおいて「内面的世界」がいかなる意味をもつかについて語っている。

彼によれば、強制収容所の苛酷な現実に耐えて生きながらえることができたのは、頑丈な身体をもつ人々ではなく、繊細で内面的な世界を有していた人々であった。その理由は、内面的世界が苛酷な現実の外に出る道、あるいは忘れる道を、開くことができるからである。内面的世界は現実超越の能力を有するのである。恐ろしい恐怖の世界を超えて、精神の自由と内的な豊かさをもたらす力を内面的世界は有する。では、どのようなことが内面的世界をもつことか。それは何か格別なことではなく、きわめて些細なことである。「夕焼けに輝く光景を美しいと思う気持ち」、「ユーモアのセンス」などがそれである。それは苛酷な現実を忘れ、人間をその外に連れ出してくれるものである。しかし、それはきわめて些細なことにして、最も困難なことである。すべての人がそのような現実超越の能力を有しているわけではないのである。彼はある一人の女性の場合について語っている。その女性はやがて死にかけていたが、内面的な崩壊から免れていた一人であった。その女性は彼に、窓の外の収容所の庭に咲いているマロニエの樹を指して「私は一人ぼっちであの樹とよく話をします」と語った。「その樹はあなたに何を語ったのか」という彼の問いに対して、彼女は次のように語った。「あの樹は私にこのように言うのです。私はここにいる――私は――ここにいる。私はいるのだ。私は永遠のいのちだ……」。彼女は孤独な心の底においてこのように語る樹木の言葉を聞いた。その言葉は彼女にとって実在であったのである。その言葉を聞くことのできる世界を自己のうちにもつことが、内面的世界をもつことである。その世界をもつことによって、彼女は苛酷な現実の中にあって、それを超えた別の世界で生きたのである。

そのようなイマージュの世界の実在性に関して、フランクルは自らの経験を語っている。冬の早朝の薄暗い中を監視兵に怒鳴られ、水たまりの道をよろけながら強制労働に向かう途中で、彼の隣を歩いていた一人の仲間が、「このような酷いところを我々の女房が知らなければよいが」と言った。すると、彼の前に彼の妻の面影が立った。そのときの経験を彼は語っている。重要なことは、そのような経験の事実よりも、その経験の反省から彼が導き出している経験の意味である。そのとき彼が見たのは現実の彼女ではなく、想像の中でのイメージであって、そのイメージの中で彼は彼女と語った。彼は彼女の声、微笑み、眼差しを見た。そのイメージは、昇りつつある太陽よりも強く彼を照らした。そのとき、彼は極度の苦痛のうちにあって、その苦痛を忘れた時間の中に立ったと語っている。そして、そのとき彼は、多くの詩人や思想家がその生涯において英知の極みとして生み出し、歌ったあの真理をつくづくと味わった。詩や思想や信仰というものの究極の極みを知った、とも語っている（『夜と霧』、『フランクル著作集』1、霜山徳爾訳、一二三頁）。フランクルがそこで語っているのは、イメージにおいて現れる実在の固有な質である。それは、それに対応する客観的存在によって支えられることを必要とせず、それ自体において実在性を有する。そのとき、現実の彼女は生きているか、死んでいるかを知らなかったとフランクルは記している。そのような客観的存在を離れたイメージが人を救う。フランクルは聖書の雅歌に語られた「われを汝の心の上にイメージとして置け」という言葉の真理を、そのとき悟ったとも語っている。

ここで語られているのは、事物の実在性とは異なった質の実在性である。それはイマージュの実在性ということができる。それは影現の世界の実在性である。宗教的世界に固有な実在性は、そのような質の実在性である。

6　構想力の二つの方向

イマージュにおいて人間が触れる高次の実在性は人間に救済をもたらすものであったが、このイマージュの世界が情意の世界に外ならない。その意味で情意の世界は宗教的超越の場である。西谷啓治は宗教的世界をそのようなイマージュの世界ないし情意の世界として捉えている。そこで、宗教と構想力との関わりを西谷の考えにしたがって見ることにしたい。

西谷の中心の思想は空をめぐって展開されたと言いうるが、空を捉える角度ないし視点は中期と後期とではやや異なっている。中期においてニヒリズムとの関わりにおいて捉えられ、ニヒリズムの克服という観点から追究されていた空は、後期においては情意との関わりにおいて捉えられるようになる。空という超越的な世界が人間において感得せられるところ、空が自らをそこに映している場所が情意として捉えられてくる。つまり、空は「情意における空」として捉えられるようになるのである。

西谷がニヒリズムの問題に取り組んでいた中期において、空はニヒリズムを克服しうるもの、ニヒリズムが内に秘めている絶対的閉鎖性ともいうべきものを破るものとして捉えられていた。空はニヒリズムを突破したところ、人間が手足をつけることのできないところ、いわば超絶的天空として捉えられた。人間の一切の主観性に無関心・無差別な超絶的天空にして初めてニヒリズムを破りうると考えられたのである。しかし、後期あるいは晩年になると、空は超絶的天空から地上に降りてくる。空は人間の情意の世界において自らを映すもの、という角度から捉えられてくる。空は人間の主観性との関わりにおいて捉えられるようになる。言い換えるならば、空は構想力の問題として追究されるのである。

空の思想がニヒリズムの克服という問題と結びついて追究されていたとき、そこでは情意は場所をもたなかった。ニヒリズムは、従来宗教がそこから捉えられてきたような理性や直観や感情の立場が無効となり、一切の直接的なもの、内在的なものが無力となるところに生じ来たったものであったからである。したがって、ニヒリズムを克服するものとしての空は、情意の世界を突破する方向に追究された。ニヒリズムが雲海を突き破って聳える山頂のように、一切の内在的なものの上方に立つとするならば、空はニヒリズムの山頂をさらに上方に超えたところに捉えられたのである。そこでは、空は枕すべきところ、足を着けるべき場所なきところ、取りつく島のない砂漠、極北という相貌をもって現れた。そのような取りつく島のないところ、鳥も飛ぶことがないようなところに、かえってさばさばした絶対的に自由な世界がある。そのようなものとして空が捉えられていたのである。

しかし、西谷の後期において空は虚空から地上に降りてきて、人間の住む辺りの雰囲気において捉えられている。それは人間の「情意の世界」に映ったものとなる。そのような情意に映った空が「イマージュ」として捉えられるのである。こうして、内在的なものを突破した空のうちに再び内在的なものが現れてくる。しかし、この内在的なものは超越的な空に媒介された内在的なものであり、シュライエルマッハーの「感情」のように直接的なものではない。したがって、空を情意のうちに捉えることは、情意＝宗教とすることではない。そのような素朴な内在主義の立場はニヒリズムにおいてすでに克服された。空といういわば絶対的に超越的な世界がそこに自らを映している場所として、情意が捉えられているのである。

ところで、西谷は空と情意との関わりを二方向から追究している。一つを「空のイマージュ化」と言い、もう一つを「有の透明化」と名づけている。そして、人間においてこの二つの方向が交差するところに西谷は構想力の働きを捉えている。そこで、宗教における構想力の位置をこの二つの方向において見ておきたい。

空の観念は大乗仏教の中心を占めるものであるが、仏教の教義において精緻に理論化され、概念化されるに先立って、それは文字通り目に見える「虚空」であった、と西谷は述べている。そして、我々が頭上に見る「虚空」はそれ自体不可視な「永遠」や「無限」が目に見えるようになったもの、つまり、永遠の象徴やアナロジーではなく、永遠の可視的現象であると言う。しかし、空は虚空として我々の頭上に見えるだけではない。それはさらに我々のもとに降りて来て、辺りの雰囲気のうちに映っている。我々が周辺の景観や諸事物に感じる静謐な雰囲気、自由で平安な気分、透明で静かな喜びといった気分のうちには、空が映っている。空は虚空から降りてきてそこに自らを映しているのである。つまり、空は情意に移り、それにある彩りを与えるものとなっている。空がこのように我々のこころに映（移）っていることを、西谷は「空のイマージュ化」と名づけるのである。

この「空のイマージュ化」ということは、キリスト教において「イマゴ・デイ」（神の似像）と言われることでもある。イマゴ・デイとは神が我々のうちに像となって映っていることであるが、このように神が像となることによって我々と神との繋がりが生じ、救いの成立が可能となる。「空のイマージュ化」とは、このように超越的なものが内在的なものに映ること、彼岸が此岸に移ることである。そのような見えない空をイマージュ化する働きが構想力である。

しかし、構想力のうちにはもう一つの働きが潜んでいる。西谷は構想力の働きに関して、「空のイマージュ化」と並んで「有の透明化」という方向を示している。それはどのようなことを指すのであろうか。一口に言って、それは、構想力が諸事物を内から照らし出しつつ暗い無意識の底から意識の光のうちに現れてくることである。一般に構想力として理解されているのはこの方向である。カントは構想力を、対象の不在において表象を生み出す能力として、人間の心の奥底に潜んでいる技と述べているが、対象の不在において表象を生み出すこの働きによって対象は内から理解されるのである。そこに、構想力が対象を照らし出し、無意識の暗闇に閉ざされていたものを意識の明るみのうちにもたらすものであるゆえんがある。そのことが「有の透明化」と言われる。西谷は「有の透明化」とは諸事物が「その処を得ること」、「世界連関のもとに立つこと」と述べているが、そのことは諸事物が内から照らし出され、明るみにもたらされ、そして、意味連関のもとにもたらされることである。

このように、構想力が諸事物を内から照らし出す働きであるということは、構想力が無意識の底から出現してくるものであること、つまり、構想力が身体や大地や無意識といった地下の世界にその根を下ろしていることを意味する。カントが構想力を「人間の心の底に働いている無意識の技能」と言うゆえんである。こうして、「有の透明化」は逆に、構想力が根差している暗い根源を指し示すのである。では、構想力が身体と無意識の暗闇から、それを内から照らし出すものとして意識の明るみのうちに立ち昇ってくる際に、構想力はその明るみをどこから得てくるのであるか。この問いは、構想力が内に秘めている超越的原理の源泉を尋ねるものである。構想力は、じつはそれを「空」から得ているのである。構想力は一方でその根を身体と大地の奥深くに下ろしつつ、その幹や枝を天空へと向けて広げ、天空から光を受けている。透明な明るさとしての空が構想力を介して地上に降りてくることによって、構想力は地下の世界をその内から照らしつつ無意識の底から意識のうちに昇ってくるのである。それは植物が太陽の光をうけて、大地の底からの諸力を結集しつつ、その果実を地上に生むごとくである。構想力の働きが諸事物を内から照らし出す働きとしての「有の透明化」は、その根源に「空のイマージュ化」という働きをもつのである。

こうして、構想力において「空のイマージュ化」と「有の透明化」という相反する二つの方向が交差し、相互に貫きあうことによって人間の世界経験が成り立っている。言い換えるならば、人間は構想力において天と地が繫がるところに住むのである。そこが情意の世界である。先に曽我が「影現の世界」、つまり如来のイマージュが出現し、瞑想される場所を「地下観念界」であるとしたゆえんもここにある。地下の世界と天上の観念の世界が相互に浸透しあった世界が、影現の世界である。

ところで、イマージュの問題を追究する際に、西谷がとりわけ注目するのは、構想力のこの二つの方向のうちでも、後者の「有の透明化」の方向である。その理由は、事物を内側から照らし出すという構想力の本来の働きがそこに見られるからである。西谷は「イマージュ」が「事物への道」であると言う。それはいったいどのようなことを言うのであろうか。西谷の言うところにしたがって見ておきたい。

イマージュの固有性を、西谷は「色形（もの）と色形の知（分かり）がそこで一つになっているような事実」として捉えている。このことはたとえば、私が蟬の声を聞けばそれが蟬の声だと分かり、鳥の声を聞けば鳥の声だと分かる、そういう分かりの根源には蟬や鳥のイマージュがあるということである。つまり、私は蟬の声を蟬のイマージュにおいて聞いているのである。「蟬の声においてイマージュがあるといふ……蟬の声が聞こえるといふ時、音声が与へられるところに蟬の image も共に与えられてゐる」（『西谷啓治著作集』第十三巻、一二七頁）。このようにして、我々が世界において出会うあらゆる事物や事柄には、それと一体をなしてイマージュが萌芽として含まれており、そのイマージュがイマージュとしてその固有な姿を現してくることが、事物の分かりであり、事物を内側からリアルに知ることである。

イマージュが「事物への通路」であると言われるのは、イマージュが事物をその内側から知るものであるからである。そのことを西谷は次のように説明している。

外からの光は、感性の光でも知性の光でも、それの外側に触れて反射するだけである。事実は所謂「頑固な事実」である。すべて事実は、事実として現成する時、つまり、それが「与へられ」る原本の処では、さういふ頑固な事実として与へられるのである。従って、それへの通路としては、それをそれ自身の内から体験するといふほかはない。――ところで事実の原本の処に帰ってそれを「内から」見るといふやうなことは、そもそもどういふことを意味するのか。（同書、一四〇頁）

このように問うた後、次のように西谷は言う。

それはいはば「有」のうちに潜む内景が展開されることである。そしてそのことが事実そのものを「内から」見るといふことの基本である。その転位は、根本的には、現実の「事実」そのものからそれの image への移り行きである。むしろ、「事実」のうちでそれと一体になってゐる image が、image 自身としての固有な姿を現はして来ることである。また、五感のそれぞれのうちで「共通感覚」としてそれと一体になってゐる力が imagination（構想力）として現はれて来ることである。（同書、一四一頁）

こうして、「有の透明化」とは、事物の内景が展開されること、つまり事物を内から理解することであり、構想力の働きそのものを指すものである。

ところで、西谷が「イマージュ」において追究しているのは、西田幾多郎が「自覚」や「場所」において追究したと同じ事柄を別の角度から捉えたものに外ならない。つまり、西田が追究した事柄を西谷は「イマージュ」というより一般的で普遍的な事柄から捉え直しているのであって、その意味でより洗練された表現をもつものである。

西田は自己と物とが一つのところ、主観と客観とが一つのところを「直観」と名づけ、その直観を我々に最も直接的なところ、直接経験として捉えたことは周知の通りである。この直観が反省を含み、内に屈折するところに働くのものが思惟であるが、思惟が直観を内から照らすようになるにつれてそれは自覚的になってくる。西田はその自覚的になった直観を「絶対自由意志」と名づけ、それを「深底」とも呼んでいるが、絶対自由意志とはまた情意の世界に外ならない。西谷がイマージュとして捉えるものも、そこにおいて「物」とその「分かり」が一つのところであり、主客未分としての直観に外ならない。そして、西田において直観が自覚的となってくるとされているところを、西谷は「有の内景が展開される」こととして、ものと一つになっているイマージュがイマージュとしてその固有な姿を現してくることと言い表すのである。そこで重要なことは、事実はその原本的なところでは頑固な事実であるが、その頑固な事実には萌芽としてイマージュが備わっており、そのことによって事実を内から理解することが可能になるということである。そこに構想力の根本の働きがある。そして、もう一つ重要なことは、このイマージュの世界を西谷は情意の世界として捉えているということである。次のように述べている。

> image としての形像や心象の生命は情意にあり、それによって感性的直観や知覚が与へない形像を創出し得る。また感性の領域に現象する物にも、知性の領域に思考される表象や概念にも、情意の要素を付与し得る。芸術家の創作も宗教家の信もさういふ構想力の働きを通して人の心から心へ直接に伝はり得るのである。
>
> （同書、一五九頁）

空とイマージュをめぐる西谷の晩年の思索は、さまざまの複雑な哲学的、宗教的問題を念頭において展開されているので、けっしてわかり易いものではない。しかし、そこで重要なことは、イマージュや情意の世界が、事柄の内奥への道として捉えられていることである。そして、芸術の創作や宗教家の信はそのような事柄の内奥への道を示すものと見做されている。宗教と想像力との根本的な繋がりがそこで捉えられているのである。

表現と自覚

1　自覚と表現

「表現」という言葉は一般的には「表出」（内なるものを外に表し出す）という意味で使用されているが、西田幾多郎はこの言葉に表出に尽きない意味を見出し、それを自らの哲学の鍵概念ともいうべきものに高めて用いている。いったい、この表現という概念によって西田はどのような事柄を示そうとしたのであろうか。

『自覚に於ける直観と反省』以来、西田が一貫して追究したのは「自覚」の問題であるが、自覚の内実は後期になるとややニュアンスを変えてくる。自覚とは「自己が自己において自己を見ることである」としていた当初の規定を、西田は後期において変え、自覚とは「自己が自己において絶対の他を見、絶対の他において自己を見ること」として捉え直している。自覚の中心は自己から他者に移されてくるのである。自己において他者を見ることが自覚とされ、自己はその根底に他者をもつという角度から自覚の問題が掘り下げられてくる。そして、自己が自己の底に他者を映すという自覚の構造が「表現」という概念によって捉えられる。すなわち、自己が自己の底に見る他者の像は、他者の自己における「表現」と捉えられるのである。そのとき表現とは、内を外に表出することではなく、自己を自己とは異なった他なるものに「映すこと」（移すこと）を意味することになる。自覚の構造をそのように捉えることで、西田は、自己がその根底において、自己を無限に超えるものに繫がっていること、そして、そのことによって初めて自己が自己であることを言い表そうとする。自覚を表現という角度から捉えることで、自覚とは自己と他者の関係であることを、西田は明らかにするのである。

したがって、自覚とは自己の知ではなく、他者の知である。知であるかぎり、他者の知も自己においてあるのでなければならないが、しかしその知の根拠は自己にはない。自己がその根底において自己を超えたところへと開かれていること、自己の根底に他者が映っていることが自覚と言われるのである。自覚の問題は他者の問題であり、自他関係の問題は表現の問題であると西田が言うことの根源にはそのような事態がある。したがって、自覚は安定した自己同一に安らう知ではなく、うちに緊張と矛盾をはらんだ知である。それは客観的事物に関わる理論的知ではなく、善や悪や責任などに関わる実践的知である。西田が、自覚における自他関係を「表現」という概念によって捉えようとしたとき、彼は自己がその根底においてそのような自己を超出する他者に繫がっていること、把握を絶する超越者が自己の内奥に出現していることを明らかにしようとしたのである。

我々はどこで他者に出会うのであるかを、シモーヌ・ヴェーユは次のように説明している。

　ここに、ある人が通りかかり、腕は長く、眼は青く、その胸のうちには私の知らない、しかしことによると凡庸なさまざまな思念がよぎっているとする。

　私にとって聖なるものとは、彼の個性 sa personne でも、彼の内なる人間的人格 la personne humaine en lui でもない。それは彼である。彼の全体である。その腕、その眼、その思念、すべてである。私は果てもなく遅疑逡巡を重ねぬかぎり、これらすべてのうちの何一つ傷つけることはないだろう。

もし、彼の内部で人間的人格が私にとって聖なるものであるとすれば、私は容易に彼の両の眼を抉ることもできるだろう。盲目になったところで、彼はそれまでどおり、ひとつの人間的人格である。私は彼の内なる人間的人格には全然触れたことにはならないからだ。私は彼の両の眼を潰したにすぎない。（中略）もし、私がその人の両の眼を抉ることが許されていて、そうすることが面白いとするならば、正しくはいったい何が私の行動を妨げるのか。

彼の全体が私にとって聖なるものであるとしても、彼はすべての点、すべての面で、私にとって聖なるものなのではない。（中略）彼が王侯であっても、王侯であるかぎりでは聖なるものではない。屑屋であっても、屑屋であるかぎりでは、聖なるものではない。そうしたことが、私の手を控えさせるのではない。

私の手を控えさせるのは、彼がもし誰かに眼を抉られるなら、彼は他人から悪をこうむったという意識のために魂を引き裂かれるだろうと、私が知っていることなのだ。

（「人格と聖なるもの」、『シモーヌ・ヴェーユ著作集』2、中田光雄訳、四三八〜四四〇頁）

ここでヴェーユは、私に彼の両の眼を抉ることが許されていて、そうすることが面白いとするなら、それを私に思い止まらせるものは、彼の眼が聖なるものでも、その人格が聖なるものであるからでもなく、「他人から悪をこうむったという意識のために魂を引き裂かれるだろうと、私が知っていることなのだ」と言う。他者はこの「知」において現存し、この知によって護られているのである。この知がないところでは、他者の姿が私の眼の前にあっても、他者は実在しない。そのことは他者が私の主観的印象であるということではない。この知は私のうちにあるかぎりにおいて主観的であっても、その知の根拠は私にはない。それは私を超えており、したがって、その知は私の主観を破ったところから私に到来するのである。悪の意識が屈折したものであるのもそのことによる。それは私のうちにあって、私を超えている。そのことは責任の意識についても言いうる。責任の知が謎であるのは、それが自己を超えたところにその根拠を有する知だからである。善の意識もまた同様であって、どのような人間の心の底にも刻印されている、悪ではなく善を期待するなにものかは、個人のうちにあって個人を超えたものである。それは「あらゆる人間の内部にあって、最も汚れた人の内部にあってさえも、みどり児のころから全く無垢に全く欠けるところなく保たれてきた、最も深い部分」（同書、四六六頁）であって、それは人間が自己を超えたものを映している聖なる部分、そこにおいて人間が神に連なる部分である、とヴェーユは述べている。そこには、西田が自覚として捉えた事態、すなわち、自己がその根底において他者を映していること、把握を絶する超越者が自己の内奥に出現しているという事態が端的に示されている。

一方、西田は、自覚における自他関係の有り様をまた「逆対応」という概念によって捉えていることは、周知の通りである。無限の隔たりのなかでも見失われることなく、かえってリアルになる人と人との関係を、西田はその概念によって表している。したがって、「逆対応」も「表現」も、ともに自他関係に固有な有り様を捉えたものであるが、それぞれが照らし出す自他関係の位相は少し異なっている。大まかに言って、「表現」において西田は、断絶している自己と他者との間に成立する繋がりに注目しているのに対して、「逆対応」では、繋がりが含む分離ないし断絶に注目している。自覚における自他関係の位相がそれぞれにおいて逆方向から捉えられていると言えよう。逆対応という概念は、自己と他者との繋がりが、深い断絶や隔たりを含んで成り立っていることをあらわしている。一方、表現は、自己の内奥に他者が映ることで絶対他者が自己に内在すること、すなわち断絶における繋がりを示している。こうして、表現は自覚における自己と他者の相互内属、あるいは回互的関係を指し示す。そのような相互内属や回互的関係は、宗教的自覚における内在と超越、あるいは此岸と彼岸との関係と連なっているのである。

ところで、逆対応についてはこれまで比較的よく取り上げられ、立ち入った説明がなされているが、表現に関してはその意義が十分に捉えられてこなかったように思われる。したがって、ここでは表現を中心として、そこで追究されている自他関係の様相を明らかにしておきたい。

表現という言葉の意味を西田は、ライプニッツを手掛かりにすることによって明確に規定している。「一つのものと他のものとの間に、不変なる規則正しい関係が成立する時、一が他を表現すると云ふ、恰も配景的射影が幾何学的形像を表現する如くに」（『西田幾多郎全集』第十巻、四八一頁）と西田は言う。あるものとそれに他なるものとの間に一定の規則正しい関係が成立するとき、あるものは他なるもののうちに自らを映し、その映された像のうちに自らを見出すことになるが、その関係を西田はライプニッツに倣って表現（représentation）というのである。そのような関係は、たとえば人間と環境の間に成立する。都市の景観とそこに住む人々の心情との間に、長年にわたる関わりのなかで相互浸透が生じ、両者は相互に映しあう。そのとき、都市の景観はそこに住む人々の心情を表現するものとなると同時に、また、人々の心情は都市を表現するものとなる。こうして、表現は自らを異なった他なるもののうちに映す（移す）ことであり、他なるもののうちに自らを見出すことである。

西田はそのような表現を「形成作用」とも呼んでいる。自己を他に映すことは、そのことによって自己を形成することでもある。「知覚」をモデルにした映すという静的な関係が「働き」を包み、一方が他方に働きかけて相互に否定的に限定しあうとき、表現は形成作用となる。私が自己のうちに環境を映すことは、私が環境によって形成されるという仕方で、環境を表現することである。そこでは表現は静的な関係から相互否定を介した動的な関係へ高められる。この関係を相対と絶対との関係に移しかえて言うならば、絶対と相対とは相互否定的に働きあうことによって、絶対は相対のうちに自らを映し、相対を形成すると同時に、相対はそのうちに絶対を映し、絶対を表現する。相対はそのうちに自己を超えた世界や絶対他者を映すことによって、世界の自己表現点となるのである。相対がこのようにして、そのうちに絶対他者を映すとき、相対は唯一の「個物」となる、と西田は言う。個物とはたんなる相対ではない。そのうちに世界を映すもの、全体を映すものである。うちに絶対の他を映し、絶対の他をその根底に有するものが個物である。個物を、そのうちに全体を映すものとして捉えるところに、西田が私と汝との関わりを自覚として捉えることの理由がある。

自覚とは自己のうちに他者をもつこと、自己が自己の底に絶対の他者を見ることである、と西田は言う。自覚の問題が自己の問題であり、自己とは自己と他者の関わりであるというのは、自己とは自らのうちに他者（全体）を映す個物であるからである。私と汝との関係が自己において見られ、私を離れた第三者の立場から見られないのはそういう理由による。私と他者や汝との関係を、私との関わりを離れ、両者の関係の外側に立って客観的に考察することは、個物と個物との関係をたんなる相対と相対との関係、物と物の関係に還元することである。私と汝との関係は、他に還元することのできない独立自存せる個と個との関係である。その関係はあくまで関係の内面において捉えられるべきであって、関係の外から捉えられてはならない。西田が自他の関係は自覚の問題であり、自覚の構造を表現として捉えることの理由はここにある。

自他の関係を内から捉えるということは、他者を私のうちに取り込んで同化してしまうことではなく、また、私が他者に融合してこれと直観的に一体化することでもない。同化や融合においては、他者と自己のいずれか、あるいは双方が消されている。自己を超えた他者が自己に映されているという自覚の構造は「同化」や「融合」ではなく、個と個との「映し合い」、すなわち「表現」として捉えられなければならない。こうして、表現としての自覚の構造を明らかにすることが西田の後期の思想の課題となるのである。

2　表現ということ――譬喩Ⅰ「深山の池と小鳥の水紋」――

表現という言葉によって西田が捉えている事態は西田の自己や世界理解と深く結びついているので、何よりもまず西田哲学のコンテクストのなかで捉えられなければならない。しかし、この言葉が示す事態は、広く自己と他者、あるいは自己と世界の関わりをめぐる宗教的自覚の問題の根本に触れるものであって、西田哲学にのみ固有なものではない。したがって、ここでは通常の理解の仕方からやや外れるが、西田を離れてこの概念が指し示している事態を捉えてみたい。そのことによって、西田が明らかにしようとした事態は逆に、よりよく映し出されることになるであろう。

ここではまず、武内義範が論文「親鸞と現代」において、次に西谷啓治が論文「空と即」において用いている譬喩を取り上げ、それらを手掛かりにして表現の問題の裾野を散歩してみたい。それらの譬喩はいずれも絶対者の超越と内在という問題をめぐって練り上げられており、西田が表現という概念で追究している事態とその根本において繋がっているように思われるからである。

深山の池に水浴びのために一羽の小鳥が訪れた。そこは枝枝はひそやかに池の面を覆い、行く白雲も、空飛ぶ鳥の影もその姿をうつさないような鏡のような水面であった。しかし、小鳥が水浴びをすると水面は小鳥を迎えて、小鳥の水浴びするその点を中心としてその水紋を次々と岸辺へとひろげた。岸にたってそれを眺める私には、小鳥が水浴びするので、波がそこから起こり岸へと寄せてくることが理解される。しかし、もし私が存在せず、小鳥の訪れを知るものが小鳥と水面だけであったらどうであろうか。小鳥は敏感であって、絶対の人の気配のあるところに近づかないとしてもよい。その場合、水面にとって小鳥の訪れを表現する（傍点引用者）方法は、小鳥の接した水面の点を中心として平面上に繰り広げられる幾つかの波紋の同心円による以外にはないであろう。水面は自己を垂直に貫くという仕方で訪れたものに対する感動と心情の震えを一度は拡散してゆく同心円に託して伝え、さらにふたたび、この同心円を外から内へと、ちょうど小鳥が水面に接したその中心点まで、逆に縮約してゆくことによってでなければ、さきの垂直の方向を指示し象徴することはできない、と我々は考えた。この小鳥の比喩をもう少し先まで進めて見よう。ところで、小鳥は彼女が飛翔する無限の虚空の使者であり、水面はこの無限に深い虚空に包まれる、より低次元の世界であるとしよう。我々は、ただちに、ここで超越的な絶対他者とこの世界との遭遇が（絶対と相対との出会いの仕方が）意味されようとしていることに気づく。けれども、それは実はなおそれ以上のことをこの譬えは取り入れているのである。

まず第一に、相対の世界にとっては、垂直に上からくる絶対の他者は、それが超越的な他者性をもつと共に、いわば相対を自己の低次元の部分として含む包括者であってもすこしも妨げとはならない。なんとなれば、第二に、全く異質的な絶対者と相対者の遭遇は、両者を同時に成立せしめるような他の遭遇の場所を第三者として要求することになるであろう。しかし、そのような場所はあってはならないし、考えられてもならない。絶対と相対の関係について思索するときに、哲学者はしばしば当事者の立場、第三者の介在を許さない体験の事実を無視して、思惟や論理にこの第三者や仲介者の役割をさせようとする。しかし、相対と絶対とは、そのような論理や思惟の予想とは全く逆に、第三に全体である絶対は、部分である相対の世界のさらにその部分の一点において絶対の他性を強調しつつ自己自身を啓示するものである。無限な虚空は水面の一点において――小鳥として。永遠は時間の一点において瞬間として。このような一点こそがまさしく遭遇の逆説的な場所であるということができよう。

（『武内義範著作集』第二巻、九四～九六頁）

この譬喩において、「小鳥」と「水面」は、「垂直に上からくる絶対の他者」と我々の住む「相対の世界」を指しており、水面に広がる水紋は、両者が遭遇した事実を表していることは明らかである。しかし、この譬喩において武内が何を示そうとしているかは、あまり明確ではない。この譬喩は、池で水浴びする小鳥とそれによって水面に広がる水紋を見ている「私」がいるものとして描かれている。しかし、武内はそれに少し変更を加え、実際には観察する私がいないものとして、あるいは観察する私がいるところには小鳥は降りて来ないものとして、この譬喩を理解しなければならないと断っている。武内がこのように変更を加えることで強調するのは、現実の宗教的経験においては「小鳥」と「水面」以外に、それらの関わりを外から見ている第三者としての「私」は存在しないということである。そのとき、小鳥と水面との遭遇という事態はどのように把握されることになるかを、武内は問う。超越という宗教的出来事が理解されるべき仕方を、武内はそのことによって示そうとするのである。超越という出来事は当事者には出来事の内からしか理解しえない。しかし、当事者は小鳥を直接見ることはできない。水面に広がった水紋によってのみ小鳥の訪れを知ることができるというのが、当事者の置かれた状況である。そのことを武内は水紋が「水面にとって小鳥の訪れを表現する方法」であると述べ、「全体である絶対は、その部分である相対の世界のさらにその部分の一点において絶対の他性を強調しつつ自己自身を啓示するものである」と言う。そのことが、「永遠は時間の一点において瞬間として」ということである。キエルケゴールによれば、瞬間は、永遠が時間のうちに挿入するときの一点であり、永遠のアトムであるが、そのことでキエルケゴールが言わんとすることは、我々は永遠が時間のうちに残した「痕跡」を通してしか永遠に触れえないのであって、それ以外に永遠を知る道はないということである。絶対者は自らとは異なった相対者に自らを映すという仕方で自らを示すということ、そしてそれが我々が絶対者の触れる唯一の仕方であることを武内は述べている。そのことが「水紋」や「瞬間」は垂直に降りてくる小鳥や永遠の「表現」であるということの意味である。

相対の世界においては、そこに映った超越者の像を超越者の像として、相対の世界から区別して捉える基準はない。痕跡において原型は不透明であり、隠されている。宗教的経験が逆説であり不条理であるゆえんはそこにある。そして、そのことが宗教的経験は信の事柄であり、躓きといわれる事柄と切り離しがたく結びついていることの理由である。西田が「表現」と「逆対応」を宗教的世界の二つの側面として示しているのもそのことと連なっている。西田のいう「逆対応」はそのような絶対と相対の遭遇に潜む謎、人がそれに躓く逆説を事実の内から明かしたものである。その意味で、「逆対応」は「表現」の裏面とも言いうるのであって、「表現」においては絶対と相対との繋がりは謎という性格を有しており、その謎は宗教的実存にとって「逆対応」という有り様のもとで内に自覚されるのである。

3　表現ということ――譬喩II「二つの部屋を仕切る板」――

西田はライプニッツに倣って、他なるもののうちに自己を映す（移す）ことを「表現」と規定しているが、自己と他なるものとの関係を相対と絶対との関係へ引き移すとき、問われてくるのは両者の限界と接続をめぐる複雑で難解な問題である。なぜなら、相対と絶対との関係においては、理解の基本構造をなすような「として」は無効となり、両者を繋ぐ役を果たすことはできないからである。我々はある人間を盗賊として、あるいは総督として理解することはできても、盗賊と一緒に磔《はりつけ》になったある「人間」を「神の子」として理解することはできない。盗賊と同次元にある人間にとって、イエスとキリストとの間には絶対の断絶があり、断絶するものが一体となった「イエス・キリスト」は理解不可能な不条理であり無理である。では、この無理な関係をどのように捉えたらよいか。西谷はその不条理ないし無理を「即」として捉え、その即を「イマージュ」において捉えている。西谷のいう「空のイマージュ化」と「有の透明化」という概念は、相対と絶対との同一としての「即」を分節したものである。言い換えるならば、西谷が「空と即」において展開している考えは、西田が「表現」という概念によって捉えようとした事態であって、それを西谷は彼自身の見地から捉え直しているのである。そこでの問題を西谷は、次に示すような「二つの部屋を仕切る一枚の板」の譬喩によって考えている。

　それに先立って、西谷は大乗仏教の教理の根幹に置かれた「空」はもともと我々が見る虚空のことであり、虚空は見えざる無限や永遠の可視的現象であると述べている。そして、超越的原理ともいうべき空が我々の生きている情意の世界に映り、辺りの雰囲気を表すものとなっていることを「空のイマージュ化」と名づけている。空が自らを別のものに移すこと（映すこと）によって可視的なものとなることを、西谷は空の「イマージュ化」と呼ぶのである。たとえば、西谷は『唐詩選』から孟浩然の「題ス二義公ノ禅房ニ一」を取り上げて次のように説明している。

　　義公習フ二禅寂ヲ一　結シテレ宇ヲ依ル二空林ニ一

戸外一峯秀《デ》　階前衆壑深《シ》
夕陽連《リ》二雨足《ニ》一　空翠落《ツ》二庭陰《ニ》一
看二取《シテ》 蓮花浄《キヲ》一　方《ニ》知《ル》二不染《ノ》心《ヲ》一

ここには空林、空翠として空が二度現はれてゐるが、詩の全体は義公（禅僧）の禅房の雰囲気を語ったもので、空といふ言葉もその雰囲気を言ひ表はしたものである。それはもはや天空を表はす虚空ではなくて、禅房の周囲のたたずまひを表はす言葉になってゐるが、或る一種の無形な無限の気分を表現してゐて、空としての虚空と情意的な密接なつながりのうちにあるといへよう。同時にこの詩の最後に蓮花の浄とか不染の心とか語ってゐるのは、その情意的な空と法義の上での空との自らなる親縁性を示してゐる。泥池から生え出た蓮の花が仏教者の清浄な心への譬喩であることはいふまでもない。

（『西谷啓治著作集』第十三巻、一一三頁）

西谷はこのような種々の例を取り上げて、空が日常経験に含まれる感覚や知覚や感情や気分のうちにそれを規定する契機となって現れ、感性的なものや情意的なもの自身にある特殊な特徴づけを与えるものとなっていることを述べている。「空のイマージュ化」とはそのようにして、空が我々の情意に映って形をとることである。西谷はそこに宗教と芸術との接点と分岐点を見ているが、それはまた超越が内在となるところでもある。こうして、西田が「表現」として捉えたところを西谷は「空のイマージュ化」として捉えているのである。我々がここで注目したいのは、西谷がその関係、つまり内在と超越の関係を「二つの部屋を仕切る一枚の板」の譬喩によって捉えていることである。

限界線は二つの部屋を仕切る一枚の板に似てゐる。板がA室に向かつてゐる面 x は、A室の限界を表示するものとして、B室を代表する。x 面はその本質において、Aに現はれたBの表現であるとも言へる。しかし同時に、Bの表現である同じ x 面はAの一部としてA室に所属する。Aに現はれた限り、「現象」としてはAのものであり、Aの構造契機である。同様なことはその板がB室に向いてゐる面 y についても言へる。y 面はB室の、B室としての構造に属し、「現象的」にはBといふ現象の一部である。しかも、同時にその y 面は、AからBを限界づけるものとして「本質的」にはAをBのうちで代表し、Bに現はれたAの表現である。一般に「限界」といふことには、裁断が接合でもあるといふ意味が含まれてゐる。そして、その接合は、差別されたものの間に相互投射とか相互浸透とさきに呼んだやうな連関として成り立つてゐるのである。このやうな構造を「回互的」と呼べば、回互的な連関の場合に重要なことは、一つには、本質的にAに属するものがBのうちへ自らをうつす（映す、移す）とか投射するとかして現象するとき、それがBのうちでAとして現象するのではなく、Bの一部として現象するといふ点である。言ひ方を変へれば、A「体」がB「体」へ自らを伝達するとき、それはA「相」においてではなく、B「相」で伝達される。Aは自らをBへB相で分与（mitteilen）し、BもAからそれをB相で（teilhaben）分有する。これがBへの自己伝達といふAの用である。Bの側からAへの伝達においても同様である。（同書、一二三頁）

西谷の譬喩は先の武内の「水紋の譬喩」よりも周到で精密に考えられており、より多くの問題への示唆や暗示を含んでいるように思うが、それぞれによって表されている事態には根本において通じるものがある。武内の譬喩の根本は、「相対と絶対との遭遇には遭遇の場所となる第三者が要求されてはならない」ということ、「全体である絶対は、部分である相対の世界のさらにその部分の一点において自己自身を啓示するものである」ということを示していたが、西谷の譬喩は同様のことを、「本質的にAに属するものがBのうちに自らをうつす（映す、移す）とか投射するとかして現象するとき、それがBのうちでAとして現象するのではなく、Bの一部として現象する」として述べている。西谷は、その譬喩の意味するところを次のように説明している。

今挙げた点は、さきに触れたimageといふものの問題にも関係してゐる。imageは、存在論や認識論において「本質」や「現象」といふことが論ぜられる時、いつも現はれてくる問題である。その場合、普通なされるように、Aといふ「あるもの」乃至「あること」についてそれの本質と現象を考え、次にBについてもそれを考へ、更にそのAとBとの相互作用を考へるといふふうな、分立と差別から出発する立場からは、imageの問題は充分に考へられない。その立場では、畢竟、分別的知性の判断作用に依拠して物事の論理化を求めることになるが、それではimageの問題も、ひいては芸術や宗教の問題を本当には考へられない筈である。むしろ、分立や差別と、本質的な繋がり又は「縁」（affiliation）や無差別とを、同時に一つに見る如き立場が要求されてくる。その場合は、AがBといふ全く他なるもののうちへB自身の相をとって映されてくるといふこと、エックハルトの言葉を藉りればAがBのもとへ自らをhineinbildenするといふことが、Aのimage化といふことに外ならぬ。例へば、人間のうちにおける「神の像」（imago Dei）とか、一切の衆生が悉有する「仏性」とかいふ如きものは、そのやうな意味のものとして初めて理解されるであらう。

（同書、一三三～一三四頁）

西谷が「空のイマージュ化」や「二つの部屋を仕切る板」の譬喩において示していることは、二つの領域を分かつと同時に繋ぐものは、先に武内が述べていたように、二つのものの外にある第三者によっては捉えられず、二つの領域だけから捉えられなければならないということである。言い換えるならば、第三者が存在しないところで、二つの領域の繋がりはどのように理解されるかということである。そこでは両者の関係は曖昧で微妙なものとなる。A室がA室としてではなく、A室に接するB室の壁面がA室を代表するものとなって現れる。したがって、B室にとってA室を示すものはB室のうちにしかなく、B室以外にない。他者を他者として知るものが私に映った他者の相貌でしかないとすれば、そこには私と他者を区別するものはない。私のうちにある他者のイマージュを他者のイマージュと言わしめるものは、私のうちのイマージュしかない。だがそのかぎり、私に映った他者の相貌は私の想像でしかないかもしれない。神が人間の姿のもとでしか人間に現れないことが、同様な困難を示している。私を超える他者を私は自己のイマージュを通してしか理解することはできない。そこに信と躓きの問題があることは、先に述べた通りである。神が匿名で現れることが躓きであり、躓の種なのである。

西谷が「透明化」という概念によって示そうとするのは、表現にまつわる上記の難問を切り開く道である。それはB室の外へ出てA室に至るのではなく、B室の内側からA室へ行く道である。西谷は「透明化」ということを「覚」とか「信」とかいう事柄であると述べているが、それは内から他者へ行く道である。「内から」ということを西谷は、「有がその根源に向かってそのところを開いてくること」であり、「有がそのところを開いてくること」であるという。そのことを西谷は有の「透明化」というのであるが、その際、イマージュがそのような内からの通路となるというのは、イマージュにおいてA室がB室に映り、両者を遮る壁が透明となるということである。ここでB室とA室というのは自己と他者ないし超越者のことであり、イマージュというのは「神の像（imago Dei）」のことであるが、両者を隔てる壁はイマージュにおいて透明となるとされるのである。そこに「イマージュ」が「覚」とか「信」とかといわれる事柄と結びついて考えられている理由がある。

しかし、西谷自身がA室によって喩えているのは「超越的他者」とはやや異なり、世界における「万有」を指している。世界のうちに現成している一切の「もの」や「こと」が、我々が壁を隔てて直面する絶対他者と見做されているのである。それらは与えられたままでは「頑固な事実」であって、外側からそれへの通路はなく、感性の光でも知性の光でも一切の光を受けつけず、反射するだけである。そのような頑固な事実への通路は内側からしかなく、その通路を西谷はイマージュにおいて捉えているのである。次のように言う。内から見るということは、

事実の本有的な「有りどころ」と言ったやうな象面が開かれてくることと結びついてゐる。（中略）その有は不回互なるままで、即ちそれ自身であることを止めずに、しかも自らの内で自らから出て、世界連関のうちに立つことになる。言ひ換へれば、それを閉してゐた各個性（または各自性）の限界の壁がいはば透明になり、世界連関のパースペクティーフのうちで他との回互的関係に入ることになる。（中略）それによつて「有」はそれの内面でいはば透明化し始める。

（同書、一四一頁）

そしてまた、次のようにも言う。その際、イマージュが内からの通路であるというのは、

いはば「有」のうちに潜む内景が展開されることである。（中略）その転位は、根本的には、現実の「事実」そのものから image への移り行きである。むしろ、「事実」のうちでそれと一体になつてゐるimageが、image 自身としての固有な姿を現はして来ることである。また、五感のそれぞれのうちで「共通感覚」としてそれと一体になつてゐる力が imagination（構想力）として現はれて来ることである。（同）

そのことによって、頑固な事実が閉じ込められている壁は透明となり、世界連関のうちに入ってくる。そのことが「覚」であり、「信」でもあると西谷は言う。

しかし、壁によって隔てられ外側からの通路が閉ざされている頑固な事実が世界において現成する万有であろうと、超越的他者であろうと、それへの内からの通路がイマージュにおいて捉えられていることには変わりはない。そのような内からの道が「覚」とか「信」とかいわれることである、と西谷は言う。覚と信とは相容れないところを有しているが、いずれも「如来が出会ってくる処」であることにおいて根本では通じている。イマージュから覚や信へと至るにはなお考えられなければならない幾つかの問題が控えているが、「心のひらけ」ともいうべき場への入り口ないし通路を西谷はイマージュにおいて開こうとしているのであって、そのことが「空と即」における西谷の考えの根本にあることは確かである。その辺の事情は次の西谷の文章によく窺われるように思われるので、少し長いが引用しておきたい。

　キリスト教に較べると仏教は初めから自覚の方向を基本にし、その自覚智と共に理法や理知との結びつきも深かつたが、その仏教においても、その覚知の方向を最も徹底したとも言へる龍樹自身が、仏法の大海には信を以て能入となすと言つてゐる。仏法の大海に入るためには最も狭い信が唯一の入り口だといふのは、すべての「法」の根源である「仏」への信、「如来」が出会つてくる処、其の処へともかくも一歩進み入らねばならぬということである。その転入は一念発起とも、発心、すなわち菩提心とも呼ばれる。宗教的な意味での信、いはゆる「大信」への転入は、仏教的にいへば自己が菩提（正しい覚知）の心を初めて起すこと、乃至はその菩提心が自心のうちから「一念」として自覚的・体験的に起ることである。その意味で、能入とは、われわれの心のひらけであり、同時に仏法の大海が目前にひらけることである。涯しなくひろい、水天髣髴ともいふべき大海の波打ち際、または波止場、に立つた時の心に喩へられるかも知れぬ。二河白道の譬喩ならば、仏の招喚の声を聞くと共に水火の苦海の只中に一条の白道を見る時のことであらう。或はその道によつて本願海の波打ち際に出た時の事であらう。（同書、一五〇頁）

西谷は、我々に不可痛な事実ないし他者との間に信において内から通路が開かれるときの心を「本願海の波打ち際に出ること」と言う。それは絶対他者が我々の心に映ってくるところでもある。

4　デカルトの神の観念——神とその刻印——

「空のイマージュ化」と「有の透明化」という二つの概念によって西谷が考えていることは、西田が「表現」という概念において捉えようとした事柄でもあって、それを西谷が彼自身の観点から宗教的超越の方向へと敷衍し深めたものということができる。この二つの概念によって西谷は、宗教的自覚の根幹に関わる事柄、すなわち内在的世界と超越的世界との連関の問題とそれをめぐって生じる信と不信の問題を追究しているのである。

ところで、西谷が「イマージュ」に関して追究した事柄は問題としては目新しいものではない。同じ問題をデカルトは「神の観念」をめぐって追究している。「神の観念」についてデカルトがめぐらした考察には、先に見た西谷の「イマージュ化」をめぐる考察と通じるものがあると言いうるように思う。宗教における内在と超越の問題を、デカルトはある一つの特別な観念、神の観念を取り上げて追究しているのである。西田の「表現」の源にライプニッツの考えがあったが、西谷の「イマージュ化」という考えにはデカルトが神の観念において考えた事柄に似通ったところがある。このように言うことは西谷がデカルトから着想を得たというのでは勿論ない。むしろ、ここでの西谷の考えはデカルトよりも大きな広がりをもって考えられている。ただ、西谷が扱っている問題は西谷に固有なものではなく、普遍的連関をもった大きな問題であると言おうとするのである。そのような見地から、次にデカルトの考えを見ておきたい。

デカルトが「神の観念」について考察をめぐらしているのは、「第三省察」においてである。そこでデカルトが為したことは、我々が有する神の観念の起源ないし原因を探ることによって神の存在に至ろうとすることであって、それは一般に神の存在論的証明の試みであると言われている。それは、神の観念から神の存在を導こうとするものであり、神の観念と神を同一視している点で、デカルトの神は理性的な神、哲学者の神であると言われてきた。しかし、デカルトの神の観念をめぐる省察の要諦はむしろ、「形相的」に一つである神の観念と神とが「無限の深淵」によって隔てられていることを明らかにすることにある。神は神の観念を無限に超過していることの洞察が、デカルトの省察を導いているのである。

デカルトは、我々は神を概念によって把握することはできず、観念によって認識しなければならないという。概念化とは悟性によって包み込むことであり、それゆえ、概念化することは神と我々が等しいと主張することである。しかし、神の観念によって神を認識することは、神の観念と神が同じであるということではない。神の観念と神は

「形相的（formellement）」には同じであっても、「表現的（objective）」あるいは「優勝的（éminemment）」には同じではない、とデカルトは述べている。我々を超過し、我々が把握しえないものを、把握しえないものとして把握しているのが神の観念である。したがって、神の観念は、神が我々に残したその「痕跡」ないし「表現（object）」ともいうべきものであり、我々の手許に残された神への唯一の通路である。それゆえ、デカルトは神の観念は、「原因」である神の「結果」であり、我々における神の「刻印」であると言う。このことを角度を変えて言うならば、「神の観念」は神の「イマージュ化」としての表現であると言うことができる。形相的には神の観念と神とは一つであるがゆえに、両者の間にある「百尺竿頭に一歩」という無限の距離が見逃されてしまう。しかし、この隔たりの事実を踏まえることによって初めて、神の観念からする神の証明が意味をもってくるのである。神の観念が「生得観念」であるとデカルトが言うのは、我々がそれを創造したのではないということである。それは神が我々のうちに刻みつけたその痕跡であり、我々における神の表現である。

「第三省察」において、デカルトは次のような仕方で議論を展開する。まずデカルトは「我々の意識のうちにあるものの像」を「観念」と呼ぶ。人間やキマイラや天や神など、我々の意識に現れる一切の表象は観念である。我々にとって存在するもので観念でないものはない。そして、それらが私の内にあり、私の意識の様態であるかぎりにおいて、それらの観念は同等であって、それらの間には何の差異もない。しかし、その起源に溯って吟味すると、それらの観念はみな同等であるのではない。それらのうちには、その起源が私にあるものと、私にないものとが区別される。物体的事物の観念や実体の観念の起源は私にあるけれども、神の観念だけは私から生じたものではないとデカルトは考えるのである。私は実体であるから、実体の観念が私のうちにあるのは当然である。しかし、「無限、独立、全知全能、創造者」としての神の観念、つまり無限な実体の観念は、私から生じたのではなく、「真に無限な実体」から出てきたのでなければならない。なぜなら、私は不完全で有限な実体であり、有限な実体から無限で完全な実体が生起することはできないからである。こうして、デカルトはあらゆる観念のうちでの神の観念の唯一性、独自性を示している。

ところで、私が有限な実体であるにもかかわらず、無限な実体としての神の観念を私が有するのはなぜか。それは私が作り上げたものでもなく、旨いとかまずいという観念のように、私の外から偶然にやって来たのでもないとすれば、私を超えたところから私にやって来たのでなければならない。神の観念は「神が私を創造するにあたって、あたかも工匠が、彼の作品の自分の徴を刻印するかのように、自分の観念を私のなかに植えつけた」のでなければならないのである。西田が「自己が自己の根底において絶対の他をもつ」ということは、デカルトが「神の観念を私がもつ」というのと同一のことを指している。私の内にある神の観念は、原因としての神が私の内に生みつけたその結果であり、神の痕跡ないし神の像である。それは神が自己に他なる者のうちに自らを映したものであり、神の「表現」である。

それゆえにまた、神の観念は私が神に至りうる唯一の通路でなければならない。私は神の観念を観想し、それに思いを致すことで、感覚に囚われ精神の曇りを取り去り、自己を出て神に至るのである。デカルトは次のように述べる。「ここで、しばらく神そのものの観想のうちに留まり、神の属性を静かに考量し、このはかりしれない光の美しさを、そのまばゆさにくらんでしまった私の精神の眼のたえうる限り、凝視し、賛嘆し、崇敬するのがふさわしいであろう。（中略）この世において我々の享受しうる最大の満足が得られることをわれわれは経験するからである」（デカルト『省察』、井上庄七、森啓訳、七七頁）。このように、デカルトは神の観念の観想を通して神の認識に至る道を示しているが、それは西谷が「有の透明化」ということにおいて述べていることと重なっている。デカルトが人間における「神の刻印」として捉えた「神の観念」は西谷のいう「空のイマージュ化」にほかならないが、デカルトの言う神の観念の「観想」とは「有の透明化」ということなのである。デカルトが「神の観念」とその「観想」という狭い枠のなかで追究した事柄を、西谷はより広い視野から「空のイマージュ化」と「有の透明化」という角度から捉え直している。それはまた、西田が自覚ということで追究した事柄でもある。デカルトが人間に生得的なものであるとした「神の観念」は、西田において「自己の底に見る絶対の他」として捉えられているのである。

デカルトが「神の観念」において見た事柄に、エマニュエル・レヴィナスは「顔」という概念から接近している。我々が顔に見るものは絶対の他者であり、形なき無限の痕跡である。無限を映しているものが顔である。それゆえ、顔は無限の表現であるとレヴィナスは言う。この世において直接に見ることのできない無限を、我々は顔において見る。無限は高きところにあり、師の命令としてあるが、我々はそれを高きところに見るのではない。我々はそれを最も低きところ、寡婦や孤児の無力な懇願のうちに見る。無力な顔をよぎる訴えのうちに、我々は「汝、殺すべからず」という師の命令を聞きとるのである。そのことが西田のいう「自覚」にほかならない。顔に師の命令を聞くことは、自己の底に絶対の他を見るということである。重要なことは顔をよぎる形なきものを見ることである。それはデカルトのいう「感覚によって曇らされている精神の目を研ぎ澄ますこと」を必要とする。レヴィナスはそのことを「存在への自執性の外に出ること」と言うが、そのような精神の働きはまた西谷が「有の透明化」と名づけたことでもある。「有の透明化」ということを西谷は、「もの」と一体となっている「イマージュ」がイマージュとして展開することであると言う。それはものの底に形なきものを見ることであるが、それはレヴィナスが師の命令を聞きとるということであり、また西谷が「本願海の波打ち際に出たときの事」（『西谷啓治著作集』第十三巻、一五〇頁）と述べていることでもある。

5　二つの世界の相互浸透としての表現
――ハイデガーの「土の開示性」と曽我の「分水嶺の本願」――

（1）土の開示性

デカルトが「神の観念」によって示しているのは、我々の把握を超えたものが我々のもとに到来しているということであり、そのことによって我々の存在が維持されているということである。自己と超越者との関係を拡張して世界に引き移して考えるならば、我々の住む世界としての此岸は、それを超えたもう一つの世界である彼岸によって照らされ、そこからの光に浸透されることによって、我々が住む世界として在る。すなわち、我々の住む世界は一重ではなく、二重構造を有しているということである。そのような世界構造をハイデガーは『芸術作品の起源』において示し、「土（die Erde）」という観念を手掛かりにして究明している。そこで次に、ハイデガーの考えを手掛かりにし、先に述べた「表現」の関係を、彼岸と此岸との相互浸透の関係として考察することにしたい。そこでのハイデガーの考えも、「表現」の原義である「映す」ということを彼自身の仕方で明らかにしている、と考えられるからである。

ハイデガーは芸術作品に固有の働きを「建立（Aufstellung）」と「開示（Herstellung）」として捉えている。このうち、我々がここで注目したいのは「開示」ということである。いったいハイデガーはどのようなことを開示というのであろうか。それにはまず建立ということから始めなければならない。

芸術作品はそれ自身で建立的である、とハイデガーは言う。そのことは、ある影像がどこかに立てられるということではない。芸術作品がある民族にそれに固有の「世界を開く」ということである。たとえば、オリンピアにあるツォイス神殿はギリシア民族が神との間にもつ関係を現実化したものであり、それは神を現在化せしめ、そこに礼拝に来る人々のうちに神を入り込ませる。そのことをハイデガーは「世界を開く」と言う。芸術作品が叙事詩や悲劇であれば、それらは戦いの記述を通して、「何が純正で何が不純正か、何が真で何が偽か、何が善で何が悪か、誰が支配者で誰が奴僕か」を打ち建てる。そのことが世界を開くことである。世界は諸事物がそこに置かれた意味連関の空間であって、それは知識の対象とならず、あらゆる知識の手前にあって人間が生きる意味空間を形成している。そのような世界を芸術作品はそのつど建立する。

そのような「建立」の働きと並んで、ハイデガーは芸術作品のもう一つの働きとして「開示」ということをあげる。開示とはあるものを「こちらへ向けて立てる（herstellen）」ということであるが、これもまた、あるものが作られるというような外的なことではなく、我々の方に向かって立てられるということである。そして、「我々に向かって」ということのうちで、そのものがそのもの自体として顕となり、開示されてくることである。しかし、それはいったいいかなることであろうか。芸術作品のうちで、このような意味で我々に向かって立てられてくるものをハイデガーは「土」として捉えている。作品が建立され世界を開くとき、それは同時に自らの地盤のうちへ沈み返り、その地盤を顕にするのである。

誰一人住むことのない大地は、それだけでは沈黙せるものであり、大地ということもできない。そこに人が住むことによって大地は大地となる。神殿が現にそこに聳え立っているということにおいて、嵐の迫力、その上に立つ岩盤の堅固さ、それを取り巻く空や山岳や土地の景観などの広さが、初めて出現してくる。金属の光輝や閃き、大理石の冷たい純潔、渋さ、強さ、内に閉じこもった性質は、造られた塑像のうちで初めて我々にリアルとなる。石はその圧力、重力によって自らの固有の存在を主張し、我々に抵抗する。その石は芸術において、自らに閉じた閉合性の姿で、また実質をもち、本質的に解き開くことを得ざるものとして自らを示すのである。そのことは、芸術作品はたんに世界を建立するだけではなく、世界を建立することによって同時に、その根底としての土をそのうちへ返すものであるということである。芸術作品は世界を建立し開示する反面、自己の根底、すなわち土に返り、土を維持する。そのことをハイデガーは「開示」というのである。芸術作品を介して、土が自らの根底へ返りゆくことが「開示」である。

そのことを西谷はまた次のように説明している。

譬へていへば、庭を建設する者が、河にある多くの自然石のうちから一つを見付け出して庭の樹々の間に移し、庭を構成する草木その他すべてのものの連関のうちに、つまり附託関係の組み合さりの全体性としての庭のうちに、その石がそれ自身としてもつ風姿を生かすやうな仕方でそれを据ゑる時、それはその石を bewahren することである。これも一つの芸術である。大理石は塑像のうちで初めて大理石としての諸性質を「発揮」し、金属はその特質を発揮する。つまり、世界へ立ち出でた芸術作品が根柢に立ち返り、それを根柢として bewahren するのである。従つて、その維持は、根柢を明るみに出し、開かれた所（offenheit）へ出すことでもある。然も、あくまで開かれ得ないもの、固有の本質を固守するものとして出すのである。

（「ハイデッガーの講演「芸術作品の起源」」、『西谷啓治著作集』第十四巻、七七頁）

注目すべきことは、土が土となるのは世界が建立されることによってであるということである。世界が開かれることによって土はその根底に返り、本来の土となる。そのことは、土がそれを超えたものからの光を受けることによって土として成り立っていること、土のうちに世界からの光が差してきており、その光によって土が闇を秘めた土として現れるということである。ハイデガーの「芸術作品の起源」におけるこの考えは、我々に彼岸の世界と此岸の世界との関わりの様相を改めて考えさせる。「超越」とは我々が土を出て彼岸に至ることではない。我々が土に返り、土を土たらしめることが超越である。そのことは、超越的世界の光によって土が照らされ、超越的世界が此岸の世界に浸透してくることによって初めて可能となる。超越とは、土や此岸を脱することではなく、土や此岸が我々の住みうる場所となることである。そこにおいて「超越」は「逆超越（trans-descendance）」となるのである。

（2）分水領の本願

曽我量深は超越をそのような逆超越の方向に考えて、そこに「正定聚《しょうじょうじゅ》」としての有り様を捉えている。浄土教において「正定聚」は「邪定聚」に対して言われ、正しい信の有り様を指すが、曽我は「正定聚」という有り様を、清沢満之の言葉を借りて「現在の境遇に落在すること」であると言う。そして、現在の境遇に落在することは「自己の分限」を明らかにすることであるとも言う。

自己の分限を明らかにすることは、此岸を脱して彼岸に至ることではないこと、また此岸を彼岸化するという仕方で彼岸を此岸にもってくることでもない。此岸が彼岸ではないこと、彼岸とは異なることを明らかにし、そして此岸に立つことである。したがって、正定聚とは此岸と彼岸とが融合することではなく、両者の境目を明確にして両者の分岐点に身を置くことである。重要なことは、此岸と彼岸との隔たりを解消することではなく、二つの世界をはっきりと分けて両者の境界を明らかにし、その「分水嶺」に立つことである。そこに「自由な心境」が開かれる。その心境は、彼岸から此岸に浸透してきている涼風ともいうべきものを感取するところに生じる。分水嶺に立つところに開かれる自由な心境は如来の本願といわれるものとの触れ合いにおいて生じるのである。それを曽我は「分水嶺の本願」と名づけている。本願にはそれに出会い、それを受け取る地盤がなければならない。それがなければ、本願との触れ合いは現実的で確実なものとはならない。そのような地盤に立在することが「現生正定聚」と言われることであるが、禅の言葉では、それは「平生底」ということになろう。

曽我自身はいま述べたことを次のように説明している。

法蔵菩薩の本願を拝読しますと、その本願には分水嶺といふものがある。これは自覚と申すべきものである。阿弥陀の本願によってのみ正しい自覚が与えられる。（中略）我が仏教においてもいろいろの宗教が三千年の歴史の上にあらわれて来たが、自覚の基礎になる分水嶺がはっきりしておらぬ。阿弥陀の本願の尊いところは何処にあるか、明らかな自覚の立場の分水嶺に立たしめるということは尊いことである。又現生に正しく救いを得るというはっきりした事実は、分水嶺が与えられるということであると申している次第である。

（『曽我量深選集』第十一巻、二九八頁）

「現生正定聚」とは、如来の本願に触れる場を此岸に見出すということであり、そのことを曽我は自覚の立場と言う。自己の立在する場所が把握されていないかぎり信は確立しない。「娑婆世界」を夢幻と見てこれを脱しようとすることとは逆に、娑婆世界のただ中に返りそこに自己を求めてゆく、そのことが分水嶺に立つことである。弥陀の本願に分水嶺があるということは、弥陀の本願はそれを受け止める基盤を必要とするということである。清沢満之が「自己とは他なし、絶対無限の妙有に乗託して任運に法爾に、この現前の境遇に落在せしめるもの、即ちこれなり」（「絶対他力の大道」、『我が信念』）というとき、彼が捉えているのは如来の本願によって相対有限の世界が確立し、我々の生きる場所が明らかとなるということだ、と曽我は言う。次のように述べられる。

分限においていわゆる絶対無限に乗託する。相対有限が絶対無限の内容、絶対無限に乗託して相対有限が始めて成り立つ。そこに我々の安住すべきところがある。仏は絶対無限の世界のみにというのではなく、我々を相対有限に安住せしめようというのである。我々の安住すべき場所を与えるのが正しい教えである。それを教えぬのは、正しい教えとは言えぬ。それを我々ははっきりせねばならぬ。これを蓮如は教えてくだされた。それを一念帰命という。それを言わず、法体だの意業だのと言ってみても、永遠に解決はつかぬ。一念帰命は意業でも法体でもない。与えられた現在を喜ぶことである。　（同書、三〇二頁）

我々が立在すべき場所としての「一念帰命」は彼岸にあるのではなく、また此岸にあるのでもなく、二つの世界の接点であると同時に分岐点である分水嶺に立つことである、と曽我は言う。この分水嶺を明らかにして、そこに立つことが正しい信であり、正定聚であるが、信はまたこの分水嶺がなければ定まらない。表現という観点から捉えるならば、この分水嶺とは、彼岸の表現、つまり此岸に彼岸が映っている点にほかならない。曽我の考えは西田が自覚の構造において捉えた自己と絶対他者との関係を世界の次元に引き移し、此岸と彼岸との関係として捉え直したものであるということができよう。

6 表現としての「言うこと」

西田は、他を自己に映（移）し、自己を他に映すこととしての表現を、ライプニッツのように知覚を基本にすることを超えて、形成作用としての行為において捉えている。物を作るという形成作用は自己を他に映すことであるが、そのことは物が自己に映ることでもある。そこに、世界を形成する自己が世界の自己表現点であり、創造的世界の創造的要素といわれるゆえんがある。

ところで、この行為としての形成作用をより内面的かつ根源的に追究するならば、それは言葉として捉えられるであろう。西田が形成作用として捉えた表現を、エマニュエル・レヴィナスは「言うこと」にまで深めて捉えている。レヴィナスのいう「言うこと」が西田のいう「表現」であるということの意味は、言うことが、自己の内奥の表出であるだけではなく、自己の根底に他者をもつことであり、他者からの呼びかけへの応答であるということである。レヴィナスによれば、言うことの根源には他者があり、それは他者からの召喚に自らを捧げることである。そのことは私が言うに先立って、他者からの召喚があり、それに身を捧げよという命令が発せられるということではない。言うことが応答であり、召喚や命令は私が応答することのただ中にあり、私は「応答のうちに命令を見いだす」（『存在するとは別の仕方で、あるいは存在することの彼方へ』、合田正人訳、二七三頁）のである。自己の内奥の表出という主体の能動的な働きの根底に、他者からの召喚や命令があるということ、そしてその召喚に身を曝すという絶対受動性が「言うこと」である。それはいったいどのようなことであろうか。

『全体性と無限』においてレヴィナスは言語の本質を「発語」に捉え、発語の源を顔に見出していた。顔は知覚されるものではなく、我々が把握せんとする形をたえず逃れ出る。しかし、そのような形なき顔は何かを我々に語りかける。それは無限であり、その無限の表現が発語である。言語の本質を発語に捉えるこのようなレヴィナスの言語観の特色は、言語をある思考内容の再現や情報の伝達の手段と見做すような言語観の手前で言語の本質を捉えようとするものである。それは無限としての他者との関わりに言語の本質を見る。そのような無限との関わりを、レヴィナスは「言うこと」として捉える。それゆえ、もっぱら「言われたこと」に基づく言語論はレヴィナスのいう言語へ届く射程をもたない。「言うこと」は「言われたこと」をはみ出るのである。「言われたこと」は主題化されるが、言うことは主題化を拒み、主題化を打ち砕く。「言うこと」は「言われた」に先立ち、言われたことによって汲み尽しえないところを有している。「言われることなくして言うこと」に、言うことの本質がある。言うことにおいて証示されるのは無限との関わりであり、応答である。そこに一切の意味の根拠がある。

このようなレヴィナスの言語観においては、作品やテクストは第二義的な意味しかもちえない。発語の本質は、発語する主体が発語に臨在し、発語を支え護っていることにある。一方、「作品」において発語する主体はすでに作品から去って不在であり、作品は打ち捨てられ、第三者による不当な凌辱に晒されている。発語を作品より高いものとするレヴィナスの言語観は、言語の中心を「言述（discours）」に置き、テクストや言語の指示機能を重視するポール・リクールのそれとは逆の見解を示すものである。リクールは、「作品」や「テクスト」は、作者や対話者の主観的で心理的な閉域に閉じ込められた「言うこと」を脱して、すべての人々に開かれているという公共性をもち、時間上に置かれた「言うこと」に宿命的な消失を免れている点で、「言うこと」がもたない意義を有すると考える。そして、テクストを理解することはその起源にある作者の人間や体験を追体験することではなく、テクストの前で「テクスト世界」を開くことであると言う。それに対して、レヴィナスが発語や「言うこと」をテクストより以上のものとするのは、「言うこと」の本質が語られた思想内容の再現や何かを指示することにあるのではなく、他者との関わりや応答にあると考えるからである。「言うこと」は、「言われたこと」のように時間を脱した共時性という空間のうちにあるのではなく、時間に従属し、一瞬一瞬に生まれ消えゆく。消えたものは再び返ることはできない。再現前化することができず、永久に去るというところにレヴィナスは時間の固有性を捉え、それを「隔―時性（diachlonigue）」と名づけている。他者との関わりや応答はそのような非情な時間において生起する。「言うこと」に言語の本質があって「言われたこと」にあるのではない、とレヴィナスが言うのはそのような理由からである。

したがって、「言うこと」は「言われたこと」との連関において捉えられてはならない。「言うこと」には、「言われたこと」によって汲み尽くされえない剰余が秘められている。無限との連関がその剰余である。その剰余は、他者に関わる主体の「実直さ」、「真摯さ」であって、それは主題化しえないものである。「言われたこと」なしに言うことが「言うこと」の本質である。「言われたこと」が意味をもってくるのも、それが他者との関わりを根底にもつ限りにおいてである。意味の「源泉」はそのような他者との関わりにおける真摯さにある。レヴィナスによれば、「言うこと」は何かを語ることではなく、「無限者の栄光を証しすること」なのである。

「無限者を証しすること」とは、無限者の経験や心理的体験と考えられてはならない。なぜなら、無限者はけっして「現在化」することはなく、体験のうちに落ちてこないものだからである。

〈無限者〉の命令は「どこか分からないところから」到来する。この到来は思い出ではない。（中略）「私の

> うちに忍び込む盗人さながら」、〈無限者〉の命令は、表象の彼方から私の知らぬ間に私を触発する。この命令は非現象性であり、非現象性として命令が到来するこのような仕方、それを私は彼性と呼んだのだった。彼性とは、聴取するに先だって私が従属しているような命令の到来である。自分自身を〈語ること〉のうちで、私はこの命令を聴取する。〈無限者〉の命令は峻厳な戒律である。とはいえ、この戒律は拘束も支配も伴ってはいない。この戒律は、その源泉との一切の相関関係の外に私を置きざりにするのだ。
>
> （『存在するとは別の仕方で、あるいは存在することの彼方へ』、二七三頁）

無限者を私は把握することはできない。把握することができないものとしてその命令が届いていることを証するもの、それが真摯さであり責任という在り方である。

「言うこと」においてレヴィナスが明らかにしようとすることは、「言うこと」がその根源を主体の自発性ではなく他者にもつということである。一見すると、「言うこと」は主体が言うのであるから、その働きの根源は主体にあり、主体の能動性に言うことの中心があるように思われる。「言うこと」は、主体に起源をもつものとして主体の表出であると考えられるのである。しかし、レヴィナスが示そうとするのは「言うこと」の絶対受動性である。他者の呼びかけや召喚に応えること、無限の栄光を証しすることが「言うこと」なのである。そのことは「言うこと」が常に対話的状況において成立するということを意味するのではない。一人で言う場合においても、「言うこと」は本質的に応答であり、他者の呼びかけに応えることである。「言うこと」が受動性であり、他者への応答であるとき、「言うこと」は「曝露」という性格をもつ。それは相手に対して自己を包み隠さないこと、自己を曝すことである。その背後に身を隠すような避難場所をもたないこと、そのような場所から出ることを余儀なくされることが「言うこと」である。

〈語ること〉における主体は、表出という語の原義どおり、一切の場所の外に自己を放逐し、住むことを止め、どんな地面をももはや踏みしめることはない。剝き出しの皮膚を曝露したときでさえ、まだ何かが隠されたままであるかもしれない。ところが、〈語ること〉は、剝き出しの皮膚をも貫いて、この隠された何ものかを剝き出しにする。〈語ること〉、それは剝き出しにされた皮膚の呼吸そのものであり、この呼吸はどんな志向にも先立っているのだ。

（同書、一〇一～一〇二頁）

とレヴィナスは言う。

発語の根源は他者にあり、発語が他者の呼びかけへの応答として受動性であるというとき、それは能動性の反対極としての受動性ではなく、能動性のただ中における受動性としての絶対的受動性である。曝露することとしての「言うこと」は、自分に何一つとって置くところがないこと、他者に捧げることであり、したがってそれは贖いという性格をもっている。「他者への無関心の不可能性」、「他者を引き受けること」、「受忍」、「責任」が「言うこと」であり、そのことをレヴィナスは「身代わり」と言う。

他人への曝露は身代わりに至る留保なき受動性であり、それゆえ曝露の曝露である。身代わりに至る曝露は〈語ること〉にほかならない。〈語ること〉は言葉を発することなく意味する。〈語ること〉は責任であり、責任としての〈語ること〉は意味そのもの、他人のために身代わりになる一者、徴しと化した主体の主体である。

（同書、二七四頁）

「言うこと」は「言われたこと」の「主題化」によって覆い隠されてしまう危険性に常に曝されている。したがって、「言うこと」は、「言われたこと」による隠蔽をたえず撤回しなければならない。それが「言うこと」の「真摯さ」であり、「実直さ」である。先に述べたように、それが「無限を証しすること」として「言うこと」を成り立たしめるのである。

7　「言うこと」と主体――「我ここに（me-voici）」としての自己――

「言うこと」が他者の召喚に対して自己を曝露することであるとき、主体の有り様は転換されねばならない。自己同一に安らう主体は「言うこと」において破られる。主体はそこでは、自己と同等ではないもの、自己に不等なもの、自己の根底に他者をもつものとなる。そのことをレヴィナスは次のように言う。

〈語ること〉、それは極度の受動性である。その最後の避難所においてさえも、〈語ること〉は他人にさらされ、忌避しえない仕方で徴集される。自己にくり返し転落する確信とは逆に、唯一性は、自己との非合致、自己に安らわないこと、平穏の不在をつうじて意味する。唯一性は、自己同定することも知に対して現れることもなく破産する痛点である。

（同書、一一五頁）

この「自己破産」をレヴィナスは「息切れ」と言い、また自己の「核分裂」とも言う。

……に応える曝露。身を護る衣服や殻もなく、一切の問いかけ、一切の問題に先立って査問されること。息を吐き出す際のように自己の核まで剝き出しにすること、この息切れが存在の彼方（「存在せんとする欲望」の彼方）という異常な言葉を発するのだ。

（同書、一〇三頁）

こうして「息切れ」とは「他人への開け」であり、それは「住む場所をもたないこと」である。しかし、「住む場所をもたないこと」は存在しないことではない。それは「内存在性の我執からの超脱」であり、存在することと存在しないこととの双方から離れた第三の道である。それをレヴィナスは「呼吸」と言う。

他人への自己の開け、それは呼吸であり、呼吸とは幽閉からの解放としての超越である。呼吸がその意味を余すところなく明かすのは、他者との関係において、隣人の近さにおいてであり、この近さが隣人に対する責任隣人の身代わりになることである。（中略）その気息は内存在性の我執からの超脱である。

（同書、三二四～三二五頁）

そして次のようにも言う。

自己を超越すること、わが家から脱出し、ついには自己からも脱出するに至ること、それは他人の身代わりとなることである。（中略）世界も場所も有せざる自己の開けとしての空間の開けは非場所であり、何物にも取り囲まれないことである。このような空間の開けは、最後まで息を吸い込んでついにはこの吸気が呼気に転ずることである。かかる開けないし呼気、それが他者の近さである。（同書、三二五頁）

呼吸する存在は自己同一に安らう存在ではなく、自己同一のただ中において剝奪されている唯一性として、「傷つき易さ」として捉えられてくる。言うことの受動性は「傷つき易さ」である。

語ることにおける受動性ないし意味性、それは皮膚を貫く剝奪であり、この剝奪は致命傷に、更には死にさえもさらされる剝奪である。感傷性として存在すること、それが語ることにおける受動性ないし意味性なのだ。感傷性とは核分裂である。自己の基底に存する肺さえもこじ開けるかのように、この核分裂は点のごとき核の基底をこじ開ける。しかし、堅固な殻によって、形態によって護られている限りにおいて、核はその基底をこじ開けることがない。点に還元され、みずからの存在することの時間性のうちで同一化され、その結果自己と重なり合う場合にも、核はその基底をこじ開けることがない。核がその基底をこじ開けるためには、点のごとき核という限界に達しつつも、剝奪が自己から自己を引き剝がしつづけるのでなければならない。指名された一者が自己を開き、存在性に固着せるその内面性からも分離し、そうすることで、内存在性の我執から超脱するのでなければならない。自己の統一性の只中にありながらも、自己からのこの剝離、この絶対的非合致、瞬間のこの隔時性は、「他人によって浸透された一者」として意味するのだ。（同書、一〇三頁）

自己のうちに他者をもつことで、自己自身に不等となり、核分裂を起こした主体は、そのことによって主体であることを止めるのではない。それは「超越論的帝国主義的自我」から目覚めて、責任を負った主体となること、あるいは責任を負うべく選ばれた主体性となることである。それが真の主体性である。

責任を負うた主体は、その受動性の深奥において疎外される。ただし、この疎外は〈同〉から自同性を除去する疎外ではなく、忌避しえない召喚によって〈同〉を自同性に縛りつける疎外である。（同書、二五八頁）

超越論的主体の破産の後に自覚されてくるのは「我ここに（me-voici）」としての自己、対格としての自己である。自己自身の内に根拠をもつがゆえに、他から不可視な暗闇のうちに潜む自己が、他からの召喚によってその不可視性の外に連れ出され、自己の閉合性が破られるとき、自己は「我ここに」として現れてくる。それは自己自身によって自らを基礎づける自己ではなく、他者から基礎づけられる自己である。他者に呼びかけられて「我ここに（はい）」と応える自己である。「「われここに」、それは息を吹き込まれつつ言うことである」（同）。それは自己の底に絶対の他をもつものとしての自己である。そのような自己をレヴィナスは「身代わり（substitution）」と言う。

身代わりは、自己との非同等性、自己と自己との不一致、自己の剝奪、秘匿性および自己同一化からの自己の脱出であり、この意味においてすでに、他人に送られた徴しである。（同書、二六四頁）

存在から脱出すること、つまり「脱内存在」となることによって「息切れ」した自己は他者から「息吹」を受ける。そのような、存在を出て他人へと開かれた自己を、レヴィナスは「呼吸」によって語っているのである。

レヴィナスは「世界も場所も有せざる自己の開けとしての空間の開け」を「他者の近さ」と言う。レヴィナスにとって「場所の開け」とは、自己が自執的自己から出て他者へ向けられていることである。そのような他者へと向けられてあることを、レヴィナスは他者に対する責任と言うと同時に、他者を呼吸し、それから息吹をうけ霊感を受け取るとも言う。そこに「我ここに（me-voici）」がある。そのような「我ここに」としての自己把握が西田の言う自覚である。「我ここに」は他者に向けられたものとして、他者から自己を捉えるのである。

西田は自己が自己の底に他者を見ることを「自覚」と言う。そのことは、自己が自己のうちに自己を超えたものを映しているということである。西田は自己を超えた他者をまた世界としても捉え、自己を世界の自己表現点と述べている。そのような自己を超えたものを自己に映すところに自己があることが「我ここに（me-voici）」と言われたことである。

Ⅱ　自然と自覚と他者

自覚における自然
——シェリングの自然哲学とフランス・スピリチュアリスムの哲学——

1　フランス・スピリチュアリスムとシェリングの哲学

十九世紀前半から二十世紀前半にかけてフランスの哲学思想界を貫流した思潮にフランス・スピリチュアリスムがある。この思潮はメーヌ・ド・ビランに始まり、ベルクソンにおいて極点に達するが、中間にフェリックス・ラヴェッソン、ジュール・ラシュリエ、エミール・ブートルー、モーリス・ブロンデルといった哲学者たちを擁し、これらの人々を通して発展し相続してきた。そして、その思潮の核心部分は、現代においては、ポール・リクールの哲学のうちに流れ込んでいる。この思潮は多様な相貌をもって展開しているので、その全体を捉えることは容易ではない。しかし、人間存在における自由と自然との関わりをめぐって一つの共通する思索を展開しており、その点において、それはシェリングがその哲学、とりわけ前期の自然哲学において追究したのと同じ問題に取り組んでいる。自然とは何か、自然の内奥の秘密は何か、そして、自然は人間とどのように関わっているか、自然との関わりにおいて人間は自己をいかなるものとして理解するか、このような問題をめぐってフランス・スピリチュアリスムの哲学はシェリングの哲学と同じ方向にその思索を展開しているのである。このことは、哲学史においてこれまでにもしばしば指摘されており、とくに目新しいことではない。しかし、この二つの哲学の連関を取り上げ、両者に共通する問題を主題的に追究した論考はあまりないように思われる。それで、ここではシェリングの哲学をフランス・スピリチュアリスムとの関わりにおいて考察し、両者に共通する根本の問題を「自覚における自然」という観点から掘り下げてみたい。

だが、いったい「自覚における自然」とはどのようなことを言うのか。この表現にはいささか奇異の感もあるので、それについて説明することから始めたい。

自然は、山川草木として我々の目の前に広がり、我々を取り囲んでいる。これは我々に馴染みの自然であり、自然というときまず思い浮かべるものである。この自然は近年になって人間の恣意と横暴による破壊で傷みが激しくなり、環境破壊という現代社会の大きな問題を生み出すに至った。そこで、現代のエコロジーは、自然と人間との関わりを改めて問い直し、共生という観点から両者の関係を捉え直そうとしている。しかし、ここで考察しようとする自然は、そのような我々を取り巻いている環境としての自然、目の前に広がる見える自然ではない。見える自然の奥にある見えざる自然、形なき自然に思いを致しているのである。自己の内面において生きられる自然、自己の内面的世界を形成し、自己を内から支えているもう一つの自然である。それは見えないものであるが、我々の内面の生きる世界を形成しているものであるがゆえに、客観的な見える自然以上に重要で無視しえないものである。そのような自然が自覚における自然である。フランス・スピリチュアリスムとシェリングの哲学が自然という名のもとで追究するのは、そのような自然である。

自然をそのような方向に追究することは、現代のエコロジーや哲学にとっても重要なことであると思われる。この自然の特質は、それが人間の自由と対立し、これを否定するものではなく、逆に人間の自由を支え、弾みを与えるものであるということにある。人間は知性的ないし理性的存在者としてあることで、自然の上に高まり、自由で融通無碍な内面世界を切り開いたのであるが、この自由な内面的世界のうちに、自然は形を変えて再び出現してきている。それは形なき自然であって、無意識の深層からさまざまな鼓動を響かせ、合図を送ってくる。それは情動や想像力という形で我々の存在の内奥に湧出し、我々の内面的世界を形成し、文化や宗教の源泉をなしているものである。そのような自然が「自覚における自然」として捉えられる。

「自覚における自然」は、外に対象として見られる形ある自然と全く異なった別のものではない。両者は同一の自然として根底において深く繋がっており、その繋がりの様相を明らかにすることは自然哲学の大きな課題である。ここでは、その問題に詳しく立ち入ることはできないが、大まかには、眼前に見える外なる自然は物質の方向に捉えられてきた自然であり、内に情動として感じられる自然は精神の方向に捉えられてきた自然であるということができる。道徳や宗教の源泉として追究されてきたのは、そのような精神の方向に捉えられた見えざる自然である。自覚の基礎に、そのような見えざる自然を捉える点において、シェリングの哲学とフランス・スピリチュアリスムの哲学は共通の道を歩んでいるのである。

しかし、自己の内奥に出会われる自然は、一様ではない。それは二つの異なった方向、つまり、光と闇、ないし重力と恩寵という葛藤する二つの方向において現れる。ベルクソンは『道徳と宗教の二源泉』において、そしてシェリングは『自由論』において、そのような内なる自然の二つの方向を捉えている。自然は一方では、人間を下方へと引き下ろし、心を混濁させ荒みに陥れる方向に働くものとして、闇とか重力というような否定的な力として出現する。他方、自然は人々の心を上昇せしめ、明澄で自由にする積極的な力として感取される。この自然の異なった二つの方向は、キリスト教では罪と恩寵として、仏教では業と如来の本願力などとして捉えられてきた。我々は無明や煩悩や罪障の塊として自己を捉えるとき、自己の存在の根底に蟠っている、自己を下方へと引き下ろす不透明で重力のごときものの働きを意識せざるをえない。しかし、そのような重力のなかにあって、自己を上昇せしめるような光に触れるとき、それは重力と対極をなすような愛や恩寵として受け取られる。自己の底に蟠る重力としての自然を転換せしめる働きもまた自然というならば、それは自己を超えたところから自己に働きかけてくる高次の自然であり、恩寵である。ベルクソンではそのような愛や恩寵を、「所産的自然」に対して「能産的自然」と名づけ、神の自然として捉えている。

しかし、シェリングでは、むしろ、逆方向へ向かう自然に注意が向けられている。自然は内に閉じこもる暗い力として「根底」と名づけられている。そして、光や愛というような上昇する原理は、根底としての自然を破って働くものとして「実存」と名づけられ、それは自然を超えた神とされ、神はそのような暗い自然をうちに包みつつその否定的な力を克服するものとされている。しかし、いずれにしても、シェリングやベルクソンにおいて自然はそのような形なき自然の方向に追究されており、晩年になるにしたがってその方向は顕著となる。自然は、芸術において見られるような形ある自然を超え出て、光や闇というような形なき働きの方向に追求されるのである。それとともに、自然の問題は宗教との結びつきにおいて捉えられるようになってくる。自然が自覚との結びつきにおいて捉えられるのは、このような意味においてである。

話が先走りしすぎたので、出発点に立ち戻ってフランス・スピリチュアリスムとは何かをやや詳しく見ておきたい。フランス・スピリチュアリスムは「……イスム」という語に示されるように、単数ではなく複数の人々によって担われ、形成された一つの思想潮流である。それはメーヌ・ド・ビランから始まってラヴェッソン、ラシュリエ、ブートルーを経てベルクソンに至る、十九世紀から二十世紀前半にかけてフランスの哲学思想界を貫流した一つの思想潮流である。その源流はビラン以前のパスカルやフェヌロンにまで辿られる一方、その根本精神はベルクソン以降は、マルセルやリクールらのような哲学者のうちに流れ込んでいる。このことは先に述べた通りである。
では、フランス・スピリチュアリスムとはいったいどのような思想か。それは多様な要素を含んでいるので、明確な定義は容易ではない。しかし、ラランドの『哲学語彙辞典』におけるラシュリエの定義が簡潔で要を捉えているように思われるので、ここであげておきたい。次のように規定されている。

大ざっぱに言えば、スピリチュアリスムは自然の上に精神を置くところにあるが、しかし、より深く、そしてより完全なスピリチュアリスムの定義は次のごときものである。それは自然そのものの説明を精神に求め、自然において働く無意識的思惟は我々において意識的となる思惟であり、無意識的形式から意識的形式への移行を可能にするような有機体を生み出すべく働いている思惟であると考えるものである。このスピリチュアリスムがラヴェッソンのそれであったと私には思われる。

(Lalande, A., *Vocabulaire Technique et Critique de la Philosophie*)

ラシュリエはここでスピリチュアリスムを二段階に分け、大ざっぱなものと厳密で完全なものとを区別している。大ざっぱなものは、自然の上に精神を置くものである。それはより具体的には、⑴人間精神には絶対者に到達する理性があり、その理性の開花が人間の運命であるとし、⑵物質的幸福を求める利己主義を捨て、真・善・美へと目を向け、精神の高みへと自己を引き上げるという主張のもとで、唯物論に反対の立場を採る。しかし、このような大ざっぱな規定では、そのうちにほとんどの哲学が包み込まれてしまうことになる。ヴィクトール・クーザンやロワイエー＝コラールらが主張したスピリチュアリスムがそれであって、それはそのような雑多なものを混ぜ合わせた折衷主義であった。

しかし、より深く完全なスピリチュアリスムはもう少し厳密なものでなければならない。ラシュリエはそれを「我々の思惟の底には無意識的に働いている思惟があり、それを自然として捉え、その自然から意識的となって現れてきたものを我々の思惟と捉えるものである」と規定している。精神を自然と切り離して自然の上位に置くだけではなく、自然を精神から説明し、精神との繋がりにおいて自然を捉えるのがスピリチュアリスムの中心の考えだとラシュリエは言うのである。そして、そのようなスピリチュアリスムの立場は、精神と自然との一元を説く形而上学を設立することではなく、精神と自然が一つに働くところに出会われる「霊性（spiritualité）」ともいうべきものを自己の内奥に捉えようという関心に貫かれている。ラシュリエは、そのようなスピリチュアリスムを代表する哲学者としてラヴェッソンをあげている。これは適切な把握であると思われる。

このようなフランス・スピリチュアリスムの頂点に位置づけられるのはベルクソンであるが、実際のところ、ベルクソンはラヴェッソンから大きな影響を受けているのである。ベルクソンにはプロチンの影響も大きいが、その哲学の骨格をなすものをベルクソンはラヴェッソンから得ている。そして、興味深いことは、そのラヴェッソンがシェリングときわめて近い思想を展開していることである。精神と自然との繋がりに関して、ラヴェッソンは前期の自然哲学の時代のシェリングとほとんど同じ考えを示している。ラヴェッソンを通して、フランス・スピリチュアリスムの哲学はシェリングの哲学と緊密に結びついているのである。

2　二つの哲学の共通の問題——精神と自然との連続性——

ところで、自然を精神との繫がりにおいて捉えること、あるいは、精神から自然を説明するということはいったいどのようなことか。具体的な例を取り上げて考察してみたい。

たとえば、砂の上で拾った貝殻の破片を君ならどのように見るか、とヴァレリーは尋ねている。それは凝固せる物質、沈黙せる無機物、形をなさぬガラクタとして見られるかもしれない。しかし、貝殻に刻まれた螺旋曲線、貝殻の形態は、それを作った指導観念を私に予想せしめ、自然がうちに知性や愛を秘めた存在であることを示している、とヴァレリーは述べている。貝殻の螺旋曲線は、自然の形なき愛の表現、見えざる知性の痕跡だというのである。してみれば、自然の底には見えざる精神、形なく言葉なき愛が無意識のうちに流れていて、それが我々の意識に現れて自覚的となってきたのだ、と考えることができる。つまり、我々の意識はその根を自然の底深くに下ろしていると同時に、自然はまた我々の意識のうちに上がってきて、我々の内面的世界を形成しているのである。ヴァレリーの言葉は、そのような自然の内奥の構造を語っている（ヴァレリー「人と貝殻」*L'homme et la coquille*、『ヴァリエテ』参照）。

しかし、ヴァレリーが自然に見た、このような想念はたんなる主観的な「詩想（poésie）」にすぎないであろう。そして、実際のところ、フランス・スピリチュアリスムやシェリングの自然哲学の根源にあるものもこのようなポエジーなのである。だが、たんなるポエジーに止まるならば、それは詩であって哲学ではない。哲学にとって重要なことは、ポエジーにおいて把握されているものをいかにして確証し、根拠づけるかということである。フランス・スピリチュアリスムとシェリングの哲学が企てたことはまさにそのことに外ならない。つまり、それらの哲学はポエジーに含まれた直観知を概念化して確証し、根拠づけようと試みるのである。シェリングがその『自然哲学』や『超越論的観念論の体系』において企てたこと、またラヴェッソンが『習慣論』で為したのはそのことである。では、いったいどのようにしてポエジーを哲学に高めるのか。その手掛かりをラヴェッソンは「習慣」に見出し、シェリングは「芸術」に求めている。ここで見たいと思うのも、詩的イメージを哲学的知へともたらす、二人の哲学者のやり方ないし方法である。

しかし、それに先立って見ておかねばならないことがある。それはこの二つの哲学がそれぞれ自らの立場を、それに先行する哲学を批判的に克服することによって確立しているということである。フランス・スピリチュアリスムについていえば、それはデカルトの立場の批判を通して自らの立場を開いている。そして、シェリングはフィヒテと対決するという仕方でその立場を確立している。

フランス・スピリチュアリスムに関して言えば、「精神の働き、あるいは思惟の働きを自覚すること」を哲学の究極の目的とすることにおいて、それはデカルトの立場と軌を一にするが、その際、精神の自覚を「内奥感（sens intime）」（メーヌ・ド・ビラン）において捉える点において、フランス・スピリチュアリスムはデカルトから逸れた方向に進む。内奥感を「努力感」として捉えたとき、ビランは精神の働きが自然とは切り離されたものとしてではなく、自然に根を降ろし、自然と一体をなすものとして捉えた。デカルトは、精神と身体とを繋ぐものを、両者の外に「松果腺」として対象的に捉えたが、ビランはそれを「内奥感」として自己の内に捉えたのである。つまり、外に表象された精神と身体との繋がりをビランは内に直観したのである。デカルトにおいて精神の外に締め出された自然は、そこでは精神の内に取り込まれ、自覚の内容となる。だが、精神と自然の対立は、ビランにおいて無差別の同一性のうちに溶解してしまうのではない。対立は存続するが、両者はある連続性のなかで対立するのである。精神は自然という裾野の上に聳える頂きとして、そして、自然は精神という頂きを支える大地として相互に連関し、支えあっているものとして捉えられるのである。そこでは、自己把握のイメージが異なってくる。デカルト的自己が、大海の荒波に直面して屹立する絶壁のごときものであるならば、スピリチュアリスムにおいては、自己は一本の樹木に譬えられる。それは天空に向かって枝葉を伸ばしつつも、その根を大地に深く降ろし、そこから水や養分を汲み取っている樹木のイメージによって理解されるのである。

樹木と言えば、デカルトもまた哲学を一本の木に譬えている。その根は形而上学、幹は自然学、そして枝は医学や機械学や道徳などその他の諸学に当たるとしている。しかし、デカルトの哲学の木は、樹木といっても実のところ、枯れ木であると言わなければならない。その木はいかなる土地にも根を降ろしてはいないし、葉もなく実もない。止まりにくる鳥もいない。その木は、砂漠に取り囲まれた枯木であって、自らを養う内容を周りから吸収することがない。それは内にニヒリズムの絶望を抱えて、空洞化し倒壊寸前の状態にある。そのようなものがデカルトの哲学における自己のイメージである。

十九世紀後半の自然科学的世界観によってもたらされた自己拡散とニヒリズム的状況を、デカルトの自己が超えることができなかった理由もそこにある。デカルトの自己は大地に根をもたない死せる自己、自己自身によってのみ自己を支える意志、あるいは意地としての自己であった。そのような自律的自我の根腐れ状況と現代のニヒリズム的状況とは結びついているように思われる。十九世紀の自然科学的世界観は、現代の哲学において形を変えて構造主義的思考となって現れていると言いうるが、その思考を彩っているものは、ポール・リクールが言うように、意味への絶望である。現代のニヒリズム状況のなかで思考は根づくべき土壌を求めている。神の死の後に、他者の問題が現代の哲学の中心に現れてきていることの理由もそこにある。神を否定した自律的主体の根底に空洞を発見した自己は、自覚の基礎を他者に求めることで、根づくべき自己の根拠を見出そうとしている。他者への責任という自覚において、人はニヒリズムに耽ることは許されない。他者の問題はニヒリズムの問題そのものを追放するところをもっているのである。

自己の根底に他者を見ることと自己の根底に自然を見ることとは、直ちに一つではない。しかし、それらはいずれも自己の根源に自己を超えるものを掘り起こそうとすることにおいて、デカルト的自我を超える方向を目指している。スピリチュアリスムの哲学は、そのような角度から、自己の根源に湧出する情動や欲望との関わりにおいて自己を把握しようとしている。

ところで、フランス・スピリチュアリスムが切り開いたこのような思索の方向はシェリングのものでもあった。スピリチュアリスムがデカルトに抗して切り開いた思索の方向を、シェリングはフィヒテと対決するという仕方で開いている。自我の自覚を哲学の原点とする点においてシェリングはフィヒテと同じ立場から出発したが、さらにその根底の自然との関係において追究することにおいてシェリングはフィヒテを離れ、自然哲学へ向かうことになったことは周知の通りである。フィヒテが、自我の自覚を哲学の唯一の原理とし、その背後に溯りえないとして、自我以外のものを哲学の原理として持ち込むことを拒絶したのに対して、シェリングは自然を自我の前史として自我のうちに取り込み、自然をそこから自我が目覚めてきたものとして捉えることによって、フィヒテの自我の哲学を超え出る方向に進んだのである。自然はそこでは、自我にとって克服されるべき障害ではなく、自我がそこを足場として立ち上がる基盤、あるいは、成長してくる土壌のごときものとして捉えられる。このようにしてシェリングの立場は、ヤコービがフィヒテの哲学のうちに見出したニヒリズムを超えるという性格をもっているのである。このようなシェリングの立場が独断論であるか否かを問うことは、自我を原理とする知識学にとって重要な問題であっても、ニヒリズムという問題からすれば生きた切実な問いではない。我々にとってより重要な問いは、どのような自己理解がそこから導かれ、それが現代に生きる上でどのような意味をもつかを問うことであるように思う。精神と自然の関係のこのような把握において、フランスとドイツにおける二つの哲学は同じ道を並走しているのである。

3　二つの哲学の連関をめぐる研究

ところで、シェリングとベルクソンというこの二つの哲学の間にある繋がりは哲学史においてしばしば指摘されてきたが、その繋がりを主題とした研究はあまりないように思われる。もっとも、ドイツの事情を差し置いて、フランスにかぎるならば、フランスにおいてはこの二つの哲学の「あいだ」でその思索を進めた哲学者は少なくはない。たとえば、ジャンケレヴィッチやマルセルはベルクソンの研究家であるが、同時にシェリングの研究家でもある（『ベルクソン』を書いたジャンケレヴィッチは、『意識のオデッセー』という題目のシェリングの哲学研究で博士論文を提出している。また、具体的な経験に立脚するという点においてベルクソンの哲学に親近感を抱き高く評価したマルセルは、若くして『シェリングとコールリッジ』という書を著している）。たしかに、彼らは二つの哲学の繋がりを表立って考察の対象とはしていない。それは二つの哲学を繋ぐ糸が不確かなものであったからではなく、むしろ確かで自明であったからである。それゆえに、ことさら考察の対象として取り上げるまでもなかったろう。

ひるがえってわが国ではどうか。わが国において二つの哲学の間で思索を進めた哲学者として、西谷啓治があげられる。西谷の卒業論文がシェリングとベルクソンに関するものであったことは、今日ではその著作集からも知られている。しかし、西谷が卒業論文を書いた当時は、二つの哲学の繋がりは思いもよらないことであったらしく、たとえば野田又夫は西谷への追悼の文章の中で、「田邊先生から西谷先生の卒業論文がシェリングとベルクソンであったことを聞いて目を丸くしたが、後に哲学の歴史からも、ラヴェッソンがシェリングと深く繋がり、ラヴェッソンを介してベルクソンがシェリングと深く繋がっていることを納得して、その直観的洞察力に感服した」と述べている。

西谷がベルクソンとシェリングの間に見出した繋がりは、野田が言うように西谷の直観に基づくものであることは言うまでもないが、ある意味で、西谷はこの直観を西田から得ていると言いうるように思われる。というのは、西田が『自覚に於ける直観と反省』においてフィヒテからベルクソンへと切り開いたその思索の道は、問題としては、シェリングがフィヒテから出発して歩んだ道に通じるものであるからである。『自覚に於ける直観と反省』の序文のなかで、西田は、自分はいったんフィヒテの「事行」の立場に立ったが、意味と存在、価値と実在の統一を求めてベルクソンの直観の方向へと進んだと述べている。西田は、当時の哲学上の諸問題と格闘しつつ思索するなかで、フィヒテからベルクソンへ至る道を独力で切り開いたのであるが、フィヒテをいかに超えるかという問題はシェリング自身が取り組んだ課題でもあったのである。西谷は、シェリングの研究に取り組んだときに、その辺の事情をよく理解していて、西谷自身がフィヒテからシェリングへの道を跡づけるなかで、他方に、西田がフィヒテからベルクソンへと歩んだ道を念頭におき、フィヒテを頂点にベルクソンとシェリングを底辺の二角とする三角形を頭の中で思い描いていたと考えることができるのである。

ベルクソンとシェリングを繋ぐものを、西谷はいったいどこに捉えたのであろうか。西谷が両者の根底に見出した共通なものは、また西谷の思索の根本に根差した直観でもあったように思われる。自覚の基礎となるような自然、あるいは身体がそこで捉えられている。西谷が「飯を喰った話」というエッセイ（『西谷啓治著作集』第二十巻参照）のなかで語っている経験がそれを示しているように思われる。理解を容易にするために、ここでも身近で具体的な例を手掛かりとして示しておきたい。

そのエッセイのなかで、西谷はドイツに留学していて、知人のところで久しぶりに御馳走になった米の飯がこんなに旨いものかと驚いた経験を語っている。その旨いという経験は、普通にいわれる意味での旨いまずいというような比較を容れうる相対的な旨さとは異なる絶対的な旨さであって、全身に浸みわたるものであり、その旨さは身体というものがなければ感じられない質のものである、と西谷は語っている。そして、その自覚の基礎にはそのような身体の震撼というものあることを知った、と述べている。そして、その身体は、さらに土と繋がっていて、瑞穂の国といわれる土に含まれた成分が米の中に浸透し、それが長年の間にわたって米を食べてきた我々の祖先を通して我々の身体にも流れ込んでいる。つまり、自分の身体を流れる血の成分と瑞穂の国といわれる日本の土の成分が米を通して繋がっている。自己―身体―土というものが一つに繋がっていて、それらの間を流れる命、霊性、インスピレーションともいうべきものがある。それが米の飯の絶対的な旨さとして経験されるのだ、と語っている。そのような精神と自然と自己が重なりあったところを流れる命、ないし霊性ともいうべきものに触れて、それを究明しようとするところに、フランス・スピリチュアリスムやシェリングの哲学、そして西田や西谷の哲学をその根本で動かしている直観があるように思う。

シェリングとラヴェッソンの個人的関係について言えば、ラヴェッソンはミュンヘンに数週間滞在してシェリングの講義を聴いている。そして、ベルクソンによれば、ラヴェッソンの著作のなかには、思想の方向からいっても文章の調子からいっても、このドイツ哲学者の書いた最上のものに比されうる章句がいくつも見出される。しかし、影響は過大視してはならず、「それは影響というよりは自然的親和、感激の共有とも言うべきもので、二つの精神の高峰の予定調和と考えなければならない」とベルクソンは述べている。一方はフランス語をあまり知らず、他方もドイツ語を巧く話さなかったから、両哲学者の間の談話は困難だったとベルクソンは述べている（『思想と動くもの』）。しかし、ラヴェッソンが保存していた書簡の束の中に、フランス語で書かれたシェリングの手紙が何通か発見されて、『形而上学・道徳雑誌』（*Revue de Métaphysique et de Morale*, vol. 43, 1936, 参照）に公表されている。両者の間の個人的な交流を示すこれらの手紙から、両者の関係がベルクソンが考えたよりも深かったことが窺われるのである。

4　ラヴェッソンの『習慣論』

精神と自然との連関を、ラヴェッソンの『習慣論』とシェリングの「芸術論」において見ることにしたい。ラヴェッソンの『習慣論』（一八三二年）は学位論文として提出されたもので、非常に短いものであるが、短いだけに彼の考えを凝縮した形で表している。

そこでラヴェッソンが企てるのは、自然の秘密を「習慣」を手掛かりとして解明することである。それはシェリングが『自然哲学』において展開し、そしてまた『超越論的観念論の体系』の「理論的部門」で示した考えを、逆方向から辿って検証するという性格をもっている。

シェリングは自我の根底にその前史として自然を捉え、自然が次第に展開し勢位（Potenz）を高めゆくことによって自我の自覚へと至るものとしている。つまり、自然が内に秘めている「有機組織化」という形成原理が、物質や電気や磁気といった無機的自然から有機的自然へ、そしてさらに高い生命の諸形態へと次第にポテンツを高めてゆき、ついに自我に至ってその原理の明確な自覚に達する過程を追究している。こうして、生命の最も低い段階である自然から自我へと至る、自我の前史が辿られるのであるが、シェリングがここで展開している考えは、それだけではロマンティッシュな空想、根拠のない思弁的演繹と見做されても致し方ない。このようなシェリングの考えは何らかの仕方で検証ないし確証されなければならない。ラヴェッソンの習慣の考察が、その思弁を検証し確証するという性格ないし役割を有している。つまり、自然が低い段階からポテンツを高めて自我へと上ってくる過程を、習慣は逆に辿り、自我から自然へと下降することによって、自然の秘密を内側から開示するのである。ラヴェッソンの『習慣論』はそのような意味を有している。

習慣によって自然の秘密を開示するラヴェッソンのやり方は、端的にはアナロジーによるものであると言ってよい。習慣は第一の自然の上に形成された第二の自然である。それは第一の自然の特質を自らのうちに写しているはずである。したがって、この第二の自然である習慣の法則ないし構造を見極めることを通して第一の自然の秘密のうちに入り込むことができる。第一の自然は、第二の自然を介して内から開示されるのであり、そしてこの方法によってのみ開示されうるのである。このようなやり方は、『超越論的観念論の体系』の「実践的部門」で、シェリングも用いている。それは芸術の意識的産出活動を通して、自然の無意識的産出活動にアプローチしようとするものである。その点において、ラヴェッソンの『習慣論』とシェリングの「芸術論」は通じるところを有している。

ラヴェッソンの考えの要点だけを述べることにしたい。ラヴェッソンが「習慣」を通して開示しようとする自然の秘密とは何であろうか。一口に言って、自然はその深処において、知性や自由の光を秘めた存在であるということとである。自然は機械的な法則によって支配された盲目的な物質の塊のように見えるが、機械的なものと見える自然の底には、「知性」あるいは「観念的なもの（idéale）」が「実在的なもの（réele）」と一体となった形で秘められている。習慣がそのことを明らかにするとラヴェッソンは考えるのである。

習慣の一般法則とは、変化を反復し繰り返すことにおいて、ある一つの傾向性（自然）が感受性ないし意識のうちに発生し、意識に取って代わるということである。意志的な運動は、習慣において、意志や反省の範囲を去って次第に無意識の底に沈みゆく。努力を要する運動、人格的な色彩をもっていた運動は次第に自動的で非人格的なものとなり、意志的であったものは本能的なものとなってゆく。

しかし、注意すべきことは、習慣において意志的運動が自由と反省を去って無意識的となりゆくことは、知性が消滅してゆくことではない、ということである。習慣の進展とともに、悟性がこれまで運動とその目標との間に思い浮かべてきた間隙は次第に減少し、両者の区別は消えゆくが、そのことは、運動が目標に近づいてこれと合体することによって、目標という観念的なものが運動という実在的なもののうちに取り込まれてこれと一体化し、存在するものとなることである。知性が実在的となり、「直接的知性」となることである。習慣において、観念的なものは実在的なものと一つになる。直接的知性は、習慣がそこへと進みゆく極限である。

このように、習慣において意志的な運動が無意識となりゆくことは、知性が客観的・実在的直観となりゆくことであると理解されるならば、そこから自然の秘密が解明されうる、とラヴェッソンは考える。すなわち、自然は無意識となった意識であることを習慣が示すのである。自然はうちに知性を直接的な形で秘めている。意志的運動において表象の次元で思い浮かべられていた知性は、自然においては直接的となり実在的直観となっている。意識において分離していた「観念的なもの」と「実在的なもの」は、自然において合一し、一体となっている。習慣は自由と自然との間を往復することによって、このような自然の内部を意識に対して明らかにするのである。ラヴェッソンはそのことを次のように述べている。

自然の最後の根底と反省的自由の最高の点との間には、同一の力の発展の度を示す無限の段階がある。（中略）それは、初めが自然の深処に在り最後は意識の中に開化する一つの螺旋の如きものである。習慣は、この螺旋をば再び降りて行き、それの発生と起源とを我等に教へる。（ラヴェッソン『習慣論』、野田又夫訳、七三頁）

こうして、習慣は意識の光を携えて沈黙せる自然の深処に降り、その秘密を意識に対して開示するのである。ラヴェッソンは次のように述べている。

人は、この習慣の光に照らして、植虫類《ゾオフィト》の混雑せる多様な生命の中にまで、植物の中にまで、更に結晶体の中にまでも、思惟及び能動性の最後の光線が、消えることなく併し如何なる反省からも遠く離れて、極めて不明瞭な本能の漠然たる欲望のなかへ分散し溶解して行くのを、辿り見ることが出来るのである。

（同書、六一頁）

自然を自我の前史としてみるシェリングの見方が、このようにして確証される。また、ラヴェッソンは次のようにも述べる。

習慣が意識から得来る光の最後の微弱な光線は、習慣には立ち入ることを禁ぜられてゐるかに見えるこの深淵の中にまでにも及び、自然の最深の処に、観念的なるものと実在的なるもの、事物と思想、及び悟性の分離する全ての対立者の、同一化の秘儀を、照らし出す、——これら対立者は、知性と欲望との、説明不可能な働きのなかに合一してゐるのである。

（同書、五五～五六頁）

5　シェリングの芸術作品

ラヴェッソンは、自然の内奥の秘密への入り口として「習慣」を捉えたが、同じ役割を担うものをシェリングは「芸術」に見ている。ここでも注意しなければならないのは、ラヴェッソンと同様に、シェリングもまた、意識から出発して無意識へと向かう道を採るのであって、いきなり直接的あるいは独断的に、無意識や自然に立ち向かうやり方を採るのではないということである。「習慣は意識の光を携えたまま自然の無意識の底に降りてその神秘を明らかにする」とラヴェッソンは言う。同じように、シェリングも人間の自由で意識的な生産活動である芸術を通して自然の無意識的な生産活動の内へと入り込むのである。我々は沈黙している自然にいきなり口を割らせることはできないのであって、習慣や芸術という第二の自然を通してでなければ第一の自然に近づくことはできない。芸術が自然の秘密を開示するのは、習慣の場合と同様、やはりアナロジーによるのである。

習慣が意識の側から自然の無意識へと接近しうるのは、習慣が自由と自然との「あいだ」を往き来する「動的中項」であったからである。芸術が意識的生産活動から自然の無意識的な生産活動を捉えうるのも、芸術の生産活動が自然の生産活動に無限に接近しうる微分点を有しているからである。その微分点において、自然の無意識的生産活動が意識に映し出されるのである。

芸術的生産活動と技術的制作活動は、両者がともに意識的活動であるという点において変わりはない。しかし、技術があくまで自由で意識的な活動であるのに対して、芸術は意識的活動を超え出るところを有しているという点で、両者は異なっている。モーセの像を刻むミケランジェロは、家を作る職人と同じように、彼が何をしているかを知っている。しかし、ミケランジェロは、ある瞬間、彼が何をしているかを知らない。彼は制作活動において没我ないし忘我状態に踏み入る。そのような没我的な芸術的生産活動において、意識を超えたもの、無意識的なものが働くのであって、そこに芸術的活動が自由な技術的活動と異なるところがある。ミケランジェロのモーセ像に漂う霊感やインスピレーションは、彼が無意識的に働くところ、つまり、その無意識的天才が働くところに降りてきたものである。天才は自然の無意識の領域に根差しているので、したがって、技術のように人に教えることができない。芸術におけるこの無意識の働き、すなわち天才は、それが無意識的となればなるほど、そのうちに自然の生産活動を深く映し出してくるのである。

このように、ラヴェッソンが習慣によって解明しようとした自然の働きを、シェリングは芸術を通して解明しようとするのである。技術が外から解明しえない自然の働きの秘密を、習慣は内から解明する。

技術、それは意志の業であって、限界、外部、表面、をしか支配し得ない。それは機械的世界の外面にしか働きかけ得ず、運動より外に自己の道具を有たない。内部では自然が働く、そして唯自然のみが、技術のなかまで入り込んで奥行きと堅固さを作るのである。

（同書、七二～七三頁）

シェリングもまた、意識的・意志的活動として自由から出発する技術に対して、無意識に連なる芸術が作品に内容と奥行きを与える、としている。芸術的制作行為において天才が働くところでは、その生産物のうちに自然の生産の働きが映し出されている。そこには技術に見られない、自然の無意識的な産出の豊かさ、深さが現れる。このようにして、ラヴェッソンが習慣のうちに見出した自然の秘密への通路を、シェリングは芸術のうちに見出すのである。芸術的生産活動において見られる、自由と必然との一致、意識的なものと無意識的なものとの合一、観念的なものと実在的なものとの同一、それはまたラヴェッソンが習慣において捉えた自然の秘密であったのである。

6　ラヴェッソンの芸術論とベルクソンの宗教論——恩寵と愛としての自然——

ラヴェッソンは『習慣論』において芸術や宗教の問題を主題的に論じてはいない。しかし、習慣論から二十九年後に書かれた『フランス哲学についての報告』において、ラヴェッソンは自然の問題を芸術や宗教の問題へと深めて捉えている。習慣において究明された「自然」は、そこでは「愛」や「恩寵」という角度から捉え直されている。ラヴェッソンは、自然の美しい「形」の根源に形なき優しい運動を捉え、優しい運動は「愛」ないし「恩寵」であるとして、芸術から道徳や宗教へと至っている。内に働く形なき運動、すなわち愛が外に美しい形をとって現れたものが芸術である。したがって、芸術と宗教は内面的に深く繫がっており、芸術の源には宗教がある。内に働く愛に動かされるところに宗教があるならば、その愛が外に美しい形をとって現れるところに芸術がある。内に愛として自覚された自然を、ラヴェッソンはフェヌロンの言葉を引用して次のように語っている。

「自然は先行する恩寵である。」それは我等の内なる神である、しかもあまりに内に在り、我等の降り行くことなき我等自身の奥底に在るが故に、唯その故に、隠されたる神なのである。（同書、六六頁）

興味深いことは、芸術と宗教を繋ぐ共通の糸をラヴェッソンは「グラース（grâce）」という言葉に見出していることである。グラースは「優雅さ」であり、また「恩寵」を意味していて、この二つの意味は同じ語で結びつけられている。美は形に属し、優雅な形において現れるが、優雅な形の根源には、その形を描く運動、それ自身形なき優雅な運動がある。その優雅な運動のなかに一種の自己放棄の原理、限りなき「寛大さ・無私（générosité）」すなわち愛がある。こうしてラヴェッソンは優雅な形の根源に愛を捉え、芸術の根源に宗教を見るのである。内に「愛」として生きられる宗教が、外に優雅という形をとって現れるところに芸術がある。言い換えるならば、芸術を内面化したところに宗教があり、宗教を外面化したところに芸術がある。つまり、芸術は宗教の外化であり、宗教の証拠である。したがって、宗教は外に美として現れるものでなければならない。外に美として現れることがないような宗教は「デモーニッシュ」なものであって、宗教ではない。ここに宗教と宗教でないものとを分かつ基準がある。

このようなラヴェッソンの考えは、いうまでもなくシェリングのものでもある。ラヴェッソンが優雅な形の背後に無私な心の動きを見て、芸術の根源に宗教を捉えたように、シェリングもまた、美的直観を絶対的同一の哲学的直観の結果として、つまり美的直観を原像としての哲学的直観の写像として捉え、哲学的直観は形なく主観的であるが、芸術的直観はあらゆる人々に承認され、客観性を有しているとして、「芸術は哲学のオルガノンであり、ドキュメントである」という有名な言葉を語っている。

注目すべきことは、ラヴェッソンが優美さの根源に恩寵、つまり「無私なる心（générosité）」を捉えたように、シェリングもまた、優美として現れた「心」の根源に、美の根源であると同時に道徳や宗教の根源であるような「心そのもの（Seele an sich）」を捉え、それを「自己放棄」と「無私な愛」の出てくるところ、としていることである。ラヴェッソンが「無私なる心」と呼ぶものをシェリングは「心そのもの」と呼んでいる。人間はそのような心そのものにおいて、自然の底において恩寵に触れているのである。

ラヴェッソンは自覚の基礎となるような自然を慈愛・恩寵として、我々の内なる神として捉えている。神は、内に恩寵として出会われた自然、形の源にある優しき運動としての自然である。ベルクソンが道徳と宗教の源泉に捉えたものもそのような自然である。ベルクソンは宗教の源泉に「情動（émotion）」を捉えているが、情動は生命の根源に潜む躍動が人間において意識化され、自覚に上げられたものである。その最も深い情動が愛である。生命の根源に潜むそのような「躍動」ないし「情動」を「愛」として自覚にもたらした存在を、ベルクソンは「神秘家」や「道徳的天才」のうちに見ている。生命の最内奥に潜む要求が神秘家において意識の光のうちに上げられ、生命はその進むべき方向を自覚するに至ったのである。そのことは、シェリングの言葉で言えば、自然は神秘家においてその最高のポテンツに達したということである。そういう意味で、ベルクソンは「宇宙は神々を生むマシーヌである」と言っている。そして、現代において我々に問われていることは、この宇宙において、我々は神々を生むことに手を貸す気があるかどうかということだ、と言う。

しかし、このことが容易ではないのは、宇宙は「反抗的」であって我々の思い通りになるものではないからである。その意味で、重力のごときものが宇宙を支配している。その重力を突き抜けて進むところにベルクソンは生命の躍動を捉えているが、その躍動は、人間においては、重力に身を委ねて生命の根源的要求から離れたところで生きるか、あるいは生命の根源に推参して神々を生む努力に手を貸すか、という選択を迫るものとして人間に自覚されてくる。我々が直面しているこの選択は、シェリングが「人間的自由の本質」を「善と悪への能力」として捉えたことをより実質的に捉え直したものに外ならない。ベルクソンの、神々を生む努力に手を貸すか否かという言葉は、シェリングの言葉で言えば、自然の根底と神的悟性を繋ぐ中心線に自己の中心を重ねあわせるか、その中心線から逸れたところに自己の中心をおいて我意を通すか、ということになる。そのことは、再びベルクソンに帰って言えば、自己の存在の根底を掘り起こしてそこに創造的な「情動（emotion）」に触れるか、あるいは、自己の表面に停って「仮構機能（faburation）」に操られた酔生夢死の生を送るかということである。

自己の根底において超越的な光に触れ、それに貫かれることで、自己が解放され自由になること、そこに「スピリチュアリティ」があるが、ベルクソンは宗教や道徳の源泉となるような深い感動、つまり愛や恩寵として表れる情動を、そのような生命ないし自然の底から湧出してくるスピリチュアリティとして捉えている。そのようなスピリチュアリティの息吹は、いわば大地の底から生じるのであって、最も高いものが最も低い自然の根底を貫いて湧出してくる。それゆえに、それは我々の心を突き動かす力を有するのである。シェリングやフランス・スピリチュアリスムのうちにある根本洞察は、このように、自己の底に自己を生かすような根源的な情動、シェリングの言う、神の「写像」、あるいは神の「種子」ないし神の発する「言葉」（ロゴス）ともいうべきものを掘り起こし、それを成長せしめ霊性へと高めることである。ベルクソンの言う感動や情動は、シェリングの言う「神的悟性」が自然根底を破って高い形で現れてきたものである。現代における自然の問題はそのような方向に、すなわち、自己を解放するような深い情動を自己の根幹に掘り起こす方向に追究されねばならないように思う。

自然の底に潜む根源的な情動の響き、ないし超越的な光は我々には隠されている。しかし、それへの通路は我々から失われてしまったわけではない。第二の自然ともいうべき習慣や、自然の根源に潜む欲望や構想力や情動を通して、そのような超越的な光、ないし生命の根源的な要求の響きを聴き取ること、それがラヴェッソンやシェリングやベルクソンの哲学、そしてまた西田哲学をその根幹で動かしているものなのである。

他者と無限
——エマニュエル・レヴィナスの思想——

エマニュエル・レヴィナスは一九〇五年、リトアニアのカウナスのユダヤ人家庭に生まれた。一九一七年にロシア革命に遭遇し、その後フランスへ一人で旅立ち、ストラスブール大学で哲学を学んだ。一九二八年にドイツのフライブルク大学に赴き、フッサールとハイデガーの講義や演習に出席した。『フッサール現象学における直観の理論』(一九二九年)、『実存から実存者へ』(一九四七年)、『フッサールおよびハイデッガーとともに実存を発見しつつ』(一九四九年)は彼がそこで学んだ現象学の著しい影響のもとに書かれたものである。とりわけ、『フッサール現象学における直観の理論』はフランスへの現象学の移入のきっかけとなったものとして、フランスにおける現象学の歴史のうちで画期的な位置を占めている。

レヴィナスの独自な思想が明確な形をとってくるのは『全体性と無限』(一九六一年)以降である。彼が明らかにしようとするのは、自我へ、あるいは自同への還元を拒む他者の絶対他者性であり、他者との道徳的関わりにおいて開かれる超越の次元(彼はそれを形而上学、あるいは宗教と言う)である。このような他者性および超越に関するレヴィナスの思想の起源には、彼が育った環境であるユダヤ教の影響があるが、また第二次大戦におけるドイツ軍による捕虜経験とナチスによる大量虐殺の体験(レヴィナスの家族はナチスの大量虐殺の犠牲になっている)が影を落としている。レヴィナスの後期の著作、『観念に到来する神について』（一九八二年）、『存在とは別な仕方で――あるいは存在することの彼方へ』（一九七四年）その他は、『全体性と無限』における彼のこのような基本的な考えをさらに敷衍し、深化したものである。

1　他者と西欧の哲学

レヴィナスの思想の中心の主題は「他者との倫理的関係」である。関係における「他者の絶対他者性」を明らかにすることを、それは目指している。我々は通常、社会において自分の思い通りにはならない他者との関わりのなかで生きているのであるから、他者の他者性は自明のことであって、改めていうまでもないことのように思われる。しかし、他者とは我々の支配を拒む存在であるよりは、我々が応答し責任を負うべき存在である。それは力なく、無力な存在である。そのような他者は、通常我々には見えてはいない。他者との関わりのなかで生きながら、他者の他者性を捉える視力を我々が失っているのは、我々の存在をその根幹で支えているものがスピノザの言う自己拡大を目指す〈conatus essendi〉だからである。そのために、我々は他者を他者として見るのではなく、自己を基準として他者を測っている。したがって、我々が出会う他者は自己の都合から見られた他者にすぎない。プラトンの洞窟の囚人が壁の上に自分の影を見るように、我々が他者と見るものは自己の影なのである。

他者の他者性を見る眼差しの喪失が、人間の世界を権力や暴力が支配する苦悩と悲惨の世界としてきた。力の支配する非情な現実の世界を私心を離れて冷徹な眼差しで見据えることは、哲学的洞察に至るための不可欠の条件と言われるかもしれない。しかし、非情な現実を、そこで他者が否定されてあることとして見ないで、世界構造を認識するという眼差しで見据えることは哲学的真理に近づくことではない。そのような他者への眼差しを欠如した認識は、それもまた他者を否定する力の支配のもとに置かれている。他者の他者性を捉える視力は、ちょっと注意するだけで取り戻すことができるというものではない。その喪失は、人間存在の深淵に根差す罪ともいうべきものに由来する。真理の希求を事とする哲学は、じつはこの視力を取り戻す努力をするどころか、むしろ、この視力の喪失の上に立って、喪失を喪失と感じなくさせることに力を貸してきた。それゆえ、他者の他者性に対して目を開くには、この視力の喪失の上に成り立ってきたような諸思想を破ることが必要である。その作業を貫徹しようとするとき、それは西欧の思想史の根幹にまで及ぶ批判となる、とレヴィナスは言う。では、いかなる諸思想が他者を覆い隠してきたのであろうか。

レヴィナスは人間の相互関係について異なった二つの発想ないし見方を区別する。一つは相互関係をいわばその関係の外に立って見ようとするものである。世界における諸々の存在者は力の支配のもとに置かれて、対立・抗争を繰り広げつつ連関しあっている。そのような多としての諸存在を一なる「全体」のもとに統一的に把握し、多を俯瞰的な眼差しのもとで認識することを可能にするような一なる原理の洞察に至ることを、この見方は求める。このような、統一的な全体の観想に至ることは哲学の根本的な要求の一つである。この立場は、全体を俯瞰するために、そこにおいて諸事物や諸々の人間存在の連関を成り立たしめ、それらを理解することを可能にするような一般的で中立的な基盤ないし媒介項を求める。たとえば「コギト」、「超越論的主観」、「理性」、「概念」、「存在」といったものがそのような媒介項である。この立場は基本的には「存在論」ないし「自然哲学」に帰着する。

もう一つは、人間相互の関係をいわば関係の内から捉えようとするものである。この立場は、関係する二項の外に立って両項を媒介するごとき中立的で一般的な第三項を拒絶し、人間相互の関係を、それ自身絶対的な独自性と自存性を具えた主体と主体、ないし個と個との関係、つまり「対面の関係」において捉えようとする。この対面の関係において求められているものは、人間の相互関係をそのうちに組み込むことを可能にするような「統一」や「全体」の観想ではなく、「善」ないし「無限」との実践的な関わりであり、超越である。この立場は倫理学（ないし形而上学）に帰着する。

存在論と倫理学という、人間の相互関係をめぐるこの二つの発想は、レヴィナスによれば、前者は観想さるべき統一や全体のうちに個を組み込むことによって、個に対して暴力を加え、個の独自性を抹殺する「全体性」の哲学となるのに対して、後者は他者の絶対的他者性に目を開くことにおいて「無限」の哲学に至る。超越の道は、存在論に代わって倫理学が哲学の根幹に置かれることによって初めて開かれる、とレヴィナスは考える。

レヴィナスはこの二つの発想を、西欧の哲学思想史を動かしてきた二つの伝統に立ち還って捉えている。その二つの伝統とはギリシア思想とユダヤ・キリスト教思想である。意味や真理へ接近する異なった二つの仕方がそこにある。では、それぞれはどのような特色を有するのであろうか。次のようにレヴィナスは語る。

おそらく、ギリシア哲学の言語を他から区別する最も本質的な特徴は、それが真理を《現前の知解可能性》とすることにあったはずです。すなわち、真理を《現前しているもの》、若しくは《共現前しているもの》、すなわち、世界やコスモスと呼ばれる一つの全体性に集約され、共時化されうるとみなす知解可能性です。ギリシア的なモデルにしたがえば、知解可能性とは、現前へもたらされうるところのもの、永遠の此処と今において再現前化され、純粋な光にさらされて、そのなかで開示されうるところのものです。このように真理を現前とするということは、ある関係の二項（例えば神的なものと人間的なもの）がどれほど異なったものに見えようとも、あるいは、それが時間を通してどれほど分離されようとも（たとえば過去と未来へと）、それらの二項は歴史のなかに包括されて、最終的には通約され、同時的となり、同一のものとなりうると想定することです。そして、この歴史とは、時間を始まりなり終わりなりへ、あるいはその両者へと全体化するものであり、結局のところ現前にほかならないのです。ギリシアの存在論は、本質的にこのような現前です。

（Richard Kearney, *Dialogues with contemporary Continental thinkers*, P.55）

では、ユダヤ・キリスト教の伝統における真理観はどうか。それは次のように述べられる。

別のパースペクティヴでは、相互人間関係の領域はまた、次のように考えられます。知解可能性というギリシア的な言語を超越する倫理的もしくは聖書的パースペクティヴでは、それは異なるものとしての他者にたいする公正や気遣いの主題、またわれわれを現前としての世界の有限な《存在》の彼方へ導いて行く愛や欲望の主題とみなされうるのです。（したがって、相互人間的なものとは、二つのパースペクティヴの接触面となります。すなわち、現象学的知解可能性として「世界に属するもの」と倫理的責任として「世界に属さないもの」とが併存する二つの軸をもったとみなされるのです。）神が考えられねばならないのは、この倫理的パースペクティヴにおいてであって、伝統的形而上学がしばしば主張したような、我々が《そこに在ること》や世界と相関的な何らかの最高存在および創造者といったものの存在論的なパースペクティヴにおいてではありません。他性及び超越の神としての神は、知解可能な世界の現象学的・存在論的パースペクティヴのうちに出現しますが、現前の全体性を切り進み、ついには突き抜けて、《絶対的に他なるもの》を目指す相互人間的な次元において初めて理

解されうるのです。(*ibid*. P. 56)

レヴィナスはユダヤ・キリスト教の伝統の根幹にあるものは、全体的で「共現前的」な把握を逃れ出る「絶対的に他なるもの」との関係であるとする。この「絶対的に他なるもの」との関係において超越の道が見出される。しかし、西欧の思想史においてギリシア思想とユダヤ・キリスト教とが相互影響、相互浸透してきたために、ユダヤ・キリスト教の伝統の核心をなすものは、その純粋な形では見定めがたくなっており、超越の道は西欧の哲学において覆い隠されてきた、とレヴィナスは言う。その理由は西欧の哲学を支配してきたものが存在論であったからであり、それがキリスト教のうちにも入り込んできたからである。それゆえ、ユダヤ・キリスト教の伝統をその純粋な形で捉え直すことをレヴィナスは目指すのである。

2　自同と他

レヴィナスは、これまで西欧の哲学は他を抹殺する「自同の哲学」であったと言う。哲学にとって他者は恥辱であった。他者アレルギーともいうべきものが西欧の哲学の中心に潜んでいて、アレルギーなき他者との関係に想到することがなかった。他者は主体の前に立ちはだかり、その自由を侵害し、傷つけ、疎外するものとして現れる。したがって、哲学の課題は、いかにしてこの恥辱ともいうべき他を自己のうちに取り込み、他を克服して完全な自己同一に達するかということになる。哲学することは究極的には、このように一切の他を包摂して到達された「自同」を起点として一切の「他」を規定し直すこと、自己のうちに他を測る尺度を再発見することとなる。真理とはこの運動が成就したところに現れるとされてきた。ところで、自同へと組み込まれることに抵抗する他は、統一に対立する多でもあるから、他を「自同」のうちに組み込むことは多を一ないし「全体」のうちに統合することである。したがって、「自同の哲学」はまた「全体性の哲学」なのである。

では、「自同の哲学」はどのような基本構造を有するのであろうか。自同の哲学は、他を自同へ同化し、多を一へ統合するために、その変容を成り立たしめる坩堝《るつぼ》を必要とする。つまり、他や多を自らのうちに取り込むことを可能にするような、中立的で普遍的な媒介項ないし超越論的基盤を予想する。この普遍的基盤との関わりにおいて他や多の存在可能性を説明することが「自同」の哲学の眼目である。他や多がこの基盤との連関に置かれ、そこから成立し、展開し、開示されるものとして捉え直されることで、それらはそれ自身ではもたなかった新しい意味を「全体」から受け取る。しかし、全体のうちでは、他や多は個としての固有性ないし独自性において出会われるのではない。全体の一契機にもたらされることによって、それらはその固有性や独自性を否定される。その否定と引き換えに個に対して全体から新しい意味が与えられるのである。これまで、哲学において知の成立基盤として探求されてきた「認識主観」、「自我」、「理性」、「存在」は、このような他や多を同と一へ統一し、変容せしめる超越論的な基盤ないし坩堝という性格を有している。中立的で非人格的な媒体を介して多を一あるいは全体へ統合しようとする点で、「産業社会」や「国家」もまた同じ構造を有している。それらは多を一に同化する「自同の哲学」のプロセスに属しているのである。右にあげた一般的で超越論的な基盤はそれぞれ取り上げられるコンテクストを異にするから、そのいずれを中心の主題として採り上げるかに応じて、その哲学の立場や性格が異なってくることは言うまでもない。しかし、その違いは外見にすぎず、基本構造においてそれらは同一の性格をもっている。「自同」のうちに「他」を解消し尽くすという点において、それらは通じあっているのである。現象学の「志向性」もまた同じ構造をもっている。志向対象のノエマがノエシスとの関わりのうちにあり、ノエシスのうちで思い描かれるかぎり、志向性は自同の哲学の枠内にある。レヴィナスは、存在論がそのような自同の哲学の基本構造を代表するものであると言う。

ごくわずかの例外を除いて、西欧哲学は存在論であった。存在論とは〈他〉を〈同〉に還元することであり、この還元を媒介する中間項、それが存在の知解を保証するのである。（『全体性と無限』、合田正人訳、四七頁）

存在論においては、存在の光のなかで開示される他者はその他者性において直視されることはなく、光のなかでいわば斜視される。他者は存在という匿名なもののうちに飲み込まれ、やがて隠蔽されてゆくという宿命をもつ。存在論のそのような性格は、存在論が最終的には自然の哲学に帰着することとも結びついている。存在論は自然の気高い風景、自然の非人称の肥沃さ、顔なき寛大な母をその住処とする。存在論は、自然に根づくことをその根幹にもっていることにおいて、「土俗信仰（paien）」と結びつく。土俗信仰は本質的に顔なき神の信仰である。

他者を名なき存在のうちに取り込み、抹殺していくという意味で、「存在論」を支配しているものは「力」である、とレヴィナスは言う。したがって、レヴィナスによれば、「自同の哲学」あるいは「全体性の哲学」は「力の哲学」である。「自同の哲学」は自らを「自由」の哲学であると称する。しかし、そのような自同の自由の底に隠された力を問いに付することがないような、第一哲学としての存在論は「不正の哲学」（同書、五三頁）である。哲学は、存在論の底に潜む「力」を批判的に抉り出し、存在の彼方へと超越しなければならないのである。哲学することは「同を起点として一切の他を規定する」ことではなく、「他としての他を希求すること」でなければならない。重要なことは、存在者を無名な存在のうちに解消することではなく、逆に、存在を超えて存在者のうちに他者（名前・人格）を見出すことでなければならない。他としての他を希求することは、生誕の地とは異なる国、どんな自然とも無縁な国、「世界に属さないもの」を欲望することである。哲学することは、最後に故郷のイタケに帰還するオデッセイの旅ではなく、全く見知らぬ土地へと向かうアブラハムの旅でなければならない。同への解消を拒む他者は私を超越しており、したがって絶対的「隔たり」のもとに現れる。そのような絶対的隔たりをもった他者は「無限」として現れる。「無限」は自然や存在とは異質の概念である。それは「善」である。超越はそのような無限との関係において開かれるのである。

3　他者に面した自己

私は、自己が他の何物にもよらず自己自身によって自らの存在を支える自由で自発的な存在である、と確信している。私は、デカルトの「コギト」のように、他の一切の事物の存在が疑わしくても、私自身の存在は疑いえないものと自覚している。このような生きた主体としての私がなければ、他者との関わりはありえないであろう。他者との関係が成り立つための起点として、主体としての私の存在がまず確立していなければならない。しかし、このような独立自存するものとしての私の存在を、私はいついかにして確立するのであろうか。私が他との種差による区別によってもたらされた論理的な主観であったり、私を超えた超越者によって創造された存在であったりしては、私は他者との関わりをもちうるような生きた主体であることはできない。私は主体としての私の自存性を自己自身の働きによって生み出し、支えているのでなければならない。それは「享受する」という働きである。つまり、私は「享受する」働きによって自己の自同性を保持しているのであり、自己の自存性の根拠には享受する働きがあるのである。レヴィナスは、そのような、他の何者にもよらず、自己自身によって自己としてある自己の有り様を「無神論的分離」と名づけている。

しかし、享受する働きによって独立自存する主体としての私が成立するとしても、私が真の自己自身となりうるのは、私を超えた他者に呼びかけられることにおいてである。他者の呼びかけに応答するところに、責任の主体としての自己の自覚が成立するのである。真の自己は、他者を自らに同化する「自同」としての「主体」を超えて、自己を超えた他者に応答する（臣下としての）「主体（sub-ject）」において成立する。私は自己の根底に私を超えた他者である「無限」をもつことによって、初めて真の私なのである。レヴィナスは、そこに「責任」としての主体の成立を捉える。

レヴィナスによれば、デカルトの「コギト」やハイデガーの「現存在（Da-sein）」の「我あり」のような、自己自身によって、あるいは自己を超えた非人称的な存在から基礎づけられた自己把握は中途半端なものにすぎない。自己自身や無名な存在による自己把握を超えて、アブラハムのように、他者からの呼びかけに対して「はい」（私はここにおります（me-voici））と応えるところに、より根源的な自己把握を見出している。アブラハムの自覚は絶対他者である神の呼びかけに対して、「私はここにおります」と答えるところに確立したのである。

そのような「臣下（sub-ject）」としての自己の特色は倫理性である。自己はそこではもはや自己自身のうちに閉じた主我的、自己中心的な自己ではない。自己は他者による絶対否定によって自己自身の底を破られて他者に開かれ、他者の無限によって貫かれた自己となっている。自由もまたそこではもはや、自然的・自発的な自由なのではない。自由は他者への責任に貫かれた自由となっている。存在論的な主体とは異なった倫理的主体が、そこに成立する。

倫理的主体の成立には感受性の質の転換が伴うのでなければならない。感受性の本質は享受にあり、享受において私の内面性の世界や心の世界が開かれる。世界においてそのような内面性を具現しているものは、家である。私は家に住むことにおいて、世界のうちで自らの内面空間を切り開く。家は世界において獲得された反省的な世界である。家は労働によって建てられ、その内面空間は労働の所産としてのさまざまな所有物を収容する場所であって、家は自愛を本質とし、外に対して閉じた閉鎖性を有する。しかし、家はまた外に向かって開かれ、客を迎え容れる内面空間でもある。「他者の迎接」がまた家の本質なのである。他者の迎接には自己を無にした善意と寛大さが伴う。そこには享受の閉鎖性を超えた欲望が存する。それは「他者の欲望」である。そのような「他者の欲望」が「責任としての自由」と不可分である。存在論的な主体から倫理的な主体への転換には、享受から責任への感受性の転換が伴うのである。

4　無限の観念と欲望

享受する主体がその根源に潜めている閉鎖性が破られて他者を迎接する主体となるとき、「存在論的主体」は「倫理的主体」へと転換する。主体が迎接する他者が無限であることが、主体にこの転換を余儀なくさせるのである。他者が無限であることは、他者が我々の把握を超え出ていることを意味している。我々の把握を超え出るものが我々のもとに到来し、我々に把握されているという事実を示しているものが、デカルトの「無限の観念」である。

デカルトは「第三省察」において、一切を基礎づけるものとしてのコギトの位置を明確にした後、次いで神からこのコギトを捉え直し、神によってコギトを基礎づけている。この転換をデカルトに強いたものは「無限の観念」であった。コギトは他のあらゆる観念の原因であっても、「完全なるもの（神）」の観念の原因ではありえない。なぜなら、有限な我々が「無限（完全なるもの）」の観念の原因ではありえないからである。したがって、無限の観念は我々の外部から我々に到来したのでなければならない。こうしてデカルトは、自己において直観される明晰判明な無限の観念を介して、神なき独我的主体から神を讃仰する臣下としての主体へと転じたのである。

「無限の観念」が明らかにしていることは、思考される以上のことが思考されていること、観念を超え出るものが観念において保持されているということである。無限がその観念を超え出るといっても、無限は我々にとって無縁なものとなるのではない。我々の思考を超え出る無限が、しかも我々に思考されているという事実を表すものが無限の観念である。無限の観念とは、「触れることのできないものと接触、触れられたものの原型を何ら損うことなき接触を指し示している」（『全体性と無限』、五八頁）である。もし、無限が認識され把持されるものであるならば、無限の観念は存在しないであろう。しかし、把持不可能な無限が把持を目指す思考と全く関わりをもたないものであるということになれば、また無限の観念は存在しないであろう。観念を超えるものを観念を超えたものとして捉えるという逆説的性格をもった観念が、「無限の観念」である。

では、把持不可能なものを把持不可能として把持する思考はいかなる思考であるか。それは「認識」ではなく「欲望」である、とレヴィナスは言う。認識においては、志向対象としてのノエマはノエシスのうちで思い描かれており、したがって、認識は他を自同の内に取り込み、他者の他性を中絶することをその本質のうちに潜めている。しかし、認識を超え出た他へと向かう働きが欲望である。人間における欲望は、そのような絶対の他へと向かう思考が我々の内に存在することを証示している。レヴィナスはそのような思考を「形而上学的欲望」と名づける。

欲望の本質は正しく理解されなければならない。「欲望」は「欲求」ではない。レヴィナスは欲望と欲求を注意深く区別する。欲望は、他を同に取り込むことによって自己還帰し、享受の満足ないし幸福に至る「欲求」ではない。欲望の本質は、ヘーゲルが自己意識の根源に捉えたような、自己自身に還帰し自己満足に至ることにおいて自己を確認する働きではなく、自己満足や充足を求めないことにある。充足しないことにおいて充足している働き、自己還帰しないということにおいて還帰している働きが欲望である。したがって、欲望は、絶対的な隔絶ないし無を糧としている。そのような性格をもった欲望は、具体的には「善意」や「寛大さ」において、カントが道徳的感情とした「尊敬」ないし「謙遜」の感情において現れている。

形而上学的欲望は充たしうる欲望とは別の志向を有している。形而上学的欲望は充足させうるだけのものすべての彼方を欲望する。（同書、三二頁）

したがって、欲望の対象は見えざるものであり、無である。充足させうるだけのものすべての彼方である絶対の他としての無限である。それはプラトンが「善」と呼んだものである。

〈欲望されたもの〉の不可視性は連関の不在を意味しているのではなく、所与ならざるものとの連関を意味している。所与ならざるものとは、それについてわれわれが観念を抱きえないものの謂である（中略）〈欲望〉は絶対的〈他〉への欲望である。（同）

欲望は充足を求めないがゆえに、欲望においては、対象との間に絶対の懸隔が存する。他との絶対的な懸隔における連関が欲望である。無限ないし善への欲望の根幹には絶対的懸隔そのもの、無の受容があるのである。

5　他者としての顔

「他者」は「無限」であり、「世界に属するもの」を超えたものであるといっても、それに我々は触れていないのではない。それは我々に最も身近で直接的なところ、我々が対面する「顔」のうちに示現する。絶対的な他なるものの思考としての「無限の観念」を「顔」という具体的なもののうちに見出しているところに、レヴィナスの思考の独自性がある。他者は顔として私に現れる。

私には内包しえない絶対的に他なるもの、私には内包しえないという意味において無限に他なるものとの連関、それが顔との連関である。（同書、二九八頁）

とレヴィナスは言う。顔が無限の観念の具体化であるのは、顔はその形のうちに形を超えるもの、形なきものを映しているからである。たしかに、顔は一つの形像をもった知覚の対象として我々に現れる。しかし、じつは私は顔を知覚しないし、表象もしない。顔は私が捉えうるような形像をもたず、たえず形像を破り、形像を乗り超えてその彼方に去る。私が顔に見るものは、形なきものであり不可視なる無限である。不可視なものが可視的な形態において私に語りかけてくるのが顔である。デカルトの「無限の観念」が把持不可能なものを把持不可能なものとして内包するように、私は顔において認識できない無限に他なるものを直観するのである。

顔は、自然の光景や事物のように、私が眺めて享受する審美的対象ではない。顔の示現に触れるとき、それは享受する私を突き抜け、私を揺さぶり、応答を迫り、私を問いに付すものとして語りかけてくる。顔は享受する私の自己閉鎖性を破るものとして我々に示現するのである。したがって、顔を迎え容れることは我々の自然的な有り様を破ったところに出ることである。

顔は所有に、私の諸権能に抵抗する。それまで把持可能であったものが、顔の公現、表出において、把持への全面抵抗に一変する。この急変はある新たな次元の開けによってのみ生じる。事実、把持に対する抵抗は手の努力を撥ね返す岩の硬さや広大無辺なる宇宙での星の遠さのような如何ともしがたい抵抗として生起するのではない。顔が世界のうちに導入する表出は私の諸権能の弱さに対してではなく、私が何かをなしうるという権能に対して挑みかかる。依然として一個の事物である顔は形態を突き破るが、にもかかわらず、この形態によって限定されている。これは具体的には次のことを意味する。つまり、顔は私に語りかけ、それによって、享受や認識といった権能の遂行とは何の共通点もないある関係へと私を導くのである。

（同書、二九八〜二九九頁）

顔の示現において私が導かれる新しい関係とは、人間関係の倫理的次元である。顔において他者は言明ないし命令として私に示現する。しかし、この命令は私の自由を奪い、私を屈従せしめる「力」として私に働きかけるのではない。この命令によって私の自由は廃棄されない。むしろ、その命令は、私の独断的な自由を批判し、力の主体である自由を謙遜と責任の主体である自由へと転換せしめる。それは私の自発的で独断的な自由を、正当化された自由、真の自由へともたらすのである。審美的関係においては、力の主体としての自由はそのまま温存されている。他者に応答し、他者を迎え容れることにおいて初めて、独断的自由は問いに付され、倫理的自由が成立するのである。

顔の示現から発する命令が私の独断的な自由を廃して、私を真の自由へと覚醒させるのは、顔から発する命令が一切の力を離れているからである。したがって、顔から発する命令は我々を畏怖し魅惑する「力」としての「聖なるもの」（ヌミノーゼ）ではない。「ヌミノーゼ」は力を本質とする。したがって、ヌミノーゼは顔をもたない。一方、顔は力を離れているがゆえに、我々に対して弱さとして現れる。それは無防御な裸出性において、護られなさにおいて、脆さ、壊れやすさ、飢えと悲惨において現れる。貧者、異邦人、寡婦、孤児の形をとって顔はこの世に現れる。顔が力から離れた無防御の裸出性、傷つきやすさ、護られなさとしてこの力の世界に現れているところに、レヴィナスは「聖性」を捉える。我々の生きている世界が力によって支配された世界であるならば、一切の力を離れた顔の現出において、世界を超えた「高み」からの語りかけがある。したがって、この世界において「低さ」から訴える「懇願者」は「高み」から命令する「師」なのである。

顔はその護られていないという無力さのゆえに、これを無視し、否定せんとする誘惑、殺人の誘惑にさらされている。しかし、その守護されていない聖性のゆえに、これを迎接し守護せんとする責任を呼び覚ます。顔がその現出によって私に語りかけてくるのはその不可侵性であり、「汝殺すなかれ」という命令である。顔から発するこの命令は力を離れているがゆえに、これを無視し否定せんとする力を廃棄しえず、無力な訴えに止まるが、この訴えのなかの「汝殺すなかれ」という命令は、顔における無限の出現から発するがゆえに、力を行使する私の自由を審問する。この訴えから命令への転換は、主体と他者との「間」ないし「距離」を水平の次元から垂直の次元へと変換し、「高さ」へともたらす。

> 他者が私に抗してつきつけるもの、それは（中略）他者の存在の超越そのものである。この超越は（中略）他者の超越の無限にほかならない。（中略）この無限が他者の顔であり、根源的表出であり、「汝殺す勿れ」という最初の言葉なのである。　（同書、三〇一頁）

ここでレヴィナスが示している事柄は、カントが「道徳法」による意志規定という理性の深みにおいて捉えた事実である。レヴィナスはこの事実を、我々により直接で身近な次元において、「顔から発する命令」として捉えているのである。

6　発語としての言語

レヴィナスは言語の起源を顔の表出に捉える。レヴィナスは、他者との関係は「分離」であり、「結合」や「融合」を断った「隔たり」の関係であると言う。無限の「隔たり」と「沈黙」が他者との関係の内実である。この隔たりのうちに響きを発し、関係を生じるのが言語である。このような言語の生起する場所をレヴィナスは次のように語る。

自分を表出した場合にも、〈他者〉は無限に超越的であり無限に疎遠なままである。たしかに、〈他者〉は顔において公現し、この顔は私に訴えかける。が、〈他者〉の顔はわれわれに共通のものでありうるような世界と絶縁する。（中略）けれども、ほかならぬこの絶縁によって生じる絶対的差異からこそ、言語は生まれる。

（同書、二九三頁）

それゆえ、「言語とは分離された諸項間の連関である」（同書、二九四頁）。

絶対的差異の間に連関を生じる言語の根源は「発語」である。レヴィナスは言語の本質を発語に置く。このような言語観は、言語をある普遍的な思考内容を表現するものとして捉え、その思考内容を他人に伝達するための手段ないし道具として捉える言語観のより手前に立ち還って言語の本質的機能を把握せんとするものである。レヴィナスによれば、言語に思考が先立つのではなく、言語が思考に先立ち、思考を基礎づけるのである。もし、言語が先行するある普遍的思考の写しであるとするならば、言語は発語するものとしての絶対的始原を失うことになる。発語することはある精神が他の精神が思考したことを喚起することとなり、二つの精神は言語において媒介され、究極的には共通の理念において結びつくことになり、他なるものの他者性はそこでは抹殺されることになる。しかし、言語の本質は伝達の機能に先立つ表出機能にあり、それは何よりも発語することである。発語は表出するものとして絶対的始原因である。

絶対的始原としての「発語」は、「語られたもの」をもたないで語ることである。語られたものをもたない発語は、無内容な空虚を意味するのではない。それは、語られたことを無限に超過する他者の無限が発語において現前することを意味する。発語に現前する他者が「語ること（dire）」を護り、証示する。したがって、「語ること」は

「作品」のうちにはない。語られたこととしての作品においては、他者はすでに去っており、存在しない。作品は護られないものとして打ち捨てられた残骸、ないし廃墟である。他者が不在の作品において、他者は不当に凌辱される。

> 表出特有の出来事とは、自分について証示すると同時に、この証言の信憑性を保証することである。こうした自己証明は顔として、つまり表出としてのみ可能である。この自己証明は無条件に命令する知解可能性の端緒、初発性《イニシアリテ》そのもの、始源性《プランシポテ》、絶対的至高性を産み出す。始原は命令としてのみ可能である。（同書、三〇五頁）

発語は他者としての顔からのみ出現する。それに対して自然の曖昧さは、そこに発語としての絶対的始原が存在しないことである。

語ることとしての言語の本質には倫理性がある。人間が嘘をつくことができる存在であるということは、人間は自分を曝け出すことを拒み、自分を別のところに蔵っておくことができるということである。しかし、語ることは自分を曝け出し、自分のために何一つとっておくことがないという意味で、倫理的誠実さである。それは自己を空しくし、すべてを与えるという意味において、他者に対する倫理的開放性である。子供の顔が聖なるものであるのは、その傷つきやすさにおいて自己をありのままに曝け出しているからである。自己閉鎖性を破り、自分のものを何一つ保持することのない全き無私性と開放性のうちに自らを置くところに言語の真理性と倫理性があり、その意味で言語は常に我々の自己の有り様を審問する良心と一つである。

7　ブーバーとレヴィナス

対面の関係を還元不可能な固有な関係として捉らえ、その関係において超越を探求する点で、レヴィナスはマルチン・ブーバーに近いところに立っている。ブーバーが我々の世界に対する二つの基本的な関係として「我―それ」の関係と「我―汝」の関係を明らかにし、「我―汝」の関係を根源的な関係として捉えたように、レヴィナスもまた、人間の相互関係に「全体性」と「無限」という二つの異なった関わりを区別し、前者に対して後者の優位性を主張する。しかし、レヴィナスとブーバーとの相違点がないわけではない。両者の異なる点は、ブーバーの「我―汝」の関係が相互的であるのに対して、レヴィナスの「自己と他者との関係」が非―相互的、非―対称的であるということにある。レヴィナスによれば、私は他者に無限に負うところがあっても、他者は私に負うものはないという点で、他者は私を絶対的に超越している。私は他者からの見返りを求めえず、忘恩のみを受け容れるべきであるというところに、私の把握を超える他者の絶対的他者性がある。それゆえ、私は自己の絶対的否定において他者に出会うのである。

また、自己と他者との関係が非―相互的であることは、他者との間の無限の隔たりを高さに変える。それに対して、私と他者との関係を相互性とすることは、二項の間を高さとしてではなく、水平な場所とすることになり、他者の絶対他者としての固有性を抹殺することになる。水平な隔たりは、自己と他者との絶対的隔たりを解消して、両者を私的で内密な融合の関係に閉じ込める可能性をもつ。他者の秘密ないし絶対的個別性は、絶対的隔たりにおいてのみ保持されるのである。水平な隔たりはまた、二項を媒介する同の立場、全体性の立場への道を開くことになる。

たしかに、ブーバーは我と汝との関係における両者の間の隔たりを重要視している。しかし、ブーバーにおいて十分に徹底されていないこの隔たりをレヴィナスは徹底し、一切の結合や融合を断ち切って絶対的隔たりへと高めている。つまり、この隔たりを他者が顕現する「高み」へと変えている。そのことは、レヴィナスの意図が、ブーバーのように「対面の関係」の構造の独自性を示すことよりも、その関係の「倫理的構造」を明らかにすることにあることを示している。対面の関係においてレヴィナスが問題にするのは、「超越」という哲学の伝統的な問題なのである。

8　有限性と超越

レヴィナスの哲学を貫いている根本の主題は、我々と超越者とを絶対的に隔てる距離の自覚と、その距離において関係を成り立たしめるものの明確な自覚である。その哲学はこの意味で、有限性の哲学であるということができる。有限性の哲学という点において、レヴィナスはクザーヌス、デカルト、カントの根本の問題を現代において引き継いでいるということができる。これらの哲学者が取り上げた問題も、我々の把握を超える超越者の認識不可能性を明らかにすることと、その不可能という隔たりにおいて隔たりを繋ぐものを捉えることであった。クザーヌスの「無知の知」、デカルトの「神の観念」、カントの「道徳法」、レヴィナスの「顔」はそれぞれの仕方において、隔たりにおいて隔たりを繋ぐものを表したものである。レヴィナスはそれを「顔」という我々に直接的なものにおいて考察することで、このような哲学の伝統的な問題を現代のただ中で掘り下げようとするのである。ジャン・

ヴァールによれば、「顔の背後に直観されるもの、顔において経験されるものは神的な無相である」と言う。レヴィナスは無限に我々の把握を超え、不可視な無限に連なる一点を、この我々が直接する「神的な無相」において捉えようとするのである。

「霊動弁別」という判断の形式
――イグナチウス・デ・ロヨラの『霊操』における――

1 「霊操」と現代の問題

イグナチウス・デ・ロヨラが『霊操』において提示している諸規則はキリスト教の修道の一つの徹底した形を表したものであるが、そこで重要な位置を占めているものに「霊動弁別」という考えがある。これは「霊動」、つまり「心に生じるさまざまな動き」を感知し、その善し悪しを見分け、そのような霊動の善し悪しを見分けることによってさらに、霊動の源に及んでいる超越者の働きを判読して、超越者へ向けて自己を規定するという考えを含んでいる。我々の心の底に秘められているそのような「霊動弁別」の能力を呼び覚まし、研ぎ澄ますことで、真の自己の有り様を見いだすことを『霊操』は目指すのである。

ここでは第一に、そのような「霊動弁別」の働きを「判断力」の一形式として捉え、その特性を明らかにしてみたい。第二に、その判断力を宗教的信に固有な「思議する働き」との関わりにおいて究明してみたい。

人間の心はさまざまな霊動が去来する場所であるが、それらの霊動は波間を漂う流木のように心の中をただ無意味・無方向に浮遊しているのではない。それらの動きには隠された意味が宿されており、ある角度から見るならば、超越者からの合図が届いている暗号ともいうべき性格を有している。しかし、我々は通常、そのような霊動を超越的意味を宿す暗号とは夢にも思わず、ましてそれを解読しようとは思うことなく、心に浮かぶ観念や表象にひたすら没頭し、受動的に身を任せている。そのかぎり、我々は脈絡のない夢を見ている夢遊病者のごとき存在にすぎないのである。

しかし、我々の心に浮遊するそのような霊動を弁別し、解読する術が存在する。そして、誰もがその能力を有している。ただ、それは見向きされずに放置されてきたため、無意識の底に沈んで、錆びたまま沈黙しているのである。心の底で眠っているそのような霊動弁別の能力を呼び覚まし訓練することによって、我々の心に生じる霊動の多様な動きを感じ取り、次いで、その善し悪しを見分け、さらに、その動きの源に届いている超越者の意図を見定めることができるようになる。そして、それを通して自己を超越者へ向けて規定することができるに至る。自己の心の底に、そのような霊動弁別という凝縮した注意力を呼び覚ますことで、我々は波間を無方向に漂う板切れであることをやめて、ある究極的方向に向けて自己を規定しうる主体的・能動的存在となるのである。

このような霊動弁別の働きは、あたかも渡り鳥が本能の働きによって環境の特質や変化を無意識的・直観的に把握しながら、限りなく隔たった土地から飛来することに似ている。あるいは、波の圧力を感知する舵を備えた船が、道なき茫漠たる海原を進んで目的地に達するごとくである。その際、我々を目的地へ運ぶのは、目的地の表象ではなく、その中間の地形や波動といった諸事象の特性である。「霊操」とは、我々の心の霊動を見つめてそれを弁別する能力を目覚めさせ、強化することによって、我々を超越者に導くことである。

このような「霊動弁別」の働きを、我々は人間が有する一つの固有な「判断」の形式として捉えることができる。しかし、それは一風変わった特殊な判断と言わなければならない。それは、明るく照らし出された道を歩む判断ではなく、闇夜の見えない道を、懐中電灯の光を頼りに手探りで進む判断である。あるいは、鉄道を走る列車のように、定められた路線を直進する判断ではなく、海路を進む船のように、道なき海原に進路を切り開いて進む判断である。それは明確で規定された概念による判断ではなく、曖昧で形をもたない霊動ないし心情による判断である。したがって、それは判断の確実性を支えうるような明確な根拠をもたない。そのような判断ははたして判断と言いうるのであろうか。もし判断と言いうるならば、それはいったいどのような判断なのであろうか。カントが判断力の一種として捉えた「反省的判断力」が、そのような判断力の特性を究明するための手掛かりとなるであろう。

周知のように、カントは判断力に二種を区別し、明確な概念に基づく判断を「規定的判断」とし、曖昧で無規定な心情による判断を「反省的判断」として捉えた。反省的判断は心情による主観的な判断であって、「趣味」というごとき好き嫌いの感情、主観的で無定形な感性的基体に則った判断である。その点において、それは自らの羅針盤と舵を唯一の頼りとして道なき海原を進む船の進行に似ている。それは概念という、その上を進むべき客観的な公道をもたない。しかし、反省的判断は概念によらざる判断であっても、味覚のように個人によってバラバラな特殊的なものではなく、ある一般性・普遍性を備えている。趣味判断とは美的判断であるが、美的判断は主観的で無定形な感性的基体を判断の根拠としていながら、一般性を有している。主観的感情でありながら、美はあたかも対象の性質であるかのごとく、私にとって美しいものはまた他の人にも美しいのである。そのことは、反省的判断には、無規定な概念が含まれていることを意味する。しかし、それは無規定であるがゆえに、概念として客観的に示すことはできず、我々はそれを見ることはできない。それは見出され、発見されなければならないのである。言い換えるならば、美的判断は判断であるかぎり、そこには特殊を包摂する一般がなければならないが、その一般は規定的判断におけるように概念として前もって与えられていないので、感性において見出されなければならない。それは感性を掘り下げて、感性の内に反省的に深まる仕方で見出されなければならないのである。カントは、そのような反省的判断力の特質に注目し、それを人間精神において働いているきわめて重要な理性能力であることを明らかにした。

カントは、この反省的判断力を、認識能力（真理）や意志規定能力（善）と並んで、人間の三つの理性能力のうちの一つとして位置づけている。この反省的判断力は、現代においてますますその重要性を高めてきていると言わなければならない。なぜなら、今日、真理や善の観念は曖昧となり、人々を動かす力を失っているが、美の感覚はいかに変質し歪められてもなお確実なものとして、人間に残されている唯一の理性能力だからである。

イグナチウス・デ・ロヨラの「霊動弁別」は、判断の基準を霊動という主観的な感性的基体に置くことにおいて、カントのいう反省的判断に相当するものと言えよう。霊動弁別もまた概念によらず、霊動という感性的基体に基づいて、そこから超越への道を見出そうとする判断である。そこでは、カントが理性的能力の一つとした反省的判断力が、人間の自己把握の中心に持ち込まれているのである。このような判断の特質や意義については今日改めて注目され、掘り下げられてきている。しかし一方では、このような判断力に対する疑問や否定も提示されている。そのようななかにあって、イグナチウス・デ・ロヨラの『霊操』は、いわば「反省的判断力」の意義について徹底して考えるための一つの方向を示していると言えよう。

文化や宗教は人間のうちに開かれた内面的世界にその場をもち、主観的な情意に根差すものであることは言うまでもない。しかし、主観的なものに基づくものであるがゆえに、それは現実や実在から離れて夢想や空想に逸脱し、迷妄や独善に埋没する危険性を秘めてもいる。宗教に対する疑惑や批判は、それの主観性に対して向けられてきた。宗教が客観的理性とは異なった主観的理性に立脚することに、その欺瞞や虚偽性が起因するとされたのである。オウム真理教に関わる諸現象は、この疑いを確証し決定的なものとした。オウムの現象が宗教の暴力性と破壊性を露呈するに至って、主観性や内面性、あるいは情意に根拠を置く思考や判断が断罪されることになったのである。オウムの現象が主観性と結びついていた以上、この批判はある意味でやむをえないところもあった。だが問題は、その批判が今日、情意の世界に根拠を置く思考や判断そのものを断罪し、それらすべてを科学的思考によって取って代えなければならないとする方向に進んでいることにある。しかし、問われねばならないのはむしろ、主観的判断そのものではなく、その内実である。宗教の独善性や悪魔性は、それが主観性に立脚すること自体に基づくのか、あるいは、歪んで誤った主観性に立脚することによるのかが吟味されなければならないのである。

オウム真理教が露呈した暴力性は、宗教が主観性や内面性に立脚するものであるということから、内面性や主観性に基準を置く判断を、宗教批判という形のもとで危険視する風潮を現代社会に生み出したことは改めて言うまでもない。そして、その風潮は客観的なもの制度的なものに立脚する科学的思考を善しとし、内面的・主観的なものに立脚する判断を悪しきものとして断罪することへと向かい、それは文化や宗教に固有な自己探求と自己確信を可能にするような思考や判断を無意味として放棄することへと向かった。そのような現代思潮の動きはさらに、これまで自己把握の基礎に置かれてきたような良心や誠実という概念を否定することへ、特定の思想家を向かわせている。

主観性や内面性に立脚する判断が、その判断の客観的根拠を示すことができないかぎりにおいて曖昧であることはやむをえないが、そのことを理由に、主観的な判断を客観的で科学的思考に取って代えるべきであるとする考えが荒唐無稽なものであることは言うを俟たない。そのような悪しき啓蒙主義は問題の所在を捉え損っており、それゆえに問題の真の解決をもたらすものではない。主観性や内面性に立脚する判断がすべて特殊的で気まぐれであるのではない。それらのうちには、概念によらないでも概念のもつ一般性や共通性を有する判断がある。重要なことは主観性そのものを否定することではなく、主観性に含まれているそのような一般性を有する判断の特質を明らかにし、その意義を追究することである。

イグナチウス・デ・ロヨラの「霊動弁別」という考えは、判断の手掛かりや基準を心に生じる「霊動」に置くものであり、主観性や内面性に立脚する判断の典型である。具体的には、今ここで、自分の心を動かし、導いているものが何かを見定めることである。そして、その弁別に従って自己の有り様を選定することである。その際、その判断の基準は自己の外ではなく自己の内にしかない、というのがこの判断の特色である。その意味で、その判断は徹頭徹尾主観的であるが、主観的なものを通して主観を超えた普遍的なものを把握するという確信が「霊動弁別」を導いている。それは主観性に対する懐疑を標榜する現代の思想状況において、どのような意義を有するであろうか。それは一層主観性の泥沼に嵌まり込むだけのものでしかないのであろうか。それとも、このような判断を深化することが現代に求められているのであろうか。ここではそのような角度から「霊動弁別」という考えを追究してみたい。差し当たって、イグナチウス・デ・ロヨラの『霊操』という書の内容から見ておきたい。

2　『霊操』という書とその具体的内容

『霊操』はキリスト者の修練のためのマニュアルであって、読むことを目的としたものではない。長年にわたって何度も手を入れて完成され、極度に圧縮されているので、読むために書かれた書のような文学的な美しさを欠いている。しかし、本書は深い宗教心理学や教育学の知見ないし洞察を含んでおり、精神的世界における傑作とされ、多大な名声と喝采を得ることになった。『霊操』はもともとイグナチウスの経験の産物であるが、キリスト教世界において重要な修道の方法として採り入れられ、今日までカトリック世界の精神形成に大きな影響を及ぼしてきた。そのことは、このような修道の形態が人間の精神構造に深く適合するところがあることを示している。門脇佳吉は『霊操』の修道の形式が禅と類似していることに注目し、禅との比較・対比を試みつつ、本書の翻訳を行っている。我々は行というものの本質をここに捉えることができるように思う。『霊操』に見られる修道の形式はイグナチウスという人間によって作り出されたものであるかぎり、それは特殊的である。しかし、キリスト教世界のみならず、キリスト教とは異なった伝統においても妥当するかぎりにおいてそれは一般性を有しており、イグナチウスによって作り出されたというより、彼によって発見されたものとして、もともと人間の精神構造のうちに備わっていたものの表現であるとも言いうるのである。

『霊操』という行の具体的な形態はいかなるものか。その行はいかにしてなされ、そして何を目的としているのかを見ることにしたい。だが、その考察に先立って、イグナチウス・デ・ロヨラという人について見ておきたい。

彼は一四九一年に生まれ、一五五六年に死んでいる。ルターは一四八三年に生まれて一五四六年に死んでいるから、彼の生きた時期はルターと重なっている。しかし、彼はルターとは正反対の道を歩むことになった。ルターは一五一七年、九十五カ条の質問をヴィッテンベルク城教会に提出し、カトリック教会の教権と衝突して一五二一年に破門され、その後、宗教改革に進むことになったが、イグナチウスはルターとは逆に、教皇に絶対服従の道をとり、反宗教改革の方向に徹した。しかし、このような道を進んだことには、彼の生い立ちや性格も関係していると言われる。

生い立ちから見ると、彼はスペインの貴族の家の末っ子として生まれた。バスク州のロヨラ城の城主の十三番目の息子（十三人中、男八人女五人）として生まれた。彼の性格にはバスク気質が染みついていたと言われる。バスク気質とは、強い集中力、内省的な精神、控えめであるが毅然とした自信、華やかな表現が下手という自覚などである。彼は、青年期には軍人生活を送り、二十六歳まで名誉を得たいという大きな望みを抱いて武芸の練習に明け暮れていた。遊びに耽り、喧嘩し、武芸に興じ、思うがままに振る舞う毎日を送ったという点では、アッシジのフランシスの青年時代と似た青春時代を送っている。カルロス五世の末の妹カタリーナ王女に魅かれ、騎士として仕えたいと熱望するようになった。三十歳（一五二一年）のとき、スペインのナバラに攻め入ってきたフランスのフランソワ一世の軍と戦って負傷し、ロヨラ城に戻って療養し、何度か足の手術をした。療養生活中、読む本がなかったので、ルドルフォーの『キリストの生涯』とヤコブ・ア・ラ・ヴェラッツェの『聖人の華』を暇つぶしに読んでいるうちに、次第にイエス・キリストに魅かれていき、自分もまたフランシスに倣いたいという思いが生じた。そして、その思いとともに、一方では王女カタリーナに仕えたいという思いが残って、この二つの思いを見比べ、反省した。一方は単調ではあったが、その後には深い充実感があった。他方は、心が浮き立つものがあったが、その後に深い空虚感が残った。このような二つの思いの質の違いや固有性を自分の心のなかで見比べ推し量ることが、後の『霊操』で取り上げられた「霊動弁別」という方法に連なっている。この「霊動弁別」に従って、彼はフランシスの歩んだ道の方を採ることにした。このように自己の進むべき道を決定することを彼は「選定（election）」と名づけているが、このような彼の選定にはバスク気質といわれる彼の性格が働いていると言われる。それは、自分にとって何が真にリアルかを感じ取る繊細さと、そのリアルなものの方向に向かって自己を揺るぎなく規定する剛毅さである。

イグナチウスは一五二二年から二三年、マンレーサの洞窟で修行の生活を送り、神の示現に出会った。その後、バスティナに巡礼し、帰国後、一五三四年に何人かの同志とともにイエズス会を創立した。

『霊操』は、マンレーサの洞窟での修行によって彼が回心し、生まれ変わった経験を述べ、それによって他の人々をも同じ経験へと導きたいという願いのもとに書かれたものである。そこに書かれてあるのは「一カ月の間、集中して黙想・観想するための規則」である。

「霊操（exercices spirituels）」という概念は、「体操（exercices corporels）」という概念との対比において提示されている。霊操といわれる理由は、散歩したり、歩いたり、走ったりすることが体操といわれ、それらの運動によって体力を作り、健康を保つことができるように、霊操はそれによって魂を準備し、整えるあらゆる方法であるからである。

「魂を準備し、整える」と言われているが、何のための準備か。「すべての邪まな愛着を己から解き放ち、除去したのち、魂の救いのために自分の生活をどのように整えるかということについて、神の御旨を探し、見いだすための準備である」と言われる。すなわち、神の御旨に従って自分の生活を整えることができるように、神の御旨を発見するための準備である。

神の御旨を発見し、それに従って自分の生活を整えることであるという点において、霊操は体操に似ている。霊操も体操も、自己と自己の意志を超えたものとの関係において捉えられている。体操とは健康を保つために身体を整えることであるが、健康とは自己の意志を超えた生命の働き、あるいは生命のエネルギーが身体のうちを円滑に流れることである。そのエネルギーを人間は自分で好きなように生み出すことはできないので、体操によって身体を振動させ、刺激を与えることによって、身体の底から湧出するのを待つのでなければならない。体操はその部分だけを見るならば、人間の意志によって身体を痛めつけ、責め苛むことであるが、そのことによって人間の意志を超えたより大きな生命力が身体の底から湧出するのを促している。自己を超えたものとの関係である点において、健康とは人間に内在的ではなく、超越的な出来事なのである。

霊操によって魂を整えるという場合も同様であって、それは神の意志（命）が心の内を流れるように準備することである。神の御旨を知ることは、神の命が人間の心を流れることであり、健康ということである。救いとは、神の御旨といわれるより大きな生命力が人間の心のうちに湧出することによって心が癒されることであるという点で、救いと健康とは同意語である。こうして、霊操は体操とのアナロジーにおいて捉えられるのである。

行においては、働きないし活動ということが根本である。自己の意志を超えた働きが自己の働きのうちに湧出してくること、そのような自己を超えたものから自己の働きを見ることが行の根本にある。修行の出発点は自己の働きにあると言えるかもしれないが、到達点においては、自己を超えたものから自己の働きが見られてくる。親鸞が宗教的行（名号を称えること）を大行と名づけたのは、そこでは自己の働きが自己を超えた超越者の働きとして捉えられているからである。鈴木大拙は親鸞の「行」を「living（生活）」と名づけ、大行を「true living（活）」と訳している。自己を超えた働きが自己のうちに生きて働いてくることが「living」と言われるのである。門脇佳吉は、イグナチウスの霊操を「活」というところから捉えて、カトリックの修行が禅の修行と通じるところがそこにあると言う。「イグナチオは自分の神体験を反省し、神は人々に働きかけて霊操へと導き、霊操中も常に霊操者を生かしていること、（この神の働きを以後「活」〈はたらき〉と呼ぶ）を発見した。霊操とは、霊操者を生かす神の「活」に促されて、究明し、黙想し観想することなどを実践することである」と門脇は述べている。その際、霊操は二面を有する。一つは神の働きと一つになること（神の御旨を知る）であり、もう一つはそのための障害を取り除くこと（自己執着を断つ）である。

3 霊操の順序と方法

霊操は四週間にわたって行われ、各週ごとに四つのテーマでなされる。

第一週……罪の考察と観想――浄化の道――過去の罪を思い起こし、自分が罪多い存在であるという意識をもつ。

第一週を終えるとキリストへ向かおうという心は確固不動のものとなる。

第二週から第四週まで……照明の道――イエス・キリストを知り、愛せるようになりたいと願う。

第二週……キリストの生誕から受難までのキリストの生活に思いを致す。

第三週……イエスの受難の観想。

第四週……キリストの復活の観想。

各週には必ず七、八日使わねばならないことはない。場合によって長短を加減してもよいが、霊操は全体として三十日前後で終わるように工夫する。

観想は毎日五回、一時間ずつ行う。一日の時間配分――(1)真夜中（夜二、三時間寝てから目を覚まして行う）。(2)朝起きてから直ぐ。(3)午前中。(4)午後。(5)夕方。それぞれその時間に決められたテーマだけを観想する。

第一週では、罪について観想する。具体的には次のごとくに行われる。地獄における疎外感を味わう。そういうとき、罪と悪の神秘にさらに深く入るために、光のない暗いところで祈る。第一週は自分の部屋を暗くしたり、薄暗い聖堂で祈る。散歩や単なる気晴らしになるようなことは避ける。太陽の光や暖かさを避けたり、大自然の美しさを見ないようにする。そのことによって、罪の醜さと暗黒さをもっとよく体験できるようになる。

徐々に気づいてくる罪の醜さと恐ろしさから逃れないように、あるいはその重さを少しでも軽くしないようにする。そのために、喜びや楽しみを与えることを考えないようにする。友達にも会わないようにする。気晴らしになる仕事、音楽、おいしい食事などのような気分転換になるようなことはみな差し控える。自分の生活のなかで罪と悪とが関係していることに、真剣に直面することだけにこころを集中する。

同じ理由で、笑う機会もさける。自分が直面している、落ち着かない苦しい状態から逃れることを自分に許さないために、目を慎み、あれこれ見ることによって気分転換することを避ける。

このような仕方で罪の観想を行うことによって、罪ある自己の存在が自己にとってリアルに感じられてくる。

第二週では、イエスの生誕から受難までが観想されれるが、それは次のごとくになされる。場所をリアルに思い浮かべる。イエスが生まれたところ、イエスが歩いたところ、それはどのような道であったか、広かったか狭かったか、曲がっていたかどうか、といった具合にリアルに思い浮かべる。どんなことを話したか、そのときの表情はどうか、という具合に。聖書に書いてあるイエスの歴史的出来事を想像力を用いて思いめぐらす。何度も自分で思いめぐらす。過去の知識としてではなく、現在における想像力によって思い浮かべる。

それによって霊操者は、指導者が史実の意味を詳しく説明するよりもはるかに豊かな味わいと霊的な実りを得ることができる。実に魂を満たし、満足させるのは、多くを知ることよりも、物事を内的に深く感得し味わうことである。

たとえば、受肉の観想は次のようになされる。

「想像力を使って場所を見ながら現場に身を置く。ここでは広大な世界におびただしく種々雑多な民族が住んでいる様を見る。次いでガレリア地方のナザレという町にある「我らが貴婦人」の家と部屋を特に注意深く思いえがく。」(『霊操』、門脇佳吉訳、一三五頁、傍点引用者)

登場人物を思い浮かべる。服装や動作が違っている人々を思い浮かべる。泣いている人、笑っている人、健康な人、病気の人など。人々がどんなことを語っているかを聞く。どのように呪い、冒瀆しているかを聞く。そして、〈人類を救済しよう〉という神の御言葉を聞く。人々が地上で何をしているかをよく観察する。傷つけたり、殺したり、地獄へ落ちていくのをじっと見る。主や天使や聖母と話をする。

誕生の観想は次のごとくになされる。

「我らが貴婦人」が妊娠九カ月でありながら、ナザレを出発し、驢馬に乗りヨゼフと婢女を連れベツレヘムへ旅立つ姿。ナザレからベツレヘムへの道を見る。道の長さや幅、平坦であるか、谷や丘を越えてゆくか。誕生の場所がどれほどの大きさかを見る。

「主イエスは極貧のうちに生まれ、数々の労苦をなめ、飢え渇き、暑さや寒さに堪え、人々の罵詈や侮辱を受けて後、遂に十字架上で死をとげられた。その生涯は〈歩むこと〉であり、〈労苦すること〉であった。これらすべてのことはこの私のためであったことを想い、感受したことを深く省みて、霊的な実りをおさめる。」(同書、一四二頁)

これらの観想を五感を活用して行う。その結果、霊操者の全心身は聖霊の働きに浸透されるようになり、それに伴って彼の五感は聖霊によって神的なものに高められ、キリストの神秘的出来事を感受しうるようになる。

注目すべきことは、「現場に身を置く」ということがたえず繰り返されていることである。それは「五感の活用」

とも言われている。出来事や事柄をそのままありありと思い浮かべることが課せられる。

たとえば、最後の晩餐。「現場に身をおくこと、ここではペタニアからエルサレムまでの道を考察する。それが広いか、狭いか、平らであるかを考察する。また同じように、晩餐の場所が広いか、小さいか、どんな様式であるかを考察する。」「晩餐に列席している人々を見（中略）、彼らが話していることを聞く（中略）。彼らが何をしているかを見詰める。そして何らかの霊益を収める」（同書、一八六～一八七頁）と言われている。

第三週のキリストの受難や第四週のキリストの復活の場面も同様である。

『霊操』における観想にきわめて類似したものは、他の宗教においても見られる。仏教では、浄土教の『観無量寿経』における観想があげられるであろう。

『観無量寿経』の観想は、ある絶望した女性の、どのようにしたら憂いのない清浄な世界に至ることができるかという、釈尊への問いに応えて説かれたものである。阿弥陀仏のいる苦悩のない世界はここからそれほど遠くはない。そこへ行くためには清浄な行為をなせばよい。その清浄な行為は観想であるとして、初観（日想）、第二観（水想）、第三観（地想）から第十三観へと至る、十三の段階に分けて観想が説かれる。

たとえば、初観は次のように説かれている。「あなたも、また衆生も、心を専注し、ただ一つのことに心をつなぎとめ、西方を観想しなさい。どのように観想したらよいのか。観想しようとするものは誰でも、以下のようにしなさい。一切の衆生は、生まれながらの盲でないならば、目の見えるものは、みな日没を見る。そこで、想念を起こし、正座して西に向かい、太陽が没しようとしているところをよく観察しなさい。心をしっかりととどめ、想念を専注して他に移らないようにし、太陽が没しようとして吊り下げた太鼓のような形をしたところを見なさい。太陽を見終わったら、目を閉じても開いても、いつでもはっきりと見えるようにしなさい。これが〈太陽の観想〉（日想）で、初観と名づける。」

第二観は次のごとくである。「次の〈水の観想〉（水想）をしなさい。水が清く澄んだのを見て、やはりはっきりとさせ、心を分散させないようにしなさい。水を見終わったら〈氷の観想〉（氷想）をしなさい。氷がすっかり輝いているのを見て、〈瑠璃の観想〉をしなさい。この観想が成就すると、瑠璃の大地が内も外もすっかり輝いているのを見る。その下には金剛（ダイヤモンド）や七種の宝石からなる金の幢があって、瑠璃の大地を支えている。その幢は八つの面と八つの角が備わっており、それぞれの面は百の宝石からなっている。その一々の宝石の珠には千の光明があり、一々の光明には八万四千の色があって、瑠璃の大地に映し出され、億千の太陽のようで、見尽くすことができない。瑠璃の大地の上には黄金の縄を縦横に入り乱れて張り巡らせているが、七種の宝石で区切っているので、それぞれの区画ははっきりしている。その一々の宝石のなかには、百色の光があり、その光は花のようでもあり、また、星や月のように虚空に懸かって光明の高台を成している。そこには百種の宝石からなる千万の楼閣があり、高台の両へりにはそれぞれ百種の花の幢と無数の楽器があり、飾りとなっている。八種の清らかな風が光明から発生し、この楽器を鳴らし、苦・空・無常・無我の真理を表す音を出して説法している。これが水の観想であり、第二観と名づける。」

第三観は次のように言われている。「この観想が成就したら、その一つ一つを観想して非常に明瞭にしなさい。目を閉じても開いても散失しないようにして、ただ睡眠中を除いて常にこのことを想うようにしなさい。このように観想するならば、〈大まかに極楽の国土を見た〉と名づけられる。もし精神集中の状態をえたならば、その国土を非常にはっきりと見て、説き尽くせないほどである。これが〈地の観想〉（地想）であり、第三観と名づける。」

初観（日想観）

第二観（水想観）

第三観（地想観）

仏は阿難に告げられた。「あなたは仏の言葉を保持して、苦しみから脱しようとする未来世の一切の大衆のためにこの地を観想する方法を説きなさい。もし、この地を観想するならば、八十億劫の間生死を繰り返す罪を除き去り、この身を捨てて来世は必ず浄土に生まれるであろう。こころに疑いがないようにしなさい。このように観想するならば、〈正しい観想〉（正観）と名づける。もし他の観想をするならば〈誤った観想〉（邪観）と名づける。」

このような調子で進んで、第十三観では次のように説かれる。仏は阿難に告げられた。「もし、心の底から西方に往生したいと思うならば、まず一体の一丈六尺の大きさの仏像が池の水面にあるのを観想しなさい。先に説いたように、無量寿仏の身体の大きさは無限であり、凡夫の力では及ばない。しかし、その如来のかねてからの誓願の力によって思い浮かべるものは必ず成就できる。仏像を観想するだけでも無量の福徳をうるのであるから、まして仏の完全な身体の様相を観想すればそれ以上である。（中略）以上が〈すべてを雑じえた観想〉（雑観想）であり、

第十三観と名づける。」云々

このように、『観無量寿経』における観想は「観仏」ともいうべきもので、『霊操』における観想の対象がイエス・キリストであったことと対応している。しかし、『観無量寿経』の注釈をした善導は『観経疏』において「観仏」に代わって「念仏」を説いた。そこで善導によった法然や、法然によった親鸞においては観仏は念仏に取って代わられることになった。その理由は、観仏が見られた像をなお自己の体験のなかに取り込み、内在化する傾向があるのに対して、見られた像が自己を超えたところから生起すると受け取るところに念仏があるからである。善導は観想のなかに含まれている超越側面が明らかになるところにおいてこそ観想の成就があるとして、観仏を超えて念仏を説いたのである。

第十三観（雑想観）
（当麻曼荼羅述奨記／大谷大学蔵）

イグナチウス・デ・ロヨラの『霊操』はイエス・キリストを心に思い浮かべる点において徹底した観想の道を歩もうとするもので、まさに観仏というべき性格をもつが、そこに潜む諸問題、とりわけそれが自力的で内在主義的な性格を残していることは、後にジェズイットに対するジャンセニスムの批判において現れることになった。徹底した他力主義と神の絶対超越を説くジャンセニスムにとってイグナチウス・デ・ロヨラを始祖とするジェズイットはなお自力主義に止まるものとして批判されたのである。しかし、この問題についてはここではこれ以上触れないことにする。

4　霊動弁別と慰めおよび荒み

「霊操」の核心をなす「霊動弁別」に再び戻ることにしたい。霊操の目的をイグナチウスは「神の御意志を探求し、見出すこと」としている。そのような神の意志を見出すための方法が「霊動弁別」であることは先に述べた通りである。

「魂の内に生じる多様な動き」としての「霊動」は、心の底から湧出する感動や情動であるが、それはまた我々の行動の原動力となる「動機」でもある。そのような我々の行動の動機を弁別する能力を目覚めさせることによって、我々はただ同一の平面を行き来するだけの存在であったものから、自己や神の探求に向かって登攀する存在となる。我々の生きる世界は以前とは異なったものとなり、自己の有り様が変わってくる。その事情は、シモーヌ・ヴェーユの言葉を借りるならば、次のごときものと言うことができる。

われわれは、海上で板きれにしがみつき、まったく受身のまま波の動きに翻弄されている難破船員のようなものである。天の高みから、神はひとりひとりに、一本の綱を投げてよこす。綱をつかみ、苦痛と不安にもかかわらずそれを手放さないでいるものも、ほかの人とおなじく、やはり波の圧力には依然として屈服させられている。ただこれら波の圧力は、綱の緊張と組み合わさって、総体としては異なったメカニスムを形成するのである。

（『シモーヌ・ヴェーユ著作集』2、中田光雄・橋本一明訳、四〇〇頁）

我々の心には、大海を流れる海流のように、あるいは天空を吹く風のように、多様な霊動が生起し貫流しているが、通常それらの大部分は無意識の底に沈んでいて意識の上に現れることはない。しかし、心の底を流れているその霊動が意識化されるとき、これまでとは異なった新しいメカニスムが生じる。それは自己を導き、自己を定めるものとなる。そのような自己決定を迫ってくる心の動きを見極めることが「霊動弁別」と言われたのである。

霊動弁別には、その弁別を可能にするような知が備わっているのでなければならない。それはいったい如何なる知であろうか。いわゆる理論知やその基礎に見出されるような超越論的知ではない。むしろ、そのような知の手前にある、より繊細で生き生きとした知でなければならない。神の無言の言葉をかぎ分ける、そのような生き生きとした知が我々の意識の深層に働いているのである。

イグナチウスが霊動を見分けることの重要性を説くのは、人間には神から届いているメッセージを見分けることのできる知が備わっていることを彼が発見したことによる。神の意志は、霊媒やオカルトやシャーマニズムなどが説いているような、直接的な言葉で人間に現れるものではない。神のメッセージは解釈を通して受け取られねばならない。そのような、神のメッセージが届いている霊動としてイグナチウスがあげるのは「慰め（consolation spirituelle）」である。神のメッセージが途絶えていることを知らせる霊動もあって、それは「荒《すさ》み（désolation spirituelle）」と言われる。その意味でこの二つは、門脇の言葉を借りるならば、神の「無言の言葉」ともいうべきものであり、「慰め」と「荒み」という二つの霊動を見分けることで、人は神と自己との間の距離を測ることができる。それはちょうど、船乗りが雲の動きを見て嵐の到来を予知するごとくである。船乗りは嵐を直接的に見ることはないが、それでも嵐の到来を知ることができるのである。

このような「霊動の弁別」といわれる事柄はけっして突飛なことでも、珍しいことでもない。そのことは、現代において精神分析が一種の霊動弁別という意味あいを有していることを見れば納得しうる。古代では夢がそのような神の意志の伝達者であり、「ヘルメス」（解釈）と呼ばれた。ヘルメスとは神の意志を人間に伝える仲介者のことであるが、そのようなヘルメスとはまさに霊動を弁別する働きに外ならない。

近代において霊動弁別に似た解釈は、たとえばカントの哲学において大きな位置を占めているということができる。カントは形而上学の問題は自由の問題であり、自由の問題は道徳の問題、つまり意志規定の問題と考えたが、そのときカントが重視したのは、意志の規定根拠としての「動機の吟味」ないし解釈であった。そこでカントが考えた動機の吟味とはまさに「霊動弁別」であるということができる。我々の行動の動機には通常二つの異なった動機、つまり天からのものと地からのものとが混じっている。自己の幸福を目指す感性的・自然的なものと、道徳法の出所である純粋理性という英知界に由来するものとが混入している。この二つを弁別して、前者を捨て後者を採るところに道徳の立場や形而上学が成立するが、そのとき、意志規定の根拠には「尊敬の感情」といわれるような、いわば英知界に由来する感情が動機となって働いているのである。カントにとって形而上学とは、意志の根源に尊敬の感情といわれるような「霊動」を弁別することであったのである。

しかし、イグナチウスの「霊動弁別」とカントの「動機の吟味」とは大きく隔たっている。カントにおいては「動機の吟味」は道徳法に一致するためのものであったが、イグナチウスにおいては霊動を弁別するのは神の意志に一致するためである。両者の違いは、道徳法は純粋理性として自己の前に明白に現れているのに対して、神の意志は自己の前には隠されており、絶対的に超越しているということである。「霊動弁別」においては、神は、カントの理性のように我々に明白ではなく、我々はそれを発見するのでなければならない。しかも、それを発見する場所は自己であり、発見の手掛かりは「霊動」しかない。見えざる神の探求を霊動という一筋の糸を頼りに遂行しようとするところに、「霊操」における神探求の独自性がある。

ところで、イグナチウスが霊動を弁別するための基準とするのは、先に述べたように「慰め」と「荒み」である。「慰め」は我々が内に感じる「歓び」や「平安」であるが、それは神が我々のうちに置いた神の痕跡ともいうべきものであって、我々が神との繋がりのうちにあることを示す唯一の標しである。一方、「荒み」は我々が神から引き離されていること、神からとり残されていることを示すものである。神が我々に不在であることが、「荒み」という経験において証示されるのである。こうして、「慰め」と「荒み」は神が我々に語りかける二つの「沈黙せる言葉」であり、それによって我々は神との関わりを測り、正すことができる。

イグナチウス自身の規定によると、「慰め」と「荒み」は次のように捉えられる。

慰めは、次のような心の状態のときに感じられる。

「それによって魂は創造主に対する愛に燃えるようになり、その結果、地上の如何なる被造物もそれ自身では愛せなくなり、ただ万物の創造主においてのみ愛することができるようになるような、霊動が心のうちに生じるとき。」

「主の愛に感動して涙が出るとき、自分の罪を痛悔して涙があふれ、キリストの受難に涙があふれるとき、主への奉仕や賛美に関する他の事柄に涙する場合。」

「生活の中で信・希望・愛から湧き出る喜びに満たされているとき、そのような心の状態のなかで、勇気を感じ、神に奉仕することが何よりも喜びと最高の関心となるとき。」

「霊的な荒み」――慰みとは正反対の心の動き。それは次のようなときに生じる。

「魂の暗闇、魂の中におこる混乱、地上的なものへ向かう心の動き、種々の煽動や誘惑から生じる不安。そして、希望なく、愛なく、不信へと動かされ、すべてが億劫で熱意がなく、うら悲しい心境になり、見放され、見捨てられたような心境になる。」

光に照らされていない。熱がない。エネルギーがない。「暗闇、混乱、煽動、不安」そこに三つの動きがある。(1)たんなる感覚的なものを欲求する。それに情熱的に関わる。それに没頭することで空しさを紛らわそうとする。(2)不信へと動かす。基本的信頼というものがなくなる。それは、人生に存在の意味を与えるものだが、それがなくなる。(3)全存在が重荷となる。内的な歓びがないために、一切が億劫で、熱意なく、うら悲しい気分になる。

そして、「荒み」や「慰め」のうちに在るときに我々が心掛けるべき事柄として、次のようなことが述べられている。

荒みの状態にあるときは、以前に決めたことを変えないということ。なぜなら、荒みの状態にあるときは神のもとから離れているときであるが、そのようなときは我々は多分に悪しき霊のもとにあって誘惑の状態に置かれているので、そこでなされた判断は往々にして正しい道から外れ、過つ危険性があるからである。

荒みを神の不在として捉えること。そして神の不在の場での自己の試練と捉えて、それを耐え忍び、やがて慰めが来ることを期待して不動の状態でじっと待つこと。荒みは自己の無力と限界を知らしめ、慰めが神の賜物であって、自己で獲得したものではないことを教える。神の力によってすべての敵に打ち勝つことができるという希望は、荒みのなかにあって落ち着きを与える。

「慰め」において注意すべきことは、真の慰めと偽りの慰めとがあること、そしてそれらを区別する術を知ることである。慰めには、特定の原因から生じたものと、原因なしに生じたものとがある。特定の原因によって生じた慰めは、神からのものとそうでないものが混入しているので、行動の全体をその初めから終わりまで全体を通して観察し、慰めが一貫しているか、途中から荒みに変質していないかどうかを吟味する。途中から荒みが生じたならば、その慰めには神からではないものが混じっている。神からのものというのは、そこに自己中心性が入っていないということである。

原因なしに生じた慰めは神からのものである。このことは重要である。一切の理由なきところで生きること、慰めなきところで生きること、そこに慰めが見出されるならば、その慰めは神からのものである。神からの慰めは、絶対無・虚空・真空の香りともいうべきものである。天空を吹く大風に伴う情緒が神の慰めである。

ところで、「荒み」と「慰め」という二つの霊動は、ヴェーユが「重力」と「恩寵」として捉えた心の二つの傾動に対応すると言うことができる。ヴェーユによれば、物質を支配している重力は人間においても同じように働いており、自由と見做されている人間の心もまた重力の法則の支配から免れてはいない。ただ恩寵だけが重力を免れている。そして、人間が重力を脱して恩寵の圏域に入るには、「真空」という危険地帯を通過しなければならない。魂を繋いでいる重力の鎖が真空のなかで断たれることによって、魂は恩寵の働きによって上昇せしめられるのである。

ところで、注意しなければならないのは、ここで「恩寵」と言われている事柄はイグナチウスのいう「慰め」に相当するが、「重力」と言われている事柄は「荒み」と同じではないということである。イグナチウスのいう「荒み」は、むしろヴェーユの言う「真空」に近い。「荒み」は、重力に支配されていた魂が真空に触れることで重力を意識するに至ったときの魂の状態であると言った方がよいかもしれない。人間は重力のうちにあってそれに従っているとき、重力を知らない。それは悪のうちにある人間が悪を知らないのと同様である。真空に触れることにおいて、人は自己が重力のうちにあることを知る、とヴェーユは言う。「荒み」はここではその「真空」に相当する。

荒みは人間が重力のうちに囚われていること、したがって神や恩寵から離れていることを人間に知らしめるものである。それは神からの合図であって重力に由来するのではない。その意味で、荒みはその根拠をむしろ恩寵や神に置いているのである。

それゆえ、荒みは霊的な効力をもっている。「荒みは人間に自分が無に過ぎないことを悟らしめる」。無の自覚を荒みは徹底せしめるのである。そして、この無の自覚は「神の恩寵が全面的に開花する場所」である。荒みのうちにある人は「創造主において恩寵が与えられ、多くのことをすることができる」ことを教える。したがって、重要なことは荒みを排除したり、埋めあわせたりすることではなく、荒みを活用することである。荒みを見つめることによって、自己の無を悟り、一切が恩寵によることを自覚することである。

荒みは神から離れていることに由来するのであるから、さまざまな混乱・不安・誘惑がそこで生じる。しかし、荒みそれ自体は悪ではなく、荒みを通して招き入れられる諸々の誘惑が悪なのである。したがって、退けられねばならないのは、誘惑であって荒みではない。むしろ、荒みは「偽りの慰め」を捨て、「真の慰め」を見出すための通路となる。「荒みは神の沈黙の言葉であり、我々はその沈黙を霊的な眼をもって解釈しなければならない」と門脇は述べている。荒みは神からのものであって、「真の慰め」と「虚偽の慰め」とを区別する。したがって、荒みを取り除くことではなく、荒みを見つめることが大切なのである。

「真の慰め」と「偽りの慰め」とを区別する基準は、慰めが偽りのものであるならば、それには「荒み」がつきまとっているということである。慰めをじっと見つめていることによって、そのことが明らかになる。慰めが真なら、それを見つめることによって慰めはますます確かとなってくる。しかし、慰めが偽りであれば、それを見つめていると次第に色あせて空虚となり、「荒み」がそこに現れてくる。

ヴェーユは、同様な方法を善と悪を見分けるための基準として用いている。ヴェーユによると、善の固有性は外見の単調さに比して、豊かで実在性に富んだ内実を有していることにあるが、悪の特質は外見の魅力や豊かさに比して、内実は空虚で単調であるということにある。そして、そのような両者の特質はそれらを「じっと見つめること」において明らかになってくる。我々が誘惑に駆られているとき、無理矢理それに抵抗すると精根つきて誘惑に屈服することになる。しかし、それをじっと見つめていると、誘惑の方が力尽きて退散する。一方、実現困難に見える事柄に直面してそれをじっと見つめていると、それが善である場合、やがてどうしても実行せざるをえなくなる瞬間がやってくる。そこに善と悪を弁別する基準があるとヴェーユは言う。ヴェーユがじっと見るというのは「注意する」ことであるが、それはイグナチウスの言う観想である。ここで、注意や観想と言われることは、対象から距離をとってそれに執着しないということ、諸対象を平等に眺めることであるが、それはイグナチウスが「不偏（indifférence spirituelle）」と名づけることであり、仏教では「中」や「空」と言われてきたことである。

先に述べたように、イグナチウスによれば、「全く原因なしに」降りて来た慰めは神からのものであるとされる。それは真空を通ってきたものであるそのような慰めのみが純粋に神から来たものである。それに対して、原因がはっきりしている慰め、ある考えや出来事、出会い、自分の努力、人などが原因となって生じた慰めは、神からのものとも悪魔からのものともなりうる。最初、慰めであったものが、霊的な味わいが次第に少なくなり、やがて荒みを感じるようになってくるならば、その慰めは最初から悪であったか、あるいは途中から悪が入ってきたということである。その場合、体験の流れ全体を吟味して、どこで慰めが荒みに変わったかを見極めなければならない。原因がはっきりしている慰めの場合、その慰めが神からのものであるのは、自己が神において全き無となっているときである。悪からのものであるのは、そこに自己が混入しているときである。

そのような自己の混入を避け、神の立場に立つことが「不偏」とされる。そして、この不偏という有り様をイグナチウスは「霊操」の基礎に置いている。病気より健康、短命より長命、貧しさより富を欲するというのは人間の自然な性向であるが、そのような自然の性向を超えて、両者を無差別・同等に欲することが神の意志に従うことである。このような不偏をイグナチウスが「霊操」の基本に据えているのは、これが自己執着を離れる道であるからである。不偏において神の意志に従うことと自己執着を離れることとは、「霊操」では一つのことと考えられている。

III　人間と超越

絶対自由意志と象徴の世界

――ベルクソンから見た西田哲学の位置づけ――

1　経験と形而上学の乖離

西田幾多郎と同時代の西欧の哲学者のうちで、彼が最も親近感を抱き、深く関わった哲学者の一人にアンリ・ベルクソンがあげられるであろう。西田のベルクソンに対する関心は、両者が追究する問題のうちに通じるものを西田が読み取ったことに基づいている。実際、二人の哲学者の立場には明らかに共通性がある。一言でいえば、それは直接経験に立脚し、経験において形而上学や宗教が可能となる場を見出そうとすることである。

この二人の哲学者の立場の共通性は、たんなる偶然的一致と考えられてはならない。そこには二人の時代の思想的境位に潜む問題がその深いところにおいて把握されており、それをいかに解決するかという課題が、両者において図らずも同一の問題の追究となって現れたのである。では、二人の哲学者が捉えた当時の思想的境位はいかなるものであったのであろうか。

十九世紀後半の西欧の思想的状況において注目すべきことは、第一に、自然科学の隆盛であり、それを学問の唯一のモデルとする趨勢のなかで、経験科学としての心理学や社会学が成立したということである。第二に、経験が知の確実性の根拠として新しい意味を帯びてくるとともに、それまでのプラトン的な二世界論に基礎を置いてきた西欧の形而上学がその根拠を覆されて崩壊したということである。そして、形而上学の崩壊とともに宗教も空洞化して、全体や無限に関わる人間存在の付け根の部分に空白が生じたということである。そして第三に、それまでの形而上学を支えてきた二世界論に代わって登場してきた実証主義や実在主義の哲学が、形而上学や宗教を可能にするような知までも含む長い射程をもちえず、それらの哲学による知の新しい基礎づけの試みがかえって精神的空白を拡大することになったということである。そこでは形而上学が求められながら、その道が閉ざされていたのである。ベルクソンと西田の哲学に現れている共通の立場、すなわち直接経験に立脚して、それを形而上学と宗教が可能になる地点に向かって掘り下げるという立場の意味は、このような当時の思想的境位と結びつけて理解されるとき初めて十分に明らかとなるであろう。

西田哲学のもつ意義を思想史的背景から考察したものに、西谷啓治の「西田哲学」（『西谷啓治著作集』第九巻）がある。西谷はそこで、西田とベルクソンが置かれた思想的境位についてきわめて的確で簡潔な分析をしているので、それにしたがって見ておきたい。西谷によれば、偉大な独創的な哲学の骨となるような創造的直観は、何もないところでは生じない。それは彼が生きる歴史的状況に深く規定されたところから生じる。「或る思想家の自己形成的な独自の創造力は、その思想体系そのものの内面からと同時に、彼が如何なる思想的環境のうちから如何なる課題を自覚し取ったかという面からも、捉へられねばならないであらう」（同書、九八頁）。しかし、他方、歴史的境位に醸し出される課題を自覚し取るには、それを自覚し取るだけの力がなければならない。その力は伝統から育成される。ベルクソンの場合、それはメーヌ・ド・ビランやラヴェッソン、さらに溯ってはプロチノスに由来する。西田の場合は、「一方ではドイツ観念論、特にヘーゲルの哲学から、他方では一層深く潜むものとして禅仏教から出てきてゐると考へられる」（同書、一〇〇頁）と西谷は言う。しかし、ここでは伝統の問題に立ち入ることを差し置いて、思想的境位だけを見ることにしたい。

西田やベルクソンが哲学の構築を始めるにあたって直面した思想的境位は、一言でいえば、「経験と形而上学との乖離」（同書、一〇二頁）という事態である。それは、先に述べたように、知識の確実な基盤として「経験」が捉えられてくるとともに、形而上学的知が経験に基礎をもたないものとして、知識の外に排除され、否定されるに至ったという事態である。そして他方、形而上学を失った経験はもはや全体や無限への展望をもちえず、その厳密ではあるが狭められた「経験」のもとで人間は自己自身の根拠へ帰る道を失って、無限に拡散し分解するに至ったという事態である。したがって、この状況に孕まれた課題は、経験という概念の広がりを新しく捉え直し、人間を拡散と分解から形而上学を可能にするような全体や無限への通路を切り開き、人間を拡散と喪失から救出するごとき、全体や無限への展望を具えた形而上学の可能性を経験のうちに切り開くということであった。西田やベルクソンの哲学の根幹にある「経験とか事実にあくまでも立脚しつつ然も「超越」を見いだそうとする立場」、「経験主義にして然も形而上学的であるやうな立場」、「現実的事実の世界を毫も離れることなしに然もそのうちで神にむすびつくというやうな立場」（同書、一〇一頁）はこのような思想的境位のもとで生まれたのである。そのような境位のもとで生まれたベルクソンの新しい哲学の立場をエドワール・ル・ロワは「新しい実証的な形而上学」と呼んでいる。

しかし、そのような「新しい形而上学」の登場を促すことになった思想的境位はもう少し具体的にはどのようなものであったのであろうか。西谷は次のように述べている。少し長いが、根本に触れるものであるので引用しておこう。

いふまでもなく、ヘーゲルの絶対的観念論が「崩壊」した後に来たものは、実在主義、実証主義、乃至は経験論の哲学であつた。ドイツではフォイエルバッハが現はれ、間もなくマルクスなどの史的唯物論や自然科学的な唯物論に移行し、英仏ではコントやミル、後にはスペンサーなどが世界史的な影響力をもつた。これらに共通な精神は、どこまでも事実に立脚し事実を離れないといふことである。内的・外的な経験に捉へられるもの以外のものは認めないといふ立場である。彼等にとつては事実が真実である。事実の奥にまたは彼方に、超越的なもの、超感性的なもの、「物自体」、総じて何等か「観念的」な、理念的なものが真実在としてあるといふことを認めない。如何なる意味でも経験的事実に先立つと考へられるもの、アプリオリなものを認めず、さういふアプリオリから演繹的に経験的事実を捉へることを拒む。カントのごとく先天的な純粋悟性概念を経験認識の構成的な「形式」と考へるといふことも不可である。況んやその後の観念論のやうに思弁的理性の立場から、あらゆる事物の真理が「概念」であるとか「理念」であるとかといふこと、現実的なものが理性的であり、理性的なものが現実的であるといふやうなことは、全くの逆倒であり、単なる「構成」である。かくしてヘーゲル以後に至つて、プラトン以来西洋哲学の歴史を支配して来た真実在の思想が、根柢的に否定されたのである。感性的事物の世界を超越したイデアを、真実在と考へ、イデアの世界の根柢に神を考へるといふプラトニズムは、カントやヘーゲルに至るまで、西洋哲学の基本をなす立場であつた。それは、此岸的な感性的世界と彼岸的な「叡知的」世界を分け、感性的世界を否定的に超越して上の世界に帰ることを魂に要求する所謂「二世界論」である。然るに今やそれが否定されて此岸的世界のみが実証的な事実の世界として肯定されたのである。従来の西洋哲学では、かの二世界論的な見方のゆゑに、経験とか事実とかにあくまで立脚しつつ然も「超越」といふ立場を開くといふやうなことは、殆ど考へられないことであつた。経験とか事実とかにどこまでも立脚すれば、超越は単に「観念論的」な想念でしかなくなり、逆の超越を求めれば、この現実の世界を離れ、経験や事実を否定することになる。勿論アリストテレス主義はプラトン主義と違つて、はつきりした二世界論の立場ではないが、併しやはり理性の立場に独立的な超越性を与へてゐる。西洋で経験主義の哲学と合理主義の形而上学とが対立を続け、前者は反形而上学、更には無神論、宗教否定と結びつき、後者は概ね神を超越的な絶対者と考へる有神論となつてゐる。経験主義にして然も形而上学的であるような立場、現実的事実の世界を毫も離れることなしに然もそのうちで神に結びつくといふやうな立場は、西洋では殆んど考へられなかつたのである。実際また、ヘーゲル以後の実証主義、経験主義、唯物論は、すべて反形而上学の立場、無神論の立場、少なくとも神との結びつきを認めぬ立場として現はれて来たのである。経験と形而上学との乖離といふさういふ事情は、西田哲学の意義を哲学史的に考へる上で重要な第一の点であると思ふ。

（同書、一〇〇～一〇二頁、傍点原文）

このような「経験と形而上学との乖離」という事態は、十九世紀になって初めて生じたのではない。形而上学と経験との葛藤は、先に述べたように、たとえば、無神論的な経験主義の哲学と有神論的な合理主義の形而上学との対立といった形で、もともと西洋の哲学において以前から存続していた。しかし、対立葛藤が乖離というラジカルな形をとって現れたのは、いうまでもなく十九世紀の自然科学の隆盛と、その自然科学を学問の唯一のモデルと見做す趨勢のなかから、経験科学としての社会学と心理学が成立してきたことによってである。乖離の兆しは十九世紀前半のヘーゲルの観念論の崩壊と、それに伴って生じた実在主義、実証主義、経験主義の哲学においてすでに始まっていたのであるが、十九世紀後半における経験科学としての心理学の出現によってその乖離は決定的なものとなったのである。経験科学としての心理学や社会学の成立が思想史的に大きな出来事であったのは、上に述べたように、それが人間の自己把握や世界把握に対して一つの決定的な変質をもたらすことになったからである。つまり、それは自然科学が自然現象を考察すると同じ眼差しのもとで、人間を考察することへ水路を開くことによって、人間精神のうちへ自然科学が流入することを可能にしたのである。自然の諸現象を単純な要素とその結合形式に還元し、それらの要素や結合形式を支配する法則によって自然の諸現象を説明するという自然科学的な見方は、人間の外的な社会生活や内的な心理生活にも向けられ、人間を一つの与えられた意識現象という角度から説明することへ向かった。そのような見方が人間の自己把握や自己理解に対してどのような深刻な影響ないし帰結をもたらすことになるかということに関しては、当時はそれほど明確に洞察がなされていたわけではないが、しかし、そのような心理学によって開かれた人間に対する見方は、西谷によれば「実は人間をその根基へと向けて問う道を塞ぐものであった。自己の内面へ向ふ方向が人間から奪はれることであった。人間が自らをその全体性や無限性との関わりへと向けて問う方向、つまり超越への方向を閉ざすものであった」（同書、一〇三頁）。十九世紀後半を支配した科学精神は、こうして人間の分解・解体の方向へと向かうものであり、人間を全体性や無限性の方向において問うような形而上学や宗教と無縁なものであった。西田やベルクソンの哲学の出発点にあるのは、経験科学としての心理学が哲学に対してもたらすことになるこのような深刻な事態への洞察であり、そしてその事態に気づいていない当時の哲学の精神的貧困に対する大いなる憤懣であった。「有りの儘の実在」、「直接経験」ないし「純粋経験」に立脚して宇宙の真相に触れようとする哲学の意味は、このような科学的精神の支配のもとにあった当時の屈折した思想的状況に照らして見ることによって初めて十分に理解されうるのである。

したがって、西田やベルクソンの哲学は同じ経験に立脚するものであっても、当時のヴント、ジェームズ、マッハなどの所謂「心理主義」の哲学とは異質な精神に立つものであり、それらの哲学に満足するものではなかった。それらの経験主義あるいは心理主義の哲学もまた直接的な経験に立脚することを標榜していたが、それらが追究する経験は西田やベルクソンが追究する経験の概念がもつ射程にははるかに及ばないものであった。それらの経験主義の哲学は経験に含まれる不純なもの、純粋でないものを取り除き、経験に加えられたあらゆる哲学的構成を否定する経験主義、つまり経験から哲学的なものへの一切の繫がりを排除するところに新しい哲学の立場を見出すものであり、経験をあくまで純粋な経験に還元するところに成立するものであった。そのような立場は、西谷によれば、伝統的な宗教とそれに結びついた形而上学、および二世界論がもはや拠り所とはなりえなくなったということ、また他方、そのような宗教と形而上学を否定して現れた実証主義や唯物論などの諸々の哲学が、やはり哲学的な作為、つまり構成と独断を含むものとして拠りえないというところから、最後の立場として取り出されたものであった。しかし、経験を純粋経験にまで純化し、ただ直接な経験にのみ立脚しようとしたこのような経験主義の哲学の正体は、じつは懐疑と不信であって、確信ではなかった。それは従来の哲学が答えてきたような形而上学的・宗教的な諸問題に答えることができないものであった。その立場のうちに潜んでいるのは、「従来のあらゆる哲学的方向に対する全き不信」（同書、一〇七頁）であると西谷は言う。そのような不信はかって、十九世紀前半のヘーゲル哲学の崩壊とともに生じた感覚主義や実証主義や経験主義のうちにも潜んでいたものであったが、そういう不信が「科学の立場や、あらゆる哲学の立場を内から打ち破つて、自らを貫いて来た結果」（同）、ヴント、ジェームズ、マッハなどの経験主義の哲学となって現れたのである。

こうして、西谷の言葉によれば、「当時の境位は科学や批判主義よりも、形而上学を要求するものであつた。と同時に（中略）形而上学への道は失はれ」（同）ていたのである。

したがって、そこで要求されたのは次のごとき哲学、すなわち「あくまで直接な、……純粋な経験に立脚しながら、しかも古い形而上学がかつて解答を与へたと同じ根本的な諸問題に新しい解答を与へ得るやうな、さういふ哲学」（同書、一〇八頁）であった。それは古い意味の形而上学であってもならず、また経験主義的な哲学であってもならず、むしろその両方が代表している問題を同時に満たしうるものでなければならなかった。ベルクソンや西田が時代の思想状況のなかから摑み取った課題はそのようなものであった。かくして、両者は経験に立脚しながら、経験のうちから形而上学への道を開く方向に経験を掘り下げる試みに出たのである。それが西田とベルクソンが時代の思想的境位のなかから開いた、我々に最も直接的な経験に立脚するという立場の意味なのである。

2　意味の世界と所与の原理

西田とベルクソンとの関わりが最も深く現れているのは、『自覚に於ける直観と反省』である。この著書の目的を、西田はその序文で次のように述べている。

> 余が此論文の稿を起した目的は余の所謂自覚的体系の形式に依つてすべての実在を考へ、之に依つて現今哲学の重要なる問題と思はれる価値と存在、意味と事実との結合を説明して見ようといふものであった。（中略）若し此目的を達するを得ば、フィヒテに新らしき意味を与ふることに依つて、現今のカント学派とベルグソンとを深き根柢から結合することができると思ふたのである。
>
> （『西田幾多郎全集』第二巻、三～四頁）

西田がそこで説明せんとした当時の哲学の重要な問題である価値と存在、意味と事実との結合の問題は、今日ではそのままの形では問題にされていない。しかし、その問題は消失し、過去のものとなってしまったわけではない。それは形を変えて、今日では心身関係の問題へと重心を移して考察されているとも言える。また、自覚的体系の形式によってすべての実在を考えるという問題は、「知の基礎」の問題として今日の哲学の主要な主題の一つとなっている。その意味で西田の取り組んだ問題は依然として現代の哲学の中心を占めている。しかも、西田において問題は徹底的に考え抜かれているがゆえに、そこで西田が与えている解決は、現代の哲学の問題の解明に対してもより深い照明を与えるごとき根源性を有しているのである。

「自覚」の問題を「知の基礎」の問題という角度から見るとき、西田がリッケルトとベルクソンにおいて対比的に捉えているのは、その根拠の「イデアール な把握」と「リアルな把握」であるということができる。西田は、彼が「直観」と名づけた立場を、ベルクソンのうちに捉えているが、その直観の立場は知の根拠のリアルな把握を示している。直観とはそこにおいて自己と物とが一つのところ、物において自己が見られると同時に、自己において物が捉えられ、両者が相互に浸透しあった不可分なところである。言い換えるならば、直観とは物に備わった知、内容と一つの知と言うことができる。その知は物や事実をその内から透明化するものとして、いわば物や事実にもともと備わった知である。それは今日では「感覚」といった方が理解しやすいかもしれない。西田はあらゆる客観的な知識の根拠にそのような「感覚」ないし「直観」がなければならないと考える。その際、客観的知識というのは自然科学的な知識のみならず、芸術や宗教や文化を含んだものである。科学的知識だけが知識なのではない。科学的知識の対象となることのない価値や意味も、また知識でなければならない。しかし、それが知識であるためには直観をもたねばならないのである。

知識のリアルな根拠としての直観の立場に立つことは、西田によれば認識主観における「所与の原理」を重視することである。西田が知の根拠をリッケルトのイデアールな把握からベルクソンのリアルな把握へと転換する場合、その転換の理由を西田は、リッケルトがこの「所与の原理」に十分な位置を与えていないことに置いている。西田のリッケルト批判は、リッケルトにおいて所与の原理が顧みられていないことを突くのである。西田によれば、リッケルトはこの「所与の原理」に重要性を与えていないがゆえに、知識の根拠を捉えることができない。知識が生きて働くものであるためには、直観をもたねばならないのである。同様に、認識主観が「自覚的主観」であり、生きて働くものであるためには、それは「感覚の制約」や「内容」をもたなければならない。それを欠くとき認識主観は自覚的主観の意義を失って、死せる「論理的主観」、無内容な「判断主観」へと転落する。主観が自覚的であるとは、それが生きて働くものとしてあるということであるが、そのことは主観が所与の原理を含むということと不可分である。認識主観が自覚的主観の意義を失うことは、同時に、知識の客観性を問題にする地平も失われることである。西田のベルクソンに対する共感は、ベルクソンの直観の立場がまさにリッケルトにおいて見失われている「所与の原理」をその哲学の根本に置くものであったからである。

しかし、西田のリッケルトに対する態度が両義的であることを見失ってはならない。リッケルトが価値や意味の超越性を主張し、それらが存在や事実とは異なる独自な領域としてあることを強調することの背後には、言うまでもないが、精神的・文化的領域の事柄をも自然的・事実的領域の事柄へともたらそうとする当時の心理学に対する批判がある。ニュートンによって発見された「重力の法則」はニュートンの個人的思考作用に関わりのない超越的真理であるように、真理は私の主観的・特殊的な働きを超えた世界にある。つまり、それは存在や事実を超えた意味や価値の世界に属している。リッケルトが「所与の原理」を重視しないことは、じつは、そのような現実の働きとは異なった意味や価値の固有性についての洞察と結びついているのである。西田はリッケルトからそのような意味や価値の領域の固有性についての明確な理解を得ている。「直接に与へられるものと云ふのは、普通に考へられる如き感覚とか知覚とかいふ如きものではなく、却つて創造的なるものでなければならぬ、単なる質量ではなく、形相を含んだものでなければならない、と考へた」（『西田幾多郎全集』第四巻、四頁）と述べている箇所や、「私の存在があって思惟があるのではなく、かえって思惟があって私の存在がある。存在の前に意味がある」（全集第二巻、一九頁）といった表現に、このことはよく現れている。

他方、西田はリッケルトに対してどこまでも自分を主張しようとしたと述べている。それはリッケルトが意味や価値の領域の独自性を強調することが、それらを一切の現実の働きをもたぬものとし、「我々の当為の意識」と「現実の意識活動」とを没交渉なものとすることに対する反対ないし抵抗である。つまり、西田はリッケルトにおいて生じる存在と価値、事実と意味との峻別を克服せんとするのである。西田はリッケルトとともに価値や意味や当為が時間・空間的に限定された心理的作用を超えたものであることを認めるに吝《やぶさ》かではないが、しかしリッケルトが言うように価値や当為の意識が一切の現実の活動を含まぬものであるならば、全く無意味であると考える。働きをもたぬ自己が自己でないのと同様、働きをもたぬ真理は真理としては無意味である。「自覚といふことを斯くの如く、単に当為の意識と見てしまへば、自己は全く非実在的のものと考へるの外なく、我々の現実に於ける反省の事実とは何等の関係なきものとなつてしまふ。自己其者の中に何等の活動の意義をも含み得ぬこととなる」（同書、二一頁）と西田は述べる。西田は「当為の意識」とは、むしろ逆に我々の「現実の意識活動」を支配する力をもったものでなければならない、と考える。真理あるいは価値は、現実の働きを超えた「超越的対象」であるのではなく、「事実上の力」でなければならない。

当為の意識とは我々の現実の意識活動を支配する力をもつたものではなからうか。我々を内から動かす活動力ではなからうか。さなくば当為といふことは我々にとつて全然無意義なものとなると思ふ。例へば、我々が或る一つの数学の問題を考へる場合に、数学的命題といふものは我々の観念連合を動かす力をもつたものである、すなはち事実上の力である。我々の直接経験の上に於てはかく考へねばならないといふところから、かく考へるといふことが起こつてくるのである。現実を動かすことのできない理想は真の理想ではない。（中略）すべて真理はそれ自身に於いて我々の意識を動かす力を有つたものである。（同書、二一五頁）

「価値」は現実に働くものとして「事実上の力」でなければならないと西田が言うとき、それは「価値」もまた「直観」でなければならないということを意味する。それは価値や当為のイデアールな解釈をリアルな解釈へと転換することである。リッケルトに対してどこまでも自己を主張せんとしたと西田が言うのは、このことである。ここにおいて、リッケルトにおいて見失われることになった存在と価値、事実と意味を繋ぐ道がより深い場で見出される。その道は「所与の原理」の意味を改めて捉え直すことによって開かれるのである。所与の原理を捉え直すということは、所与の原理をたんなる知覚や自然科学的認識に限らず、文化や精神科学の領域にまで拡張することである。「所与の原理」がこのように拡張されることによって、文化や価値もまた知識となる。「私はカントの認識主観の意義を判断主観に狭めることによつて、知覚との結合から自由にするのではなく、むしろこれを広めることによつて文化科学をも客観的知識と考へたいのである、すなわち、所与の原理を知覚に限ることから認識主観を自由にしたいと思ふのである」（全集第四巻、三〇七頁）と西田は述べている。このような拡張された所与の原理を示しているのがベルクソンの直観の立場である。西田がベルクソンを高く評価し、それに深い共感を示すのは、リッケルトにおいて欠如しているこの「直観」の立場こそベルクソンがその哲学の根幹においたものであったからである。西田やベルクソンにおいては、直観はたんに受動的なものではない。直観においては知識と内容とは不可分な一体をなしている。注目すべきことは、直観においては内容は知識に対してたんなる受動的な素材ではなく、生きて働くもの、自発自展するものであるということである。したがって、それはあらゆる実在を内に包み込み、無限の広がりと深さをもつ。そのような直観の世界がいかなるものであるかを明らかにすることが、西田の根本の問題であった。このような「所与の原理」は、現代の哲学においては広い意味での「身体」という角度から捉えられていると言えよう。そのとき身体とは同時にうちに知を含むものでなければならない。そのような知を含んだ身体が「感覚」である。そのような物に備わる知を、ベルクソンは直観として捉えたのである。

3　ベルクソンと直観

西田がベルクソンを高く評価するのは、先に見たように、ベルクソンが「所与の原理」に重要な位置を与えているからである。ベルクソンは「意識に直接に与えられたもの」を「純粋持続」として捉え、この純粋持続の「直観」を哲学の立脚すべき立場としたが、西田はそこにリッケルトに欠如していた「所与の原理」の生きた把握を見たのである。リッケルトにおいては「所与の原理」は知覚に限定されていた。しかし、西田はそれははるかに広く、深くに及ぶものと考える。「所与の原理」は経験の全体を包むものでなければならないのである。では、西田は所与の原理をいかにして経験の全体を包摂するまでに拡張したのであろうか。

西田はカントが客観的知識の根拠に捉えた、認識主観における形式と内容との総合作用を突き詰めて吟味することによって、つまり、それを「芸術的形成作用」のごときものと解することによって、「所与の原理」の拡張を説明する（全集第四巻、一三一頁）。芸術的形成作用においては、材料はたんなる受動的な素材ではない。形成作用は受動的な材料に一方的に働きかけることのうちには成立しない。「全然受動的なる材料はない、全然受動的なものは材料となることもできない」（同）と西田は言う。形式が材料に働きかけうるためには、材料それ自身が能動性をもち、形式の働きを自らの内に取り込み、自らの内から形式の展開を生じるということがなければならない。一見して形式が内容を規定すると見えることの底には、じつは内容が自らのうちから形式を展開し、内容自身の自発自展として形式が生じるということがなければならないのである。そこには一般に考えられるような形式と内容との関係の逆転がある。受動的と考えられる内容は、むしろ形式をうちに含んで能動的となる。その事情は音楽家や画家の理念が音や色の働きのうちから生じるのと同様である。音楽家や画家の創作活動は色や音のうちから、色や音の自発自展として成立する。「色や形を離れて画家の理念はなく、音を離れて音楽の理念はない」（同）と西田は言う。理念は内容や物の内から現れるのである。質量や素材としての内容はすでに自らのうちに「形式」ないし「知」を含むものでなければならない。ここにおいて「所与の原理」は自発性をもち、知や形式を含んで自発自展するものとなる。そこに西田の言う「直観」の立場がある。

このように、認識主観における構成的思惟の働きが一種の「芸術的形成作用」の見地から見られてくるとき、「与えられた経験内容」はたんなる材料として与えられるのではなく、種々の関係や形式を内に含み展開する場となる。「所与の原理」はこうして拡張され、経験の全体を包むものとなる。次のように西田は言う。

直接に与へられるものと云ふのは、普通に考へられる如き感覚とか知覚とかいふ如きものではなく、却って創造的なるものでなければならぬ、単なる質量ではなく、形相を含んだものでなければならないと考へた。

（同書、四頁）

あるいはまた、

思惟我に対して直接に与へられた客観的或物として立つものは、思惟によって構成せられた知覚の如きものではなく、主客合一の芸術的直観の如きものでなければならぬ、即ち思惟に対立する外界ではなく、却って之を包んだものでなければならぬ、思惟我を含んだものでなければならぬ。此の如きものを所謂直接経験とか純粋経験とかいふべきものであらう。

（同書、一二三頁）

「所与の原理」はこうして「内容の内に形式を含んだもの」、「直接に与へられたもののうちに思惟我を含んだもの」となる。さらに進んで言えば、それはうちに知を含んだものとなる。そのような「知を含んだ内容」、あるいは「内容と不可分な知」が「直観」である。西田はそのような「所与の直観」の端的な表現をベルクソンの「意識に直接与えられたもの」のうちに見出したのである。

直観の世界は、そこにおいて我々の経験の全体が与えられ、現前しているものであるがゆえに、無限に深いものである。

此の如き直接に与へられた意識の内容は時間、空間、個人の範疇によって限定せらるべきものではない。

我々の現実の意識は単に認識対象の世界に連なつて居るばかりでなく、直ちに超認識の世界に連なつて居る。現実の意識は無限に深く大なるものの中に浮かんで居るのである。（同）

西田はこの直観の世界は認識構成以前のものであり、時間、空間、個人の範疇による限定を超えて与えられるものであるがゆえに、カントの「所謂物自体のごときもの」でなければならないと言う。そしてまた、

真に直接の経験を与へる「時」は、カントの云ふ如き形式的なる「時ではなく」て、却つてベルグソンの所謂純粋持続の如きものでなければならぬ、上に云つた如く、与へられた現実の経験の内に超時間的なものを含んで居るのである。（同書、二四〜二五頁）

と言う。西田は一切の知識の根源をこの直観に捉える。

所謂意識の根底には、主客合一の意識即ち直観があり、純粋活動の意識がある、所謂意識はこの立場の上に成立するのである。真に与へられた直接経験とか、純粋経験とかいふべきものは、この如き意味において無限の内容を含んだものと考へねばならぬ。我々がこの深底に入り込めば込むほど、そこに与へられた現実があるのである。それは主観的に云へば対象化することのできない自己であり、客観的に云へば反省し尽くすことのできない直接の所与である。そこに主客合一の直観、純粋活動の意識があり、すべての知識の根源があるのである。（同書、二六頁）

この「直観の世界」にこそ「与えられた現実」がある、と西田は言う。直観において、自己は物の内に入り、物が自己の内に入り込み、かくして両者が不可分に生きられている。そのような物と自己とが一つに生きられている深底をベルクソンは「純粋持続」として捉えたのである。そのような直観における主客合一の世界を語ったベルクソンの次の言葉は有名であり、西田もしばしば引用している。「私が薔薇の香を嗅ぐとき、幼時の思い出が浮かんでくる。しかし、薔薇の香が幼時の思い出を引き起こしたのではない。私は薔薇の香の内に幼時の思い出を嗅ぐのである」(Bergson, *Essai sur les donnes immédiates de la conscience.* p. 121)。ここにおいては薔薇の香は私の幼時の思い出であり、私の幼時の思い出は薔薇の香である。薔薇の香りを嗅ぐということのなかで両者が一つのところが生きられている。そこが直観の世界なのである。言い換えるならば、私の記憶の世界は精神の世界であり、したがって私の内奥の世界であるが、その自己の内奥の世界を私は自己の外の薔薇の香という物のうちに見出す。それと同時に、物としての薔薇の香は私の記憶という精神の世界に入り込み、記憶の世界において咲く。そこでは物は私であり、私は物である。物が私において自発自展し、物と私とが一つに生きられているところが「経験の直接的なところ」であり、「純粋持続の直観」である。しかも、この直観の世界は無限に広くて深い。それは知覚の世界のみならず、知覚を超えて超認識の世界、形式的時間の世界を超えて超時間的な世界に連なっている。それはいわば世界の底、ないし深底にまで連なっている。それゆえに、西田は「直観」ないし「直接に与えられたもの」をカントの「物自体」のごときものとし、時間を超えたものとしたのである。

そのような直観の世界の直接態を、ベルクソンは「本能」のうちに捉えている。本能は物のうちに備わった知、あるいは物と一つの知である。蜜蜂や蟻においては本能は最高度に発達している。アオムシの第九関節に正確に卵を生みつけるケブカジガバチは、その知識を外から学んだのではない。それは物と一体になった生命に備わった知である。そのような知が地球を取り巻き、宇宙にまで及んでいるのが本能である。本能において我々は身体を通して自然の深みに連なっている。それは物自体に至るような無限の深さと広さを有しているのである。ただ、本能の世界が直観と同質のものでありながら直観と区別されるのは、本能が内に閉ざされており、意識の光に揚げられることがないからである。それゆえ、ベルクソンはこのような本能を直観の光のうちへと高めることを哲学的直観の任務であるとするのである。

しかし、直観の世界は本能だけの世界ではない。それは本能を超えて生命の創造的根源に連なっている。道徳的天才や宗教的天才、神秘家を通して湧出する感動は創造的生命の直観、能産的生命の根源を貫く閃光の直観とも言うべきものである。

西田は、知識の客観性の基礎にはこの直観の世界がなければならないと言う。しかるに、直観の世界はたんに知覚の世界のみならず、知覚を無限に超えるもの、つまり文化や道徳や芸術の世界にも連なっている。そこに西田は科学的知識のみならず、文化的知識が客観的知識として可能になる根拠を見る。こうして、西田はリッケルトの「所与の原理」をベルクソンの「直観」の方向へと拡張することによって、リッケルトが知識とは異なる価値の世界として、知識と区別した文化の世界をも知識として捉え、基礎づける道を開いたのである。

しかし、西田が直観の世界の深みを掘り下げた意図は、文化の世界をなお知識として基礎づけることにあったのではない。西田は知識の成立の根拠をなす直観の世界をその深層に向かって掘り下げてゆくことによって、種々の知識あるいは種々の世界が経験の深みに開かれ、映し出されることを明らかにしようとしたのである。西田がベルクソンと共通するのは、そのような経験の深みに至る直観の世界への洞察である。

4　西田のベルクソン批判、絶対自由意志の世界

しかし、西田とベルクソンは常に同じ一本の路線を歩んだのではない。西田とベルクソンとの違いは、西田が直接的な経験を「絶対自由意志の世界」として捉えた辺りから生じてくる。では、絶対自由意志の世界とはいかなるものであり、そしてそこにおいて西田とベルクソンの立場はどのように違ってくるのであろうか。

直接経験の世界が絶対自由意志の世界であることを、西田は次のように述べている。

> 未だ何等の立場といふ如きものを取らざる以前の世界、或はすべての立場といふ如きものを除去した世界、即ち真の与へられたる直接経験の世界、カントの所謂物自体といふ如きものは、如何なるものであらうか。此の如き世界は、言ふまでもなく、我々の言語思慮を超越したものでなければならぬ、之を思惟すべからざる神秘の世界といふも既に誤れるものかも知れない。蓋し此の如き光景に直接するのは宗教のこととして哲学のことではあるまい。併し試に哲学の立場から論じて見れば、余は之を絶対自由の意志の世界と考へて見たいと思ふ。（全集第二巻、三四一頁）

西田が「直接的経験」を「絶対自由意志」として捉えたとしても、直接経験が反省を破るものであり、自由意志が言語思慮を超絶し、思慮分別を容れるべきものではないという点では、西田とベルクソンは異なったところに立っているのではない。実際のところ、我々は反省を乗り超えるのでなければ意志の世界に出ることはできず、そ

こには、反省ないし知識を破る「エラン・ヴィタール」がなければならないと西田は言い、ベルクソンもまたエラン・ヴィタールの固有性を、知識の限界を乗り超える飛躍ないし創造性に捉えたのであった。そしてまた、ベルクソンが「エラン・ヴィタール」によって飛躍的に参入する世界を神秘の世界としている点でも、西田とベルクソンとは同一の立場に立っている。では、西田とベルクソンの立場が異なってくるのはいかなる点においてであろうか。

西田の「絶対自由意志」の世界がベルクソンの「純粋持続」や「エラン・ヴィタール」と異なった側面を現してくるのは、絶対自由意志が一切の限定を超えた世界であり、したがって時間による限定をも超えた世界、永遠ともいうべき視野をもった世界であるということにおいてである。西田は自由意志が時間の限定を超えることを、意志においては「過去を繰り返すことができる」という点に捉える。ところで、ここで西田が意志と言うのは「決断といふ如き無内容な形式的意志」（同書、二九〇頁）ではなく、見ること、聞くこと、考えること、動くことなど、一切の経験内容をその根底において統一しているもの、「種々なる作用の成立の根元」（同）、「豊富なる人格的統一」（同書、三〇〇頁）のことである。それは働きであると同時に働きを超えたもの、時間のうちにあると同時に時間を超えたもの、したがって、「カントのいうごとく英知的世界に属しているもの」という性格をもつ。実際のところ、このような意志の根本相ないし深層を把握することが『自覚に於ける直観と反省』の根本の主題なのであった。

意志の超時間的性格は、西田の思想の後の展開が示すように、「絶対自由意志」が「無の場所」へと深化され、翻転されることによって真に徹底される。そこにおいては、働きとしての意志の有り様が超えられることになるが、『自覚に於ける直観と反省』においてはまだそこまで徹底されてはいない。西田自身は「絶対自由意志」においてはまだ「真の最後の立場」というものが捉えられておらず、「色々の方角から最後の立場が示唆せられては居るが、それが真に把握せられてそこから積極的に問題が解決せられてゐない」（同書、一三〜一四頁）と述べている。最後の立場が捉えられるのは、西田がいわゆる「主語的な論理」から「述語的な論理」へ転換したとき、「働くもの」から「見るもの」への転換を果たしたときにおいてであり、そこで初めて「絶対的自由意志」が一切の限定を超越した自由であるゆえんが徹底される。意志の世界の一切の思慮分別を超えた、非限定・非対象的性格は、主語的論理が述語的論理へと転換することにおいて透徹したものとなるのである。西田が「絶対自由意志」においてまだ最後の立場が把握されていないというのは、そこにおいてはなお意志というごとき主語性ないし対象性を残し、自由の非対象的把握が真に落ち着くべき形にはまだ至ってはいなかったからである。しかし、西田が『自覚に於ける直観と反省』において捉えようとしたのは、まさにこのような、一切の限定を超えている自由意志の性格であり、それが述語的方向に向かって把握されなければ透徹しえないことは漠然と予想されていた。その予想が西田をして「純粋持続」をなお主語的な方向で把握しているベルクソンへの批判へ駆り立て、ベルクソンと自らの立場の区別を強調することへと向かわしめることになるのである。

意志にまつわるそのような難点を、西田は『自覚に於ける直観と反省』で達した結論においてすでに示唆している。

多くの紆余曲折の後、余は終に前節の終に於て、知識以上の或物に到達した。余は是に於てカント学徒と共に知識の限界なるものを認めざるを得ない。ベルグソンの純粋持続の如きも、之を持続といふ時、既に相対の世界に堕して居る、繰り返すことができないといふのは、既に繰り返し得る可能性を含んで居る。真に創造的なる絶対的実在はディオニシュースやエリューゲナの考の様に一切であると共に、一切でないものでなければならぬ。ベルグソンも緊張の裏面に弛緩があると云つて居るが、真の持続はエリューゲナの云つた如く、動静の合一、即ち止れる運動、動ける静止でなければならぬ（Ipse est motus et status, motus stabilis et status mobilis）。之を絶対の意志といふも、既にその当を失して居る、真に所謂説似一物即不中である。

（同書、二七八頁）

絶対自由意志が一切の限定を超えていることを、西田は「記憶」という角度から考察している。我々が「記憶」を有するということは、「過去を繰り返し得ること」であり、意志が時間の限定を超えていることを表している。記憶の世界は、我々が時間を超えた世界に生きていることを証示するのである。そのことを西田はマーテルリンクにふれて次のように述べている。

マーテルリンクは「過去」と題する小論文の中に、過去は過ぎ去りたるものではない、過去は何時でも現存して居る、過去は動かすべからざるものではない、過去は我々の現在に従属し、現在と共に動くのである、唯道徳的に死せるものにのみ、過去は固定したものになると云つて居る（Maeterlinck, *Le Temple Enseveli*. p. 208.）。余はマーテルリンクの言を目的論的に解釈して見ようと思ふ。機械論的因果関係では過去は動かすことのできないものと考へられるかも知らぬが、目的論的因果関係に於ては現在及び未来によって過去の意味を変ずることができる。（中略）アウグスチヌスの回心以前の生涯は彼が回心以後の生涯に依つて如何に意味が変ぜられたかを見よ。オスカー・ワイルドは希臘では神も過去を変ずることはできぬと考へられたが、キリストは如何なる罪人にても容易に過去を変ずることができることを教へた、例の放蕩息子が父の前に跪いて泣いた時、彼は彼の過去を最も美しき神聖なものとなしたと云つて居る。

（同書、二五八〜二五九頁）

このような過去を現在となしうるような目的論的因果関係は、「意志の世界」の事柄なのである。西田はまた次のように言う。

我々の記憶といふのは過去を現在化する作用である、過去の経験内容を対象化する作用である、要するに時間を超越する意識作用である、故に過去を想起する記憶は直に未来を想像する作用である。ベルグソンは一瞬の過去にも返ることできぬと云ふが、我々が時間を超越して円錐形の広き底面に返ることができればできる程、そこに大なる創造があるのである、創造するといふのは却って深く自己の根柢に返ることであると考へることもできる。（同書、二六八頁）

意志の無限性はこのように意志が時間を超越し、過去を繰り返すことができるという点にある。そこに、西田はベルクソンを超えた立場を見出す。ベルクソンが純粋持続は一瞬も過去に返ることができないと言うとき、持続はすでに時間の限定の中に置かれ、相対に堕しているのである。

ベルグソンは純粋持続に於ては一瞬の過去にも返ることができないといふが、此語は既に意志の足跡を反省した言である。若しベルグソンの創造的進化が此の如きものならば、それは死物である、生きた純粋持続ではない。真の純粋持続は一面に於て無限の発展たると共に、一面に於て「永久の今」でなければならぬ、ベルグソンは後の方面を見逃して居ると思ふ。（同書、二七一頁）

と西田は述べる。

したがって、ベルクソンの「持続」が生きた実在であるならば、それはベルクソンの言うごとく「一瞬の過去にも返る事ができない」ものとしてではなく、「繰り返し得るもの」として捉えられねばならない。真の時は、西田によれば、次のごとくに解せられなければならないのである。

　ベルクソンのいふ如き真に我が我を没した創造的瞬間に於ては、何等の意味に於ても「時」といふべきものはない、純粋持続の「持続」といふ語も既に蛇足である、我々は進みつゝあるか退きつゝあるか、右に行くか左に行くか、我は我を知らずと云ふの外はない。エピクテートが「汝の意志は我が意志なり、汝の欲する所に我を導け」と云ひ、基督教徒が「唯御心のまゝになし給へ」といふ深き宗教的情操のみ能く此気分を現し得ると思ふ。（同書、二七七頁）

このように解するとき、初めて持続は時間を脱するものとなるのである。

先に述べたように、「絶対自由意志」は一切の知識の立場、対象化の立場を超えた言語思慮を絶する立場である。その実在は対象化のうちには落ちてこないものである。それは時間を超え、因果の世界を超え出ているがゆえに、そこにおいては時間は逆の方向にも流れることができる。我々が過去に返り、過去もまた実在であるというところにおいて、我々は時間を超え出て、永遠の世界に至る。しかし、その永遠の世界は架空の世界ではなく、我々に最も直接な実在なのである。我々が直接する永遠の世界の風光を開示する最初の実在が記憶の世界である。このように、時間を超える永遠の世界を従来の形而上学の二世界説のように、経験を超えた叡知界ではなく、我々に直接的な現実である記憶の世界に求めるところに、経験に立脚する西田の立場の独自性がある。記憶の世界は道徳的意志を経て、アウグスチヌスのいうように神の永遠に連なっている。西田は次のように述べる。

　意識の一々の根柢には到底対象化することのできない或物がある、如何なる個人的意志も対象界に対しては、その次元を異にして居るといふことができる、平面の世界に対する立体の世界の如きものである、我々の意志は此の如き意味に於て一々自由でなければならぬ、カントの云つた如く我々の道徳的意識が之を証するのである。（中略）我は此現在に於て右せんも左せんも自由である、縦、肉体の上に於て不可能であるとするも、我は我の人格の上に此決意の事実を印することができるのである。意志を動かすものは唯意志あるのみである、アウグスチヌスが神は愛から世界を造つたといふのは、自然的因果の本に道徳的因果を認めたものとして、深い意味があると思ふ。（同書、二九七頁）

また、

　自然界の出来事として対象化せられた意志は自然の法則の下にあることは言ふまでもない、唯我々の意志はその根柢に於て一層深き体験の世界に属して居る、カントの云ふ如く叡知的世界 intelligible Welt に属している、（以下略）（同書、二九七〜二九八頁）

意志の世界においては、我々は左するも右するも自由であるのみならず、過ぎた過去に至ることも、またまだ来ない未来に至ることも自由である、そこでは過去と同様未来もまた現在である。こうして西田は、「一瞬の過去にも返ることができない」とするベルクソンの純粋持続の把握がなお意志の立場を対象化して捉えたものであり、意志の世界の独自性を見失ったものであるとして切り捨てるのである。

嘗て論じた様に、ベルグソンの純粋持続といふ如きものは既に一つのアプリオリの上に立つて居るのである、もはや対象の世界に属して居るのである。一つのアプリオリから自由に他のアプリオリに移り行くことのできる絶対自由の意志の立場に於ては、如何なる事実でも何等の痕跡をも留むることはできない。所謂水月の道場に座して空華の万行を行ずるもの、絶対に能動的なる意志は何等の意味に於ても受動的とはならぬ。無限数は有限数に対して何処までも無限なるが如くである。若し絶対意志が何等かの意味に於て、行為の為に己自身を限定すると云はば、それは既に対象化せられた意志である、真に能動的な絶対意志といふことはできないのである。我々の自我はその奥底に於て此の如き絶対意志に接続して居る。（同書、三三四〜三三五頁）

それでは、一切の対象化を超えた絶対自由意志はいかなる性格のものか。西田は次のように述べる。

この点に於てベルグソンが直接経験を純粋持続といふのは「直接」の真意義を得たものである。併し余の考では氏が之を繰り返すことのできないと云ふのは既に思惟対象の世界に堕して居る。真に直接なる世界はスコトゥス・エリューゲナの所謂止まれる運動、動ける静止の世界でなければならぬ。それで此世界は全然我々の思惟の範疇を超越して居る、昔ディオニシュース・アレオパギタやスコトゥス・エリューゲナが云つた如く神はすべての範疇を超越して居る、神を有と云ふも既にその当を失して居る。我々の意志は有にして無、無にして有なる如く、此世界は有無の範疇すらも超越して居る、況んや此処には空間も時間も因果もない、無より有を生ずるのである。余は此処においてギリシアの終期における新プラトー学派の流出説からオリゲネスなどの教父の創造説に転じたところに深い意味を認めざるをえない。最も深き実在の解釈は之を理性に求むべきではなくして、却って創造的意志にあると思ふのである。（同書、三四一〜三四二頁）

西田はこの自由意志の立場を「無」とする。意志はオン・プラス・メオンの世界である。それは知識が関わる限定された存在（オン）の世界を超えて、記憶や希望や道徳といった（メ・オン）の世界に関わるが、そのようなメ・オンの世界がより高い実在なのである。矛盾も可能となる世界がメ・オンの世界である。

自覚的体系の背景は絶対自由の意志でなければならぬ、実在の具体的全体を得るには知識的自我の後に実践的自我の背景を加へねばならぬと思ふのである。知識的自我の対象たる所謂実在界よりも実践的自我の対象たる希望の世界は広い、前者は可能的世界の一部分に過ぎない、前者から見れば後者は非合理的とも考へられるであらう、併し後者には後者の統一があるのである、我々の良心と云はれるものがそれである。（中略）神は無より世界を造ったといふは不合理の様ではあるが、神は因果を超越して知識的には無でもなければ有でもない。（同書、二八五頁）

このようにして、『自覚に於ける直観と反省』の「絶対自由の意志」の考えのうちには、後の『働くものから見るものへ』において展開された「無の場所」の考えが、決定的な形を取らないまでもすでに漠然とその輪郭を現してきている。絶対無の場所はそこにおいて一切が映されている立場であるが、ここでは映すものと映される内容とが意志として一つに捉えられているのである。

5　絶対自由意志と象徴の世界

「絶対自由意志」の立場から西田はベルクソンの「純粋持続」や「エラン・ヴィタール」の立場を批判したが、そのような批判とは別に、両者において共通し、また重要な位置を占めていると思われる一つの問題がある。それは直接経験における「イマージュ」の問題である。西田が「象徴の世界」として捉え、ベルクソンが「情動の世界」として捉えた世界はそのようなイマージュの世界である。両者はこの問題を正面から取り上げて論じてはいない。しかし、この問題は両者の実在観の根本に触れるものであり、あたかも楕円のもう一つの焦点のごとく、両者の思想の根本に潜むものである。

西田は我々に最も直接的な実在を「意志」として捉え、その先端は言語思慮を超絶した「絶対自由意志」であるとした。絶対自由意志は一切の限定、時間や因果性による限定を脱したものであるがゆえに、過去を現在となし、無から有を産み、不条理や矛盾を容れるものである。そのような「絶対自由意志」を、西田はスコトゥス・エリューゲナの「止まれる運動」、「動ける静止」、「創造されもせず、創造もしない神」によって表している。そして、それは一切の限定を超えるものであるがゆえに、なお理性に規定されているプロチノスの一者ではなく、オリゲネスの「無から創造する神」が絶対自由意志をよく表すとする。

意志は創造的無から来つて創造的無に還り去るとか、神の意志に依つて世界が生ずるとか云ふことは、我々の因果律の考に対して深い矛盾と感ぜられるであらう。併し無より有を生ずるといふこと程、我々に直接にして疑ふべからざる事実はない、我々は此現実に於て絶えず無より有を生じつゝあるのである。(中略)斯く無より有を生ずる創造作用の点、絶対に直接にして何等の思議を入れない所、そこに絶対自由の意志がある、我々は此処に於て無限の実在に接することができる、即ち神の意志に接続することができるのである。

(全集第二巻、二八一頁)。

そのような絶対自由意志を西田はまたヴァレンチヌスの「深底」(同書、三一九頁)、ベーメの「無底」(同書、二七四頁)として捉え、その先端は「達することのできない海の底」(同)であるとするのである。

このような自由意志の直接の対象界を、西田は芸術や宗教の世界であるとする。文化や歴史の世界、芸術や道徳や宗教の世界はかかる絶対自由意志がうちに反省したところに出会われる意志の内容である。そして、そのような絶対自由意志が自らのうちに映した自らの内容ないし影を、西田は「象徴」ないし「想像(イマージュ)」と呼ぶ。そして次のように述べている。

ヘラクライトスが我々は日の中に於ては共通の世界を有つが、夢に於ては各人が各人の世界を有つと云つた如くに、絶対意志が否定を否定し、一たび此実在界を超越した時には、そこに無限なる可能の世界、想像の世界の展望が開かれるのである。此の世界に於ては夢の如き空想も一々事実である。(中略)この世界に於ては時間も空間も因果もない、万物はすべて象徴である、我々が唯一の実在と考へる所謂自然界も単に一種の象徴に過ぎない。或人がザイスの女神のヴェールをあげたら不思議にも自分自身を見たといふ様に、自然の世界の根柢には自由なる人格がある。昔グノシス派のヴァレンチヌスなどが、大始的深底（βύθος）といふ如き神からこの世界の創造までの間に、神話的図式（mythologisches Schema）を考へたのは、此点から見て深い意味があると思ふ。（同書、三四四〜三四五頁）

また、次のように言う。

若し実在の階級といふ如きものを考へるならば、プロチヌス以来ディオニシュースやスコトゥス・エリューゲナなどが神はすべての範疇を超越すると云つた様に、何等の意味に於ても反省のできない絶対自由の意志と云ふ如きものが、最も直接な最も具体的な第一次的真実在であつて、此の如き絶対意志の対象として意志的関係の世界、即ち作用其者の純粋活動の世界ができる、余は之を象徴 Symbol の世界と名けてみたいと思ふ。此世界に於ては空間も時間も因果もない、象徴派の詩人の歌ふ如く視るもの聴くもの尽く一種の象徴である、「青き花」の里の宴に於ては科学も数学もコーラスとなる。今日のカント学徒では知識はアプリオリに依つて成立すると考へて居るが、アプリオリ以前の世界、即ち絶対意志の対象界では、すべての対象は一々無限の精神的活動でなければならぬ、此立場からはすべて個々のものが無限なる精神作用の象徴である。（中略）以上述べた如き訳であるから、我々の知識の世界、有限数の世界以前に、時間空間因果の関係を超越した無限数の世界、象徴的対象の世界がある。（中略）否我々の真の自己は今も尚象徴派の詩人が現実の根柢に見る神秘の世界に住みつゝあるのである。（同書、三一七〜三一九頁）

西田がこのような象徴の世界で捉えている事柄は、そこにおいて「意味と実在」、「存在と価値」の統一が最も深いところで実現されている世界である。花のうちに自己を見、境によって心を語るということのうちにそのような深い統一が現れている。そのような象徴の世界を、西田はボードレールの海を謳った詩をあげて次のように語っている。

ボードレールが、

Homme libre, toujours tu chériras la mer.
La mer est ton miroir ; tu contemple ton âme.
Dans le déroulement infiui de sa lame,
Et ton esprit n'est pas gouffre moins amer.
Tu te plais à plonger au sein de ton image ;
Tu l'embrasses des yeux et des bras, et ton coeur
Se distrait guelguefois de sa propre remeur
Au bruit de cette plainte indomptable et sauvage.

自由人よ、君は常に海を愛するだろう！　海は君の鏡、波の無限に揺れ止まない繰り返しに君は自分の魂を映すだろう、そして、君の精神も、其の苦さ深淵に劣ることはない。
君は自分の面影に進んで身を沈めよう、君はこの面影を瞳に抱き締める、そして胸に苦しげに燃え上がる想いさえふと紛れよう、野獣のように人馴れぬ波の哀歌に。　（「人と海と」、福永武彦訳）

と歌ふ時、我々の心と海とは先験的世界に於て抱き合つて居る、水に入つて溺れず火に入つて焼けざる境に於て我々の心と海とは結合して居ると思はれる。最も深い意味の象徴は此の如き結合でなければならぬ。真の象徴的結合は先験的世界に於ての結合でなければならぬ。所謂実在界とは直接経験の内容を或立場から構成したものである。我々が時間、空間、因果の束縛を脱して一たび先験的立場にかへつて見る時、或一種の精神の表現として此世界は一つの象徴となる。ノヴァーリスの云つた如く「青き花」の都に於ては数学もコーラスの中に入ると云ふことができるのである。（全集第三巻、八〇頁）

こうして西田によれば、「真の象徴主義は単に芸術の一派ではなくして、芸術其者の本質と考へることができるであらう。而して右のごとき意味に於て又宗教や道徳の根底と考へることもできるであらう」（同書、八二頁）と言うのである。

絶対自由意志は言語思慮を超越し、一切の限定を超えた「深底」であり、反省の届きえないノエシスである。それは見ることができず、形なく、声なき深淵であるが、それは自らのうちにそのノエシスの影としてのノエマを映す。絶対自由意志が自らのうちに映した自らの内容、あるいは自らの像ないし影を、西田は象徴とし、想像作用と名づける。そして、そのような像ないし影を、西田は芸術の内容とし、さらにその根底に宗教を見るのである。西田はイマージュを、時間の限定を超え出た「絶対自由意志」の内容として捉えているが、そこではイマージュは永遠の影として、可能性が最も深い実在性として捉えられてくるのである。

ベルクソンにおいてもイマージュの問題はその哲学の根本を占めている。「純粋持続」が相互浸透しあう「質的多様」として捉えられるとき、質的多様は一つの纏まりをもったイマージュとして直観的に把握される。時計の五時を打つ音と三時を打つ音を、我々は質的差異をもった一つの纏まりとして、つまりイマージュとしてそれぞれの違いを直観的に把握するとベルクソンは言う。質的多様からなる持続の世界とは、言い換えるならば、イマージュの多様の世界である。たとえば、我々が「薔薇の香のうちに幼時の記憶を嗅ぐ」とベルクソンが言うとき、純粋持続の直観とは、薔薇の香と幼時の記憶とが浸透しあい、底知れぬ深さとニュアンスをもったイマージュの直観である。そこにおいては、幼時の思い出という精神の世界と薔薇の香という知覚ないし物の世界とが、相互に浸透しあう仕方で一つに生きられている。自己が物のうちで自らを確認するとともに、物が自己のうちに入り込み、精神と身体とが一つになったところが生きられている。そのような自他不二のところ、可能的な世界と現実の世界とが融合し、浸透しあったところがイマージュの世界である。それは西田の言葉で言えば「境によつて心を描く」（同書、七八頁）世界である。我々に最も内的で直接的な世界は、そのような世界なのである。

我々の生きる生命が環境のうちに溶け込み、環境が生命のうちに入り込んで一つとなって生きられているところを端的に現しているものを、ベルクソンは「本能」として捉える。本能とは自己と物とが一つに生きられている「直観」の世界である。そのような本能の世界は、生物のなかでも蜂や蟻などの種において最も勝れた仕方で現れている。本能の固有性は、そこで生命と事物とがイマージュを介さずに直接的に一つとなって生きられているところにある。それが「直観」ないし「感応」といわれる世界である。しかし、本能の世界にイマージュが存在しないのではない。それは潜在するが、直観として事物と一体となり事物のうちに閉ざされているのである。そのような直観のなかからイマージュがイマージュとして展開してくるところに、人間の生きる世界が開かれる。人間の行動は、動物における本能の直接的な働きとは異なって、イマージュを介することによって運ばれる。そのことは、人間が自然的・直接的生命の制限を脱し、直観のうちに潜在的に含まれている「知」を明るみに出すことによって、創造的な生命の深みへと至るということである。そのような生命の深みに根差す直観が想像力を介して生命の底から人間の意識の明るみに上がってきたものとして、ベルクソンは「感動」ないし「情動」を捉えている。そのような感動や情動が道徳的天才や宗教的天才のうちに現れ、その行動を導く原動力となっているが、それはベルクソンによれば、能産的自然から展開してきた光であり、それがイマージュとして人間の意志を動かすものとなる。ベルクソンは生命の根源から湧出する創造的イマージュが人間の行動の源泉であり、それが道徳的天才や神秘家のうちに出現する自由や愛の内容をなすものとした。こうしてベルクソンは、能産的自然の深みから展開してきたイマージュのうちに道徳や宗教の根幹を置いた。生命の根源的な深みはイマージュとして現れるのである。ベルクソンはそのようなイマージュを生命の根源から創造的に産出されたもの、本能の底に沈んでいた感応が意識の光へと高められたものとしたが、西田はそれを絶対自由意志の影としたのである。

文化や歴史の世界、芸術や道徳や宗教の世界を象徴やイマージュの世界として捉えることは、空想や非実在の世界に沈むことではない。それらをイマージュの世界として捉えることは、そこに自然的・直接的な限定された知覚の世界を超えた可能的な世界、オンの世界を超えたメ・オンの世界、限定を超えた不条理なるものの世界が開かれているということである。メ・オンの世界、最も儚く瞬時のものでありながら、我々の直接的経験のなかで最も深いもの、したがって、最も高い実在に連なっているものがイマージュである。その意味で、文化や歴史の世界、道徳や芸術の世界の核心に降りてゆくことは、そこにおいて出会われる「イマージュ」の固有性に迫ることとも結びついている。つまり、そういった文化や宗教の問題を「イマージュ」の問題として掘り下げることは、ベルクソンや西田の哲学の表面には現れないが、隠されたもう一つの主題をなしているのである。

死の哲学と実存協同の思想

――田邊元の晩年の思想――

1　人の死と田邊哲学

田邊元の晩年の哲学の中心を占めているものに「実存協同」という概念がある。この概念によって示される思想は、田邊の晩年において、死との繋がりのもとで掘り下げられることで、独特の広がりと深みをもつに至っている。西谷啓治によれば、それは「従来の西洋における哲学史上かつて開かれなかつた新局面を開いたものであり、その独創性は極めて高い意義をもつのである」（『西谷啓治著作集』第九巻、三二七頁）とも言われている。この実存協同の思想は、死の問題とどのように結びついているのであろうか。

田邊の晩年の哲学は死の問題をめぐって深められている。人の死にはさまざまな面があるので、一様に捉えることはできない。田邊の晩年の思索においても、死を見る角度にはある種のずれ、ないし変容があって、それまでとは違った見方が現れてきている。一言で言えば、田邊の死を見る角度は「自己の死」あるいは「己の死」から「己に親しき者の死」、「汝の死」へと移っている。一人称の死に代わって二人称の死が、考察の中心となってくる。そして、己の死は汝の死を見る眼差しのうちに溶解し、汝の側から見られてくるのである。それと同時に、人と人との交わりの世界、田邊が「実存協同」と名づける世界が、新しい局面をもって田邊の思想の中心に登場してくる。

死の問題は、私と汝の問題、交わりの問題となってくるのである。「人の死とは何か」を問うときに忘れられてはならないのは、そのような人と人との関わりの根幹にある死、汝の死である。一人称や三人称の死ではなく二人称の死である。死が文化や宗教の問題であるゆえんは、死が個体の死ではなく人の死であること、つまり、人と人との関わりのなかにおける出来事であるからである。

田邊の晩年の思想といわれるのは、時期としては、『懺悔道としての哲学』から『生の存在学か死の弁証法か』に至るまでの思想である。そこでは田邊の思想の根本に関わるようないくつかのキーワードが登場する。「無即愛」、「弁証法」、「死復活」、「実存協同」など。このうち、実存協同という概念は田邊の晩年の思想のなかで最も重要なものとなっている。この概念はすでに『懺悔道としての哲学』以前にも現れていたが、注目すべきことは、この概念が田邊の最晩年の哲学においては生者の間だけではなく死者にも拡大され、死者をも包み込んだ生死交徹する協同の世界として捉えられているということである。このような生死を超えた実存協同の世界に深く思いを致し、そこから見えてくる事柄を明らかにすることが、田邊の晩年の哲学の主題となっている。

生者のみならず死者をも包んだ実存協同の世界を、田邊が試みに空想してみたり、思弁的に思い描いてみたのではない。自己が現にそこにあり、そこに生きているリアルで確かな世界として、晩年の田邊に現れてきた。自分と汝との関わりに深く思いを致していると、自己が生きている世界の底に、どうしてもそうでなければならないというふうに、死者にも繋がる実存協同の世界が開かれているのが見えてきた。そのような、自己に確実な世界として実存協同の世界は捉えられている。カントは、道徳的に規定された自己の意志の先端を見つめていると、その意志に必然的に現れてくる意志の対象界があり、それは自由や不死や最高善といった形而上学的な世界だと述べているが、田邊の実存協同の世界に関しても同じような事態があると言いうるように思う。

死者を包んだ協同の世界はリアルで確実な世界であるといっても、それは自分の意志や欲望とかけ離れてどこかに客観的に存在するのではない。それは自己の実存的要求や思いと結びついて見えてきた「信の世界」のリアリティであって、そのような思いと無関係にある「他界」ではない。しかし、実存協同の世界が信の世界であるといっても、それはカントにおけるような「要請」として彼方に待ち望まれているのでもない。それは自己の根底においてリアルなものとして出会われた世界なのである。

自分が生きている世界が、生者だけではなく死者にも連なり、死者の世界から返照を受けているものとして捉えられてくる。数限りない実存が相互に照らしあい、響きあっている世界として見えてくる。そのような実存協同の世界が、「要請」としてではなく、無即愛の「象徴」として身近に捉えられている。そしてそこから、「永生」、「魂の不死」、「神の国」、「菩薩道」など、宗教の根本に繋がるような種々の問題に、哲学の側から照明が当てられ捉え直されてくる。そこに田邊の晩年の思想の独自性があるように思う。

実存協同の思想において注目すべきことは、田邊が、死において成立するような交わりを捉え、それを交わりの純粋形態として、あらゆる交わりの基礎に置いているということである。人と人との交わりが途絶えるところとしての死、交わりの終極と考えられるような死を通して初めて開かれてくるような交わりに、田邊は思いを致しているのである。

交わりは、人と人とを隔てる距離が縮まり、なくなるところに成立すると考えられる。したがって、交わりは一般には、合一や融合や参与として理解されている。しかし、それとは逆方向に成立する交わりがある。それは分離や切断、あるいは距離や不在の上に成立する交わりである。不在にもかかわらず、むしろ不在においてこそ真にリアルとなる交わりがある。田邊が実存協同において捉えているのはそのような交わりである。不在の上に成立する交わりは満たされることはないので、悲哀を帯びているが、しかし、悲哀において交わりは純化され透明化されてくる。そのような不在の方向に交わりを突き詰めたところに、宗教的関係ないし、交りの根本の有り様がある。

関係の断絶の最も突き詰めた形は、たとえば、十字架上のイエスの「神はなぜ私を捨て給もうたのか」という問いに現れている。この問いにおいて「神」は沈黙し不在であるが、この沈黙を神の声と聞くところにキリスト教における「信」といわれる有り様が捉えられている。人と人との関係もまたそこに捉えられねばならない。絶対的な断絶や不在や死を超えて成立する交わりが宗教的関係である。そこでは、死は交わりの基礎にあり、交わりを成り立たしめる当のものであるので、死は注意深く護られ、尊ばれなければならない。

臓器移植に道を開くためになされた、「脳死を人の死とする」という規定が宗教的見地から見て問題を含んでいるのは、関係の基礎となる死、あるいは、死を思うことでリアルになってくるような関係が、そこでは無視され切断されているからである。そのような死を介した交わりを深く掘り下げてゆき、死者を包み込んだ協同体を真の宗教的協同体として捉えているところに、田邊の晩年の思想の中心があると思う。

実際のところ、他者は死ぬことによって生者との交わりを断つのではない。死を介してもう一つの交わりの形がそこに現れてくる。たとえば、小林秀雄はベルクソンについて述べた文章のなかで、死んだ母親を次のように語っている。「仏に上げる蠟燭を切らしたのに気付き、買ひに出かけた。私の家は、扇ヶ谷の奥にあつて、家の前の道に添うて小川が流れてゐた。もう夕暮れであつた。門を出ると、行く手に蛍が一匹飛んでゐるのを見た。この辺りには、毎年蛍をよく見掛けるのだが、その年は初めて見る蛍だつた。今までに見た事もない様な大ぶりのもので、見事に光つてゐた。おつかさんは、今は蛍になつてゐる、と私はふと思つた。蛍の飛ぶ後を歩きながら、私はもうその考へから逃れる事は出来なかつた」（「感想」、一九五八年、『小林秀雄全集』別巻Ⅰ）。死んだ母が蛍になっているというのは、アニミズムの世界のようであるが、じつはそうではない。生前、自分を支え、護ってくれた母を失った悲しみが、このような形をとって現れたのである。愛する者にとって死者は、虚無とともに消え去ってしまうのではない、死者は生者に何らかの形をとって出現する。同じ文章で、小林は酔っ払って一升瓶もろともにプラットホームから墜落して九死に一生得たときの経験を語っている。「一升瓶は、墜落中、握っていて、コンクリートの塊りに触れたらしく、微塵になつて私はその破片をかぶつていた。私は、黒い石炭殻の上で、外灯で光つている硝子を見ていて、母親が助けてくれた事がはつきりした」（同）。ここでも、「はっきりした」と小林は断言している。死者が生者に復活することは愛する者にとって紛れもない事実であることを、小林は語っている。それは心霊上の事実ともいうべきものであろう。それはいったいどのような事実か。

他者の不在や断絶を介して開かれてくる他者との交わりは、また西田幾多郎が「逆対応」と呼んで、人と人、あるいは人と超越者との間の真の関係として捉えたものでもある。西田はわが子の死に触れて、人は死んだものはいかにしてみても帰らぬから、忘れよ諦めよというが、親にとってはそれが苦痛である。何としても忘れたくない、せめて自分が生きている間は思い出してやりたいというのが親の誠であって、死んだ子を思うことは苦痛だが、親はこの苦痛を忘れることを欲しないのだ、と述べている。そして、また子を亡くしたという悲哀には慰藉があり、その慰藉は淋しき死をも慰めてあまりあるものだとも述べている。悲哀には不在という形でのわが子の現存がある。悲哀が慰藉であるのはそのゆえであろう。悲哀の感情には切断における繋がり、不在における現存といった矛盾した事態が含まれているが、後に西田はこの事態を「逆対応」という概念において捉え、「無限に隔たっていても少しも離れていないのだし、常に対していても少しも会っていないのだ」という大燈国師のいう逆対応の関係こそが、人と人との真の関係であると同時にあらゆる宗教的関係の基礎であると捉えたのである。

田邊は、このように生者と死者との間の交わりを交わりの純粋形態であるとして、それを基礎にして一切の交わりを捉え直している。そして、そこから「モナドロジー的実存協同」という考えに至り、そのモナドロジー的実存協同の具体的な形態をキリスト教の「聖徒の交わり」（communion of the saints, communio sanctorum）や仏教の「菩薩道」に捉えている。「聖徒の交わり」は、交わりを生者だけではなく、生者から死者へと拡大してゆくものである。交わりを死者の方向に深めてゆくとき、生者と死者との間に「聖霊」が働き、交わりは「霊感に充ちたもの」（inspired されたもの）となり、「浄化」されてくる。このように、生者と生者との交わりに死者を入れ、そして、生者と死者の交わりをさらに死者の方向に無限に拡大・深化してゆくことによって開かれる生死こもごも徹底する「実存協同」の世界が田邊の晩年の「死の哲学」の中心の主題となっているが、そこで重要なことは、交わりが内に死者を含むことによって、一切の社会協同体はそれが内に含む悪から純化されて真に普遍的なものへと高まるということである。そのような田邊の「死の思想」はけっして特殊なものではない。それは人間の心情に深く根を下ろした思想であって、深い叡知がそこに現れる。それは、死を視野にもたないような社会協同体の思想のうちに不可避的に侵入してくるエゴイズムという悪から交わりを救うことができる唯一の思想である、と言えるのではないか。宗教史においてそのような死の思想を根幹にもつ協同体は多く見られる。犠牲や贖いの思想はそのような性格をもっている。エレウシスの秘儀やピタゴラス・オルフォイス教などは有名であるが、東アジアでは仏教、浄土教における浄土の思想がそれに近いのではないかと思う。

このような死者と生者との交わりに「インスピレーション」や「浄化」の関係を捉える「死の思想」と逆の傾斜をもったものは、両者の間に「不浄」や「汚れ」の関係を見るものである。それは、関係を浄化するような「聖霊」や「愛」という働きではなく、関係を歪め破壊するような「怨霊」や「呪力」を予想するもので、そこでは死者と生者は相互に交徹する代わりに、両者の間に壁を設けて死者を生者から遮断しなければならなくなる。それは「死の思想」に対して「生の思想」ともいうべきものである。「よもつひらさか」の途中に石をおいて黄泉の国から死者が生者の世界に入ってこれないようにした『古事記』の物語は、そのような「生の思想」を示している。日本教はそのような生の思想であるが、それは鎮魂・怨霊の思想でもある。田邊の「実在協同」の思想は、このような「生の思想」とは逆の傾斜をもっている。

田邊の晩年において、生者と死者とが相互に交流し交徹する実存協同の世界は、人間の生死界の底に開かれた無即愛の象徴世界として捉えられている。それが象徴的世界といわれるのは、絶対無としての無即愛が人間の世界に協同体として具現してきているからであり、また形ある人間の世界が、死者をも包み込んで、形なき無即愛のうちに帰入しているからである。我々の生きる世界が、そのように絶対無によって支えられ、絶対無によって浸透されていることが、我々の住む世界を象徴的世界としている。このような象徴という考えは、田邊の晩年の思索において次第に大きな位置をもってきている。それは田邊において、『懺悔道としての哲学』以後、「復活」や「還相」という概念が次第に重要なものとなってきたことと結びついている。では、田邊の哲学において、どのようにして象徴という考えが大きな意義をもって現れてくるに至ったか、次にそのことについて述べることにしたい。その際、田邊哲学の基本をなすものから述べておかねばならない。

2　田邊哲学の根本的性格——弁証法と象徴——

(1) 行為と弁証法

田邊哲学の根本の立場は「行為」であり、その哲学の論理は「弁証法」であると言われている。このことは、田邊哲学について書かれたほとんどのもののなかで述べられていることで、改めて言うまでもないことのように思われる。事実、田邊哲学のどこを切っても、この二つの言葉は必ず出てくる。しかし、この「行為」や「弁証法」という概念によって田邊がどのようなことを示したのか、ということはすぐにはわからない。それについての理解をたすけるようなイメージをもつことは、困難のように思われる。むしろ、そのようなイメージに繋がるような直接的なものを破ってゆくところに行為や弁証法の本質があると言った方がよいかもしれない。実際のところ、直接的なものや既存のものを破ったところに、限定しがたきもの、絶対的に新しいもの、絶対無の自覚といわれるものに触れてゆくのが行為であり、その行為の運動を自覚せしめる論理が弁証法である。

ところで、田邊が弁証法と結びつけて捉えている行為はどのような行為か。それは、ものを制作する行為としてのポイエーシスではなく、社会的・歴史的な場におけるプラクシスとしての行為である。しかし、田邊はポイエーシスとしての行為を全く考えていないかというと、そうではなく、晩年のヴァレリーの詩論において、詩を詩作、つまりポイエーシスという角度から考察している。しかし、田邊はそこでヴァレリーの詩作に欠如しているのは、行為の歴史的社会的側面であると批判していることから見ても、田邊が重点を置いているのはポイエーシスではなく、歴史的社会的な場におけるプラクシスであることがわかる。ポイエーシスを取り上げる場合でも、田邊はそれをプラクシスという角度から考察しているのである。

プラクシスとしての行為が意味するのは、現実の状況における主体の意志的行為で、決断や敢行、挫折や失敗や責任を伴った行為である。それは人と物との関わりではなく、人と人との関わり、歴史・社会的な場での行為で、カントが実践理性と呼んだような、主体の意志規定に関わる行為である。実際のところ、田邊が行為の立場に立つと言うとき、田邊はカントに近いところに立っているのであって、カントのごとき道徳的行為の立場を「哲学の通路」としているのである。

ところで、田邊がこのような行為の立場に対立させているのは観想の立場である。観想が無媒介的・直接的な仕方で絶対的なるものに触れようとするのに対して、そのような直接的なものを否定的に乗り超え、否定を媒介して絶対的なものに触れようとするところに行為の立場があり、そのような否定媒介を含むことが行為の弁証法的性格である。田邊は観想の根本性格を「無媒介的直接性」とするが、それは生の直接性と普遍的なるものとを同一視して、生の直接性から直ちに宗教的なものへと赴こうとするものであって、田邊はそのような観想の立場を神秘主義・同一性論理・発出論と名づけて退けている。たとえば、田邊はシュライエルマッハーの『宗教論』のような立場を、直接的なものと宗教的なものとを同一視して、弁証法を欠いたものとして、あまり賛成していない。田邊が、直接的なものから無媒介的に普遍的なものへ至ることを神秘主義として退けるのは、直接的なものに含まれている特殊的なものが、そこではそのまま容認され、特殊的なものが絶対化される危険性を有しているからである。田邊は、そのような理由からロマンティシズムや美的なものを退けている。それは自らの内に潜めているようなエゴイズムを批判的に抉出する目をもたない。そこで出会われている普遍的なものは、無媒介的であるので真に普遍的なものとはなっていない。そのような直接的なものを破り、直接的なものの否定媒介を介して、普遍的なもの、宗教的なものに至るのが行為の立場とされるのである。

　このような「観想」と「行為」という二つの立場において注目すべき事柄は、普遍的なるもの、ないし絶対的なるもの（ここでは絶対無であるが）に触れる異なった二つの仕方、超越の異なった二つの形式である。その違いを田邊は、観想においては絶対無は「積分的全体」として捉えられるのに対して、行為の立場においてはそれは「微分的部分」として触れられると言う。絶対無に微分的に触れるということは、絶対無が我々の把握を無限に超え出る超越的存在であること、そして我々はそれの全体的把握を拒まれている有限な存在であることを意味する。そのような有限性の自覚は積分的立場では明確ではない。このような、絶対者に触れる仕方としての「微分」、「積分」というメタファーは、田邊が西田を批判して自らの立場を明確にするために用いたもので、田邊は西田が「積分的全体」の立場であるのに対して、自らの哲学を「微分的部分」の立場とするのである。

　重要なことは、田邊がこのようにして西田の立場と自らの立場との間に捉えている違いを、たんに二人の哲学者の間だけの事柄として狭く限るのではなく、それぞれが超越の二つの異なった形式を表すものとして、より広い視野に置いて見ることではないか思う。そのことは、田邊の西田批判を、たとえばハイデガーに対するレヴィナスの批判と重ね併せて見るとはっきりしてくるように思う。田邊の西田批判とレヴィナスのハイデガー批判は多くの点で重なりあうところを有している。それぞれ強引なところと核心を突いているところがあるが、その二つの批判を重ねて共通するところを探っていくと、その核心の部分にある共通の狙いが明らかになってくる。それは行為あるいは道徳に立脚するところに開かれてくる超越の固有の形式を明らかにしようということである。そして、それが根を降ろしている哲学の伝統にまで立ち還って、その形式を明らかにすることである。西田・田邊の対立をそのようなところから見直すとき、その対立のうちに含まれている意味がより明瞭になってくるのではないかと思う。しかし、ここではその問題には入らず、田邊に戻って行為と弁証法との関わりを見たい。

先に見たように、田邊において、行為と弁証法とは一つに結びついて、田邊哲学を支える二本の支柱となっている。それぞれをカントとヘーゲルによって代置するとき、田邊の思想は、要するにカントとヘーゲルとの間を往復するという仕方で深められ、具体化されていると言いうるように思う。田邊は行為の立場に立つことにおいて、カントの実践理性に近いところに立っているが、弁証法を哲学の論理として採用することにおいて、カントの分析的立場を出てヘーゲルに近づく。しかし、田邊はヘーゲルに近づきながら、ヘーゲルを去って再びカントに立ち戻っている。それはヘーゲルは弁証法を駆使したが、行為を外から説明することで行為の立場を離れ、結局のところ観想の立場に立っているからである。そこでは弁証法は徹底されてはいない。田邊は、弁証法はあくまで行為に即して行為の内から遂行するのでなければならない、弁証法は弁証法的に徹底されるのでなければならない、と考える。こうして田邊はカントに戻り、カントの実践の立場を維持すべきと考えている。

その結果、行為は弁証法的に深められる。そして弁証法は行為的にラディカライズされる。つまり、「弁証法は弁証法的に徹底される」ことになる。他方、カントの第二批判の形式的な道徳の立場はそのことで具体化され現実化されて、道徳の立場は宗教の次元にまで深められることになる。道徳的意志の運動が弁証法的に徹底されることによって、道徳的次元に生じた矛盾の解決をめぐって、道徳の立場は宗教の立場へと転入せしめられることになるのである。

言い換えるならば、カントの道徳の立場では、格率の間で矛盾が生じるとその格率は捨てられねばならない。よく用いられる例では、罪なくして迫害を受けている人を匿うために嘘をつかねばならないというような事態では格率の間に矛盾が生じるので、カントの形式的な道徳の立場は破綻することになる。しかし、我々が生きている現実の社会では、格率の間に矛盾が生じてくることは避けられず、ある善の実現のためにはある悪に手を染めねばならない。そこで、道徳的意識の疚しさや負い目を免れるために、カントのような定言的命令というような行為の立場を捨てて、ヘーゲルのような傍観者的高みに立って、全体性という視点からその矛盾を調停し統合する方策を理論的に考える方向に逃げ道を探ることになる。しかし、それは行為の立場を離れることであって、田邊の採る道ではない。田邊が採る道は、格率が矛盾するような現実の状況のうちにあって、しかもなおカントのような主体的行為の立場に立つことであるが、そこから田邊が導かれるのが道徳の破綻を通しての道徳の復活、道徳ならぬ道徳としての宗教の立場である。つまり、現実の矛盾した状況のなかであえて採用された道徳的格率は、主体の理性に適うものであっても、それは主体を超えた自己ならぬ絶対者から与えられたものという性格をもってくる。自己を超えたところから賦与された理性ならぬ理性という性格のものとなる。そこでの道徳的行為は宗教的信に支えられたものとなり、行為的弁証法的に自証された宗教的信となる。カントの形式的な道徳の立場は、こうして現実の矛盾対立をくぐり抜けることによって現実化され、宗教的信へと深められることになる。道徳的行為の運動を辿る弁証法は、死復活の論理として自覚化され、内面化されることになる。それまでの自己の挫折崩壊を通して自己ならぬ自己が回復され、自己の死復活が信証されることになる、そのような行為の弁証法の徹底が『懺悔道としての哲学』において見られ、そこに行為と弁証法をめぐって深化されてきた田邊哲学の一応の到達点というものが見られることになるのである。

⑵弁証法と象徴

ところで、このような行為の弁証法的徹底ということで注目したいのは、そこから田邊が象徴という概念へと導かれることになったということである。行為の立場を突き詰めるとか、弁証法を弁証法的に徹底するということは、主体の挫折や崩壊の経験を通して、ある確かなところ、こうでしかありえないというような、端的に事そのものと言われるようなところまで行く。そのとき自分の存在とか有は、死復活的存在として、絶対無の働きから生かされたもの、つまり「有としての有」ではなく「空有」という性格をもってくる。そのような復活存在としての「空有」を田邊は「絶対無の象徴」と名づけている。弁証法の弁証法的徹底ということは、このようにして、絶対無における死復活の転換存在としての象徴という概念に行き着く。『懺悔道としての哲学』において、そのことがはっきりとした形で現れてくる。弁証法をどこまでも弁証法的に徹底してゆくということは、理性の運動が徹底することにおいて理性そのものが崩壊し、理性が七花八裂に陥って、理性を超えた事実、絶対的な新しさともいうべきものがそこに現れてくることである。理性が七花八裂の徹底的窮地に陥り敗れ去ったところで、その崩壊を進んで引き受け、そのなかに身を投ずるところに、自己を超えたところからの働き、いわば他力の働きに出会って自己が支えられ、自己ならぬ自己として新しく復活せしめられる。そのような理性の窮地に一切を投げ捨て、身を投じ、それを引き受けるのが懺悔であるが、その懺悔において、それまでとは別のある新しさ、ある新しい未来への展望が開かれる。絶対無というのはそのような死復活という転換を成り立たしめる働きであり、その絶対無の働きは愛とか慈悲と呼ばれるものであるが、そのような死復活によって蘇った新しい存在、空有ともいうべき事実が「絶対無の象徴」と言われるのである。

『懺悔道としての哲学』から『死の哲学』に至る田邊の晩年の哲学における仕事は、『懺悔道としての哲学』において明確に把握された死復活という宗教的自覚の構造をいっそう深く掘り下げてゆくと同時に、宗教的自覚に見出される弁証法的運動を宗教以外の領域、芸術の領域においても判別し、自覚化してゆくことであった。『懺悔道としての哲学』から『死の哲学』に至る途中において田邊は、ヴァレリーやマラルメの象徴詩の解釈に取り組んでいるが、それはそのような弁証法（死復活の弁証法）を内に内包しているものとしての象徴詩に田邊が出会ったからである。そこで田邊は、彼らの象徴詩に隠されている弁証法を明るみにもたらすことで、彼らが詩人として解決しようとした問題をいっそううまく解決しうると考えたからである。それと同時に、田邊は宗教的自覚の根幹に把握した弁証法が、宗教以外の領域（ここでは象徴詩であるが）にも見出されることを示すことで、それを確証し実験しようとした、と言うこともできると思う。

しかし、田邊はそこで、詩と哲学、あるいは象徴と弁証法とのディレンマに直面している。それは象徴詩は背後に弁証法を含むのでなければ、象徴詩としてはありえないが、弁証法を弁証法として露骨に抽出すると、象徴詩の詩としての生命は破壊されるというディレンマである。田邊はこのディレンマを強く意識している。そして、それはただ懺悔道的にしか解決されえないと述べている。そして、そのことは結果的には、詩の生命を犠牲にしても弁証法を取り出すということになっている。詩は宗教に取って代えられるということになるのである。多分に乱暴で強引な感のあるこのようなディレンマを解決する方向は、田邊の哲学が、美的なもの・直接的なものを否定してゆく行為の立場に立っていることからくる必然的な帰結とも言える。しかし、田邊はその乱暴の結果、かえって直接性というもののもつ重要な意義に目覚めて、それに深く思いを致すようになり、象徴というものの意義を行為の立場において改めて捉え直すことになる。それが後に「モナドロジー的実存協同」という象徴的世界観となって現れることになった、と言うことができるように思う。弁証法の「絶対的否定媒介」において絶対無へと帰入する方向も、絶対無から逆方向にやって来る「空有」といわれるような高次の実在性に出会い、それによって支えられることがなければ、弁証法は一切を媒介し尽くした果てに絶対無のうちに雲散霧消してしまわねばならなくなる。そこに弁証法がそれを超えるものとして高次の実在性としての象徴を再び呼ぶゆえんがある。

しかし、田邊は象徴主義の詩人に取り組んでいた段階では、象徴よりも弁証法を優位に置いている。象徴詩の象徴たるゆえんは、それが弁証法を内に含み、無の象徴であるからであって、弁証法の裏づけを欠くとき、無の象徴は有の表象に堕落し、象徴主義はロマンティシズムに転落する、と田邊は言う。たとえば、地中海人たるヴァレリーが海によって自己を語るときでも、『海辺の墓地』におけるように、海を生の原理とし、その海辺の墓地によって死が示されているところでは、印象主義的な表象の戯れがあっても象徴的意義は乏しい。しかし、『若きパルク』におけるように、海が没落の原理であると同時に復活の原理として語られるとき、海は死復活の原理として深い象徴的意義をもってくる。しかし、そのような弁証法は象徴詩においては背後に秘められているのであって、象徴詩において優位に置かれているのは、あくまで言葉の響きから生じる色調であり、表象相互の響き合いである。したがって、象徴詩が自らの内に含む弁証法を象徴詩は取り出すことができない。象徴が内に弁証法を含みながらそれを隠しているところに、象徴詩の詩としての生命があるのである。しかし、田邊は、同時にそこに象徴の限界を捉える。そこで、田邊が採る方向は、象徴詩の詩としての生命を配慮することよりも、象徴詩の象徴性を成り立たしめているもの、つまりそれが内に含む死復活の弁証法を取り出そうとする方向である。これは、いわば動物の内側に隠された内蔵を抉り出すことによって動物の生命を犠牲にするというような性格を秘めている。これは田邊の徹底した論理主義のもつ問題点でもある。

しかし、田邊は行為の次元において、「空有」としての象徴の意義を改めて認識するに至っている。そして、それが「モナドロジー的実存協同」という概念において現れている。

3　死の哲学と実存協同の世界

田邊の晩年の思想は、田邊の六十歳代の「懺悔道の哲学」と七十歳代の「死の哲学」とに分けられるが、実存協同の思想はすでに懺悔道の時代に現れていた。しかし、そこでの協同は「愛の社会的共同体」として、主として生者が中心に置かれていた。ところが、「死の哲学」において、その実存協同の思想は生者のみならず死者をも包んだ交わり、「生と死との境界を出入りするような形での協同態」と考えられるに至った。実存協同の世界が死者を含んで「生死交徹する世界」へと深められることにより、それは無即愛の象徴として捉えられることになった。

田邊が「死の哲学」を語っているのは「生の存在学か死の弁証法か」においてである。そこで田邊は、現代は、「生の哲学」が破綻した結果、「死の哲学」を必要としていると述べている。なぜ、現代において「生の哲学」が破綻したのか。田邊によれば、それは「生の哲学」が、生を超えたものから生を見る視点をもたなかったからである。「生の哲学」ということで、田邊は西欧近代の哲学を指している。ルネッサンス以来、西欧の哲学は生の解放と充実を目指して進んできた。それが、近代の科学技術を媒介として、いっそう加速度的に同じ方向を直進した結果、生は疲弊し、自らを見失うに至った。生はニヒリズムの不安に浸透されるに至った。そのことの原因は、「生の哲学」が生を生からしか見ず、生を超えた次元をもたなかったことにある。生のうちに浸透してきているもう一つの次元を通して生を見る視点を欠いていたということ、生を生からしか見ないことが、生そのものを見失うことになったのである。田邊が「死の哲学」ということで目指しているのは、思考の射程を生を超えて拡張すること、生のうちに入ってきている死から生を見る思考ないし視点を獲得することである。そのことが、「現代は死の哲学を要求している」と田辺が言うことの意味である。

　そのような死を射程内に収めた思考の伝統は、西欧に存在しなかったわけではない。田邊は「生の哲学」と並んで「死の哲学」に連なる思考の伝統を西欧の哲学の源泉に捉えている。ヘラクレトスやアリストテレスがディオニソス的な「生の哲学」に連なるものとすれば、パルメニーデスやプラトンはオルフォイス的な「死の哲学」に連なるものとして、その哲学の核心にあるのは「弁証法」であると田邊は言う。そして田邊は、ヘラクレトスやアリストテレスに連なるハイデガーを捨てて、弁証法的なパルメニーデスやプラトンの思考の伝統に連なろうとする。田邊が「死の哲学」を語っている「生の存在学か死の弁証法か」はハイデガーの古稀記念論文集に寄稿されたもので、田邊はそこでハイデガーとの対決という形で自らの考えを展開しているが、そこでの田邊の意図は、ハイデガーと田邊の立場との対立を、「西欧哲学の源泉における対立にまで遡及」して追究しようとするものであった。

　ところで、人間存在を「死への存在」として捉え、死への「先駆的決断」を「良心の呼び声」として、死をその哲学の根幹においたハイデガーを、田邊が西欧の「生の哲学」の代表者として批判の槍玉にあげていることは意外であり、何かそぐわない感がする。しかし、田邊によれば、ハイデガーは正しく生の哲学である。なぜなら、ハイデガーでは死といっても、それは生の外側に止まる死であって生に媒介されてはいない。死は弁証法的には捉えられていない。死は「能力」や「当為」としてあるだけであって、「敢行」や「実践」とはなっていない。ハイデガーにおいては、死は「生の自覚のための観念的指標」として生の外側に止まり、生が死に媒介されて死が生のうちに入ってきていない。したがって、「死復活」という自覚はそこにはない。非弁証法的・無媒介的な「生の哲学」としての「存在論」においては、真に普遍的なもの、類的なものの自覚はない、というのが田邊の考えである。

　生が死によって媒介されていないということは、生の直接性と一体をなしている特殊的なものが無批判のまま肯定されるということである。そのことは、ヘルダーリンに対するハイデガーの共感のうちに現れている、と田邊は言う。田邊はヘルダーリンの「民族的生讃歌」に見られるような、生の直接的表現としての民族主義的な傾向に反対している。それは「生の表現としての種よりして、個の死を自己否定的媒介となすことなく、直接に類の普遍へと帰同せしめるもの」であるとして批判する。田邊のこのヘルダーリン批判は田邊のハイデガー批判と重なっているのであって、そのことを西谷啓治は次のように述べている。

（田邊先生においては）ハイデッガーが重んずる民族的土着性は、先生にとっては最も非難すべき点であった。その点に、初めから、先生のハイデッガー批判の中心点があったやうに思われる。一切のものが「媒介されたもの」となることを要求する先生の絶対弁証法からは、（中略）最も直接的なる「生」や「自然」、またそれに根差す「民族」は、立脚点としては許容し難いものであった。（『西谷啓治著作集』第九巻、三二一〜三二二頁）

田邊のハイデガー批判の核心は、直接的な生や自然、あるいは民族に立脚する立場が「倫理」の欠如と結びつくということにある。自己理解において「気分」といわれるような直接性への着目はハイデガーの哲学の魅力でもあるが、その立場は、直接性と結びついている独善性を放任するという点において許しがたい、と田邊は考える。たとえば、次のように言われる。

彼（引用者注―ハイデガー）の哲学の有する索引力も、却て倫理の媒介を要求せずして直接に宗教の代りとなり、更に詩の如く美的満足を与へるといふ点にありはしないか。私はそのやうな傾向が万一ありとするならば、それは哲学の自己本位的非社会性、観念的独善性を導き、宗教的犠牲愛の還相的実現としての倫理的革新的実践を回避する美的立場に低迷せんとする我々の傾向に媚びるものとして、危険を感じなければならぬ。
（『田邊元全集』第十三巻、二三八頁）

「死の哲学」に戻ることにしよう。大ざっぱに「死」といっても、田邊において死の意味は一様ではない。「死復活」といわれる弁証法的死は人間の「寿命」が尽きた絶命という意味での死ではなく、それまでの自己の挫折崩壊によって古き自己が死ぬことである。そのような自己の死は、『懺悔道としての哲学』において「支離滅裂」とか「理性の七花八裂」と呼ばれたものであり、譬喩的な意味での死であった。そのような譬喩的な意味での死は「死の哲学」における死の一つの側面であるが、それだけではない。「死の哲学」では譬喩的な意味の死とは異なった文字通りの死が現れてくる。それは「他者の死」であり、「死者」である。この二つの死、譬喩的な意味での死と他者の死は、両者がともに生のうちに浸透してきた出来事であるかぎりにおいて、我々に経験されるものである。しかし、ハイデガーの『存在と時間』において捉えられているのは、譬喩的な意味での死ではなく、他者の死でもなく、自己の文字通りの死である。しかし、それは観念的指標として我々の頭上にのしかかってくるだけで、経験されることがないかぎりにおいて抽象的な観念にすぎない。そのような死は田邊の考察の対象から省かれている。経験のうちに入ってくることのない死は、人に訴えるものをもたない。「メメント・モリ」の哲学が白々しく、あまり人を動かさないのは、そこでの死が経験の外にある抽象的観念だからだとポール・リクールは述べている。しかし、親しき者の死は生のただ中における出来事であり、抽象的でも観念的でもない。『懺悔道としての哲学』においては「譬喩的意味における死」が中心であったのであるが、「死の哲学」において中心的な意義をもつものとして登場してくるのは「他者の死」である。

他者の死が取り上げられると同時に、実存協同の思想はそれまでとは違った新しい局面を開いてくることは、先に述べた通りである。実存協同は、生者のコミューンではなく、生者と死者との交流、田邊の言葉で言えば、「生死交徹せる自他相入の交互態」（同、六七七頁）として見られてくる。他者の死において、真の意味での「他者」の問題が田辺のうちでリアルになってくるように思われる。

「生死交徹的自他相入の交互態」という言葉はちょっと取っ付きにくい感じもするが、田邊は「道吾漸源一家弔慰」という禅の公案を取り上げて、そのことを説明している。それに従ってこの言葉で表されている事態を見ておきたい。この公案についての田邊の理解は独特のもので、これも田邊の思想について書かれた多くのもののなかで取り上げられていて、有名なものである。

「生死の問題に熱中する若年の僧漸源が、師僧の道吾にしたがって一檀家の不幸を弔慰したとき、棺を拍って師に「生か死か」と問う。しかし、師はただ「生ともいわじ死ともいわじ」というのみであった」。漸源がそのように問うた意味を察するに、もし生ならば弔慰するに及ばないし、もし死ならば弔慰しても無駄である、という二律背反に悩まされて、彼はいったいどちらなのかと問うたわけである。ところが、師僧道吾はこれに対していずれとも答えなかった。「そこで、漸源更に帰院の途中再び道吾に問い、答えなければぶちますと言った。しかし、道吾は依然答えなかったので、師を打った。その後、道吾が死んで、漸源は兄弟子の石霜に事の経緯を語ったところ、石霜もいわじいわじというのみだった。そこで漸源は初めて生と死が不可分であることを悟った。つまり、両者を不可分なものとして理解している者にのみ、その問いと答えが意味を有するものであることを悟った。そして、師の道吾が答えなかったのは、弟子にそのことを悟らせるための慈悲であった。自分で分からなければどうにもならないので、いくら求められても説明してやらない、というのが本当の慈悲だということが分かった。そして、漸源が今そのことを悟ったということのうちに、師の慈悲が働いているということを自覚したところから懺悔と感謝の業というものが出て来た」と田邊は説明している。

ここで田邊は、道吾が「生ともいわじ死ともいわじ」と言って、生死が「表裏相即不可分離の関係」にあることを自分で自覚しなくてはいけないと示したことに、さらに新しい解釈を加えている。つまり、生死が不可分な関連にあることを自分で自覚することのうちに、師という他人の慈悲が働いている。自分の死復活のうちに、師という他人の実存が復活して働いている。死者が生者のうちに蘇って生きて働いていることが、生死が不可分であることのうちに含まれているもう一つの意味であるというわけである。死復活ということもそこから新しく捉え直される。「死復活」は死者に起こる出来事ではなく、死者と生者との間に起こる出来事、死者が生者のうちに復活することとされる。死せる道吾がその死にもかかわらず漸源のうちに蘇って彼のうちに生きて働き、彼を支えていることとされるのである。

こうして、「死復活」という出来事は、相対者と絶対者との間に瞬間的・微分的に生じる出来事ではなく、相対者と相対者との関係において持続的・積分的に成立する出来事として捉えられることになる。そのような協同体において水平の方向に展開される死復活の即自態が「伝統」といわれるものである。伝統とは、先人の残した真実を自分が受け取り直し、さらにそれを後進に回施し、そのことによって先人が後進のうちに生きるという実存協同に外ならない。そのような、かぎりない死者を介して、歴史を貫いて働いてゆく一つの客観的意志ともいうべき伝統が、愛の統一として内に自覚化されたものが実存協同に外ならない。

この協同に於て個々の実存は死にながら復活して、永遠の絶対無即愛に摂取せられると同時に、その媒介となつて自らそれに参加協同する。その死復活は師弟間の愛の鏡に写して自覚され、間接に永遠へ参じ不死を成就するといつてよい。（同、一七一頁）

実存協同がこのように生者の世界を超えて死者にまで連なり、そして限りない死者が生者の世界に出現してきているものとされるとき、生者の世界における実存協同に一種の転調が生じる。そこには、それまでとは違った色調が現れてくる。人と人との関わりのうちにこの世を超えた永遠ともいうべき次元が開かれてくる。魂の不死や永世といった事柄が考えられうるような世界が、そこに生じてくる。田邊はそのような世界への展望を、死者と生者との関わりに思いを致すことにおいて開いているのである。

このような、死者を包み込んだ実存協同の世界の展望が田辺に開かれてきたことの背後には、夫人の死以来の田邊の心境が深く関係しているといわれている。このことは生前の田邊に親しかった多くの人々が語っているところであるが、たとえば、西谷は自分の憶測にすぎないと断って、その辺の事情を次のように述べている。

御夫人は、ご存じかとおもいますが、多年にわたつて献身的に先生に尽くされて、北軽井沢の山の中で病気になられ、長い間寝たきりでおられたわけですが、その御夫人がなくなつた後で、先生がひとり遺骨とともに暮らしておられた間に、その追憶のなかから、次第に強い実在感をもつて、亡くなられた方がありありと浮かびでてきたということがあるのではないか。「幽明境を異にす」といふ言葉がありますが、幽界と明界との境が段々なくなつて、死んだものと生きたものとの間を隔てている冥いかべが次第に透明になる。死んだ人がなにか非常な現実性をもつて生者の心に現前してくる。同時に、生きてゐる者の現存在がその死者の現存してゐる次元にまで延び入つてゆくといいますか、その次元に参加してゆくといいますか、要するに、死んでゐる者と生きている者との境、幽明の境といふものが、だんだん薄らいで来て、死者の世界が生者の世界と入り交じつてくる。なにかさういふやうなことが想像されるのであります。（『西谷啓治著作集』第九巻、二八五頁）

そして、「実存協同というものが「聖徒の交わり」という概念と結び付けられ、そこでの感応道交と言われるところには、昔の聖徳太子も引かれた「世間虚仮、唯物是真」、仏と仏の世界といふものだけが本当にリアルな真実だという感じがどことなくただよつてくるような感じすら致します」（同）と述べている。

このような「実存協同の世界」に思いを致してゆくとき、そこからいくつかの新局面が開かれていく。最後にそのことにふれておきたい。

(1)　一つは、「実存協同」という概念が深まることによって、田邊においてキリスト教の「神の国」の概念が一段と深化したということである。田邊はかつて『キリスト教の弁証』（これは『懺悔道としての哲学』の後に出たものである）において、「神の国の到来を説くイエスの立場」と「イエスを救い主キリストとして信じるパウロの立場」とを区別し、パウロの立場を「キリストが信じた宗教」を「キリストを信じる宗教」へ変えたものとして批判した。パウロの立場は、「神の国」の到来に向けての社会的実践ではなく、キリストとの合一や一体化を望む神秘主義であるとして批判し、救い主キリストへの信仰ではなく、イエスが説いた「福音信仰」にキリスト教の根幹があるとして、パウロからイエスに戻らなければならないと言い、そこから第二次宗教改革の必要という主張もしたのである。しかし、今やパウロの立場に対する田邊の理解が変わってくる。それは、パウロの「救い主キリストを信じる」立場の真意は、キリストとの神秘主義的な合一や一体化にあるのではなく、キリストとともに生き、キリストとともに死ぬということ、つまり、キリストとの霊の自他相入、愛の協同にあるということ、したがって、パウロにおいて、キリストを信じるという形でキリストとの実存協同があり、そのような形で「神の国」が生きられているのだという理解である。イエスの説いた「神の国」の福音はパウロにおいて廃れたのではなく、むしろ、自己の実存に内面化され具体化され、自己の足下に生きられているものと捉えられることになったのである。死者も含めた諸々の実存の交互態ともいうべき神の国が、キリストと一つという仕方で生きられているのだ、ということが明らかにされて、田邊は以前の自分の考えが至らなかったとして撤回している。

(2)　このような愛の協同体としての「神の国」を、田邊は「モナドロジー的実存協同」という概念によって捉えている。このモナドロジー的という言葉によって、田邊は、個と個の協同ないし響きあいが渦流を描きながら重層的に無限の広がりと深さにおいて進展してゆく様を表している。（西谷啓治の説明を借りるならば）AがBに復活し、BがCに復活すると、AがCに復活している。そして、CがDに復活するとA・BがDに復活する。そのような仕方で、実存協同は反復的に無限に拡張してゆく。そこに一切が相互の働きあい、響きあう「モナドロジー的な実存協同」があり、神の国における愛の協同態はそのような形で考えられるのである。

しかし、また田邊は他方では、この「モナドロジー的な実存協同」ということで仏教の「菩薩道」を考えている。『キリスト教の弁証』の時期では、田邊は、出離的な仏教よりも、現実の歴史社会と関わり、その中で働くキリスト教の隣人愛の立場をより高いものとして評価していたが、「死の哲学」の時期になって、仏教の菩薩道がキリスト教の隣人愛よりも高いものとして捉えられている。菩薩とは、仏になる資格を備えながら、仏になることを断念して他の衆生を度することを優先する存在のことであるが、この菩薩としての在り方がより高いものとして捉えられている理由は、そこにおいて否定や無、つまり死による媒介がより徹底した形で現れているからである。自らの直接的な救いを断念した存在は、正覚へ向けるべきエネルギーを他を度することへ向け、かくして、それは実存から実存へと水平の方向に無限に伝播してゆく。そのような菩薩道において、無即愛ともいうべき如来の命が、地下水のように個を媒介として、個から個へと果てしなく伝わってゆく有り様が「モナドロジー的実存協同」と言われるのである。そこでは如来の命、あるいは無即愛は、無始爾来、一切の人間存在を包み込みつつ、一切の人間を貫いて流れている「阿頼耶識」のごときものとなる。そのような「阿頼耶識」の流れと一体となり、それを貫いて流れている無即愛が内側から深く自覚されてくると、たとえば、浄土教でいわれるような、一切の人間存在の根源の働き、これを生かし支えているものとしての「法蔵菩薩の本願」といわれるものとなってくると言いうるように思う。田邊は「モナドロジー的実存協同」の世界を「無即愛の象徴」として捉えているが、「無即愛の象徴」のうちにそのような「阿頼耶識」や「法蔵菩薩の本願」も入れて考えると、無即愛は限りない広さと深さをもったものとして現れてくることになる。日月星辰や天地山河は悠久の昔からその偉大な姿を有しているが、しかし雄大なのは日月星辰や天地山河だけではない。個々の生物や人間を貫いて、悠久の昔から現在にまで流れ、持続してきている生命もまた天地山河に劣らず偉大なものである。生死交徹する実存協同の世界の背後には、そのような無数の個から個へという形で展開し伝播されてきた生命の流れがあり、その生命の流れが内から摑まれ自覚されたところに、無即愛の象徴としての「モナドロジー的実存協同」の世界を見ることができるようにも思う。

無即愛の象徴としての実存協同の世界は、また宇宙論的な視野において見ることもできる。それは絶対無ともいうべき天空において無数の星々が相互に照らしあい、合図しあって一つの配置（星座）を描き出しているような感がある。田邊の晩年の「死の哲学」は、そのようなオルフォイス的な世界において自己を捉え理解していた感がある。

(3)　実存協同の思想と結びついている第三の問題は、その協同を成り立たしめる場所としての記憶の問題である。先に触れた「阿頼耶識」とは記憶の世界であるが、神の国や浄土といわれるような世界も記憶の世界と不可分である。記憶の世界の固有性は、歴史的時間とは異なった種類の時間がそこにあるということである。歴史的時間においては人間は一瞬の過去にも帰ることはできないが、人間は記憶において過去に帰ることができる。歴史においては死者は過ぎ去って帰らず、歴史にとどめおかれた死者の遺産や記録は逆に死者が去って永久に不在であることを示している。したがって、我々が死者に出会い、死者が生者に復活して両者の間に交流が可能となるためには、歴史的時間とは異なった時間が人間になければならない。それが記憶である。諸々の出来事がただ抜け殻としてだけ保存されている歴史的世界とは異なって、記憶の世界においては事柄はその現身性において現れる。「モナドロジー的実存協同の世界」は、そのような記憶の場所に置かれることによって成り立つように思われる。

我々が記憶において過去に帰ることができるということは、記憶が時間を超過したものであること、人間における「永遠の現れ」であることを意味している。記憶の世界に深い思いを致したアウグスチヌスが、人間が神に触れることができるのは記憶の世界においてであると述べている理由もそこにある。永遠に忘れ去られるというのが歴史的時間であるが、永遠に忘れ去られることがない、というのが記憶の世界である。人間はこの二つの時間の狭間に生きている。

ティリッヒは、死に逝くものの不安は自分が永久に忘れ去られることだと述べている。そして、永世とは、自分が永遠に見捨てられていないということの確信だと言う。田邊の「生死交徹する実存協同」の世界に深く思いを致してゆくと、どこかでそのような永世の確信と深く繋がっているところがあるように思われる。

ニヒリズムと空の思想
――西谷啓治の哲学の根本問題――

1　空とニヒリズム

西谷啓治の宗教哲学が「空」という仏教の根本範疇を軸にして展開していることは改めて言うを俟たないであろう。『根源的主体性の哲学』から『神と絶対無』や『ニヒリズム』を経て『宗教とは何か』に至る西谷の思索の歩みは、根本的にいって空の思想をめぐって進展している。とはいえ、空という概念は前二著において表立って論じられてはいない。だが、空の思想は地下の見えない深層で成長し続け、『宗教とは何か』において十分な成熟に達した。ニヒリズムという重力に圧せられて屈折を強いられてきた西谷の空をめぐる思索は、『宗教とは何か』においてついに、いわばニヒリズムの地殻を破って表に現れ出たのである。

空の思想は、若い西谷が出くわしたニヒリズムという根本問題を解決するものであったから、それは西谷にとって単に一つの「思想」という以上の意味をもっていた。ニヒリズムの問題もまた、西谷がたまたま関心をもって取り組んだ単なる一つの哲学的問題であったのではない。それは彼の素質、彼の置かれた時代状況などから否応なしに彼に伸し掛かった根本問題であり、西谷にとっていわば運命ともいうべき性格をもっていた。それゆえ、ニヒリズムの克服を目指して西谷が悪戦苦闘の末に辿り着いた「空の立場」は、西谷にとって自己の存在の根底に探り当てられた花崗岩のごとき、地殻に連なる深さと確かさをもっていた。このことを西谷自身ははっきり自覚している。それゆえ、西谷は空の思想とは言わず、「空の立場」と言う。では、ニヒリズムと切れあう仕方で深められてきた空の思想は、西谷においていかなるものとして捉えられているのであろうか。まずそのことから見ることにしたい。

ニヒリズムは西谷の哲学の中心を貫くものであり、西谷自身は自らの哲学の立場を、結局のところ「ニヒリズムを通してのニヒリズムの克服」ということになると述べている。西谷によれば、彼の抱えた問題は哲学の問題としてもきわめて「難しい問題」であって、容易に解決することのできない問題であった。それは、思想的な問題と個人的な問題とが絡みあっているために、ただ努力してゆけば解決がつくという問題でもなく、いろいろな思想を勉強しても問題の周辺をまわっているだけで、なかなか接触しない。それで、「結局もう仕様がなくて、思想とは全く関係なしで禅でもやってみようかということになって、そこまで行ってはじめて何か少しづつ解決の途が見えてきた。それが一体何を意味するのか、哲学として何を意味するのかということは今もって問題ですけれども」(『理想』五一四号、一九七六年三月)と、ある対談のなかで西谷は語っている。このような、解決不可能な一つの問題に長年もの間ずっと辛抱して関わるという西谷の態度は異常とは言えないまでも、けっして尋常ではない。そこには、超えることのできない限界に立ち止まって、単独で思索し続けた、希有であるが真にその名に値する哲学者がいるのである。

空の思想は言うまでもなく、大乗仏教の教えの中心をなすものであって、それについてこれまで数限りなく論ぜられてきた。空の思想の文献学的考察は厖大な数に上るであろう。そのなかにあって、西谷の空の思想が独自な意味をもつならば、それは空を「現在の自己の身上に主体的に問う」たところにあると言えよう。それはおよそ宗教に対する本来の正しい関わり方であって、宗教的真理はそのような態度においてでなければ現れることはできない。

しかしながら、これまで仏教思想研究において、空の思想は必ずしもそのような仕方で問われてきたようには思われない。そのかぎり、空の思想はいかに精緻に華々しく論じられても、人間において生きて働くものではないのである。

現在の自己の身上に問うということは、仏教で言えば「衆生が仏になる」ということ、あるいは「悟り」や「自証」を問題にすることである。曽我量深の言葉を借りるならば、そのような「釈尊の自証」という根本の問題を抜きにして、仏教は仏陀が説いた教えだ、ということだけから仏教経典に関わる研究は、「仏教唯物論」ということになる（『親鸞の仏教史観』、三九五頁）。それは自然科学の「物」と同じように「経典」を見て、コップの水を化学的に分析するように経典を取り扱うのであるから、コップの水は消えるし、コップの水の「円成実性」ということも消える。そこには「仏に成る」という問題は初めからなかったのである。空の思想は、現実的状況によって課された問題との関わりを通して主体的に問われることによってのみ「精神」となるが、そのような関わりを抜きにして考察された空はたんなる「物質」に転落するのである。曽我は「現今、仏教研究の大勢は、宗教否定の唯物論という基礎に立って仏教滅亡を説明するところの仏教唯物史観」であると言う。曽我のこの断言には異論の余地があるであろうが、「仏になる」という主体的・実存的な問題を抜きにした仏教研究は、結局のところ「仏教唯物論」になると曽我は言うのである。

それに対して、西谷の宗教に関わる態度は「人間のうちから宗教というものが起こってくるもとを現在の自己の身上に、主体的に探求すること」にあり、唯物論の逆をゆくものである。それが空に関わる西谷の根本の態度であるが、このように現在の自己の身上に主体的に問うことによって、空は伝統の底から蘇り、現代において生きて働く思想となるのである。そのように空を現在の自己の身上において問うことを西谷に強いたものは、西谷が出くわしたニヒリズムの問題である。ニヒリズムと遭遇することによって、空は研究の対象として博物館の陳列棚に置かれていた「物質」から、現実の市場に持ち出され、自己の生存に働きかける実在、つまり「精神」として出現することになったのである。現実の市場とはニーチェのツァラトゥストラが永劫回帰を説いた「斑牛という名の街」でもある。「斑牛という名の街」は、西谷によれば「雑多な形式をもった多彩な世界」であり、まさしく「現代」を意味するが、空をそこへ解放するということは、斑牛という街を裸足で行くことである。それはニヒリズムのただ中に立つことである。人が宗教の原点ないし零点に触れるのは、まさにそこに立つことにおいてである、というのが西谷の考えである。このような現実との接触を抜きにして捉えられた空は、いかに精緻に論じられても、大地から切り取られ、やがて萎れてしまうあだ花にすぎないであろう。

ニヒリズムの克服が空の立場においてのみ可能であるということは、現代において「空」が唯一の通行可能な超越の道であるという西谷の確信と結びついている。西谷にとって、空はニヒリズムを克服しうるさまざまな道の一つではなく、唯一可能な超越の道である。したがって、あらゆる超越の道が途絶えた、ニヒリズムが支配する現代において、他の道を無効として捨て、空を選び取るという、確固とした決断が西谷にある。そこには、平安末期から鎌倉時代にかけて、「末法」という時代意識のもとで、唯一の通行可能な超越の道として「他力の道」を選び取り、他を不可通として捨てた法然の立場に通じるものがあるとも言いうるのである。先に述べたように、西谷が「空の思想」とは言わず、「空の立場」と言うことのなかに、そのような選択の立場が現れていると言えよう。

そのような西谷の確信を支えるものは、西谷の現実感覚ないし歴史感覚というべきものである。ニヒリズムの感覚はある意味で、末法の感覚であると言いうる。自己の生きる時代を末法として受け止めるところに法然のごとき他力の立場が開かれたが、ニヒリズムの時代において、唯一通行可能な道として現れたのが空の立場である。その歴史感覚には、自らの生きる時代に真に有効な超越の道を探った浄土系の祖師たちの努力に通じるものがあると言えよう。

ニヒリズムは誰にも明らかな客観的な認識なのではない。末法が特別な歴史ないし時代認識を必要としたように、ニヒリズムは虚無を虚無として捉えるには特別な時代認識、「繊細の精神」を必要とする。西谷はそれをリアリティの感覚と言う。リアリティの感覚は努力して学ぶことができるというものではない。ヴァン・ブラフトは西谷の「豫言者的性格」について述べているが（「豫言者たる西谷啓治」、上田閑照編『情意における空』、一六九頁）、西谷においてそのように言いうるところがあるとすれば、それはこのリアリティ感覚に起因する。西谷の「空の立場」において何よりも重要な側面はニヒリズムの感覚、つまり、空がそこに根を下ろすべき「斑牛という街」に対する感覚であろう。それはいわば歴史的現実のなかでの自己の自覚、つまり「機」の自覚ともいうべきものである。ニヒリズムは、西谷において、そのような機の自覚という性格を有しているのである。

2　西谷とニヒリズムの問題

まず、「ニヒリズム」の問題から考察したい。西谷が逢着したニヒリズムが容易に解決しえない問題であったゆえんは、西谷によれば、ニヒリズムという問題そのものの本質のうちに、つまり、それが「自乗化」された虚無であることにあった。ニヒリズムにおいて人が出くわす「虚無」は、釈尊が「諸行無常」として捉えたような、時と所を超えて人間に本質的で普遍的な虚無ではない。ニヒリズムの虚無は歴史的状況のなかで生じた虚無、歴史や社会や文化の有り様と結びついて生じてきた虚無である。そのことは、ニヒリズムは、自然的な虚無の克服を可能にした諸価値のうちに新たに出現してきた虚無であるということ、したがってニヒリズムの虚無は自然的虚無が、さらに歴史的・社会的虚無によって自乗化されているということである。ニヒリズムにおいて虚無の二つの側面が絡みあい結びついている、と西谷は言う。ニヒリズムは「第一に、時と処とを越えた、人間存在の本質に根差した問題であった。自分の存在が無根拠なものとして自分自身に露呈されてくる、さういふ実存的な問題であった。ところが第二に、ニヒリズムは歴史的・社会的現象である。（中略）それは我々の歴史的生が客観的精神としての根拠を喪失し、その生を支える価値体系が崩壊し、歴史的・社会的生の全体がより所を失つたといふことを示す現象である。外的には社会秩序の崩壊、内的には精神的退廃の兆候である」（『西谷啓治著作集』第八巻、七頁）。そして、この二つが結びついて、歴史的・社会的生の虚無が、歴史に生きる人間の底に虚無の深淵を開き、人間の存在そのものがそれ自身問題化してくるところにニヒリズムの問題がある。ニヒリズムが錯綜した容易に解決しがたい問題であるゆえんがそこにある。それは、自己の実存において出会われる虚無が、そのうちに歴史や社会の問題を巻き込んでいるがゆえに透視しがたいということ、したがって、ニヒリズムを自覚化するには、自己の実存のうちに自己が置かれた歴史的社会的な課題を読み取るという歴史的感覚を必要とする、ということである。自己の存在の虚無において時代の虚無を透視する眼差しが要求される。ニヒリズムが錯綜した、見通しのきかぬ問題であるゆえんは、それの時代との結びつきによるのである。

先に述べたように、ニヒリズムにおいて虚無は二重化している。ニヒリズムが歴史的・社会的な問題であるということは、自然的虚無を克服した文化的・社会的な諸価値のうちに再び虚無が入り込むことによって虚無が自乗化しているということである。自然的な虚無の克服を可能にした諸価値が崩壊することによって、虚無はうちに氾濫して押さえが効かない疑いとなって自己の内に屈折して蟠る。いったん開削された道は行き止まりとなり、崩壊しているのである。そのようなニヒリズムの虚無は、たとえば、西田が哲学の出発点においた「人生の悲哀」とは明らかに異なった質をもっていることが注意されなければならない。

「悲哀の虚無」と「ニヒリズムの虚無」とは、虚無であることにおいて同じようであるが、異質のものである。西田が哲学の出発点に置き、また宗教心の源に置いた悲哀は、人が人生の不幸に出会ったときに生じる虚無の感情である。だが、悲哀はたんなる否定に止まるものではない。悲哀には否定を肯定に転ずる質のものがある。極度の不幸に陥った者は心の底から沸々と宗教心が湧いてくるのを禁じることができない、と西田は述べている。悲哀の固有性は、出会った否定の苦痛を通してその苦痛の乗り超えを可能にするような超越的な心情、つまり宗教心の湧出を促すというところにある。宗教心とは、否定によって生じた傷を癒す治癒力として心の底から生じてくるものである。悲哀はそれを通して人を超越的世界へ参入せしめるが、そこで悲哀のうちに働いているのは、『涅槃経』に説かれているような、阿闍世の傷を癒した月光の治癒力である。悲哀が「宗教的感情」であり、不幸に出会ったものの傷を癒すゆえんがそこにある。人は悲哀において絶望の囚人となるのではなく、かえって絶望から救われるのである。

しかし、ニヒリズムの虚無はそのような超越性を有してはいない。それは超越に向かって開かれてはおらず、超越に背を向けて閉じている。むしろ、開かれるべき道は破壊されている。したがって、ニヒリズムの虚無は悲哀とは異なって、不幸の傷を癒すことはない。ニヒリズムの虚無が直接的で素朴な虚無ではなく、自乗化された虚無であり、内に蟠る極度の懐疑であるといわれるゆえんはそこにある。それはいったん克服された虚無のうちに新たな虚無を導入してくるという点で、対自的・自覚的となった虚無である。西谷はニヒリズムの虚無を、いったん強力な薬品によって克服されながら、新しい抗性をもって再起してきた細菌やウイルスに譬えている。それは宗教が立っていると同じ高みにおいて、非宗教ないし反宗教的な場を開いてくるのである。したがって、そこにはもはやいかなる宗教への道もない。宗教が湧出する源は断たれ、宗教心は枯渇している。宗教心が湧出するはずのところに深い疑惑が蟠っている。悲哀において成立した自己と絶対者との繫がりに深い切断が入り、絶対的不信ともいうべきものが蔓《はびこ》っている。西谷が、彼の哲学の出発点がニヒリズムであると言うとき、彼の出くわした虚無が、西田の言うような「悲哀」とは異なった質のものであり、あらゆる救済を無力化するものであることを明確に自覚していた。したがって、そこには宗教への道は存在しない。西谷が宗教への道に進まず、哲学に留まったと言うことの理由はそこにある。ニヒリズムの虚無は内に不信と反抗を秘めたものであり、悪とも言うべきものである。そのような虚無が西谷の哲学の出発点となったところに、西田と西谷の立場の違いがある。

ニヒリズムの虚無の克服は特別な仕方を要求する。西谷が空の思想に想到せざるをえなかったのは、先に述べたような、ニヒリズムの虚無の屈折した性格のゆえである。空の独自性は、それがニヒリズムにおいて断たれた超越への唯一の道を開くというところにある。そして、ここに宗教と哲学との関係をめぐる西谷の独自な思索の源がある。哲学は、生と切り離された抽象的思弁ではない。それは西谷にとって、哲学以前から立ち現れて哲学以後へと去りゆく、生を貫通する道である。哲学は生のただ中における絶対否定の道、大疑の道、突破の道である。したがって、哲学は宗教とは別の言語を用いて宗教を「説明」する立場ではなく、また、宗教の手前に至るまで懐疑を進めていき、宗教の面前に出るに至って自らを断念・放棄して、宗教に帰入する「媒介」の立場でもない。哲学は、西谷においては「絶対不遜」ともいうべきものであって、その行く手を遮るものを突破してゆく立場である。宗教に直面して宗教を否定し突破してゆく立場であり、それが哲学に固有な「思考」の働きである。そこに、哲学とは「思考（thinking）の道」であると西谷が言うゆえんがある。したがって宗教と哲学とは、西谷においては相互に切れあい、相互に貫徹しあう関係にある。そのような哲学の道を歩むことを西谷に強いたのは、先に述べたように、ニヒリズムという「虚無の懐疑」であった。西谷の直面した虚無は解決のつかない問いであったから、それは哲学に留まって思考し続けることを、西谷に余儀なくさせたのである。実際のところ、西谷自身は次のように語っている。「私は自分の問題が宗教の次元でのみ解決を得られるはずと承知しながら、しかも哲学へ迂回せざるを得なかった。ニヒリズムといふ問題がそれを要求した」（著作集第二十巻、一九三頁）。

しかし、空の思想は哲学的思考それ自身によって、哲学の内から生み出されたものではない。それは、哲学的思索が、宗教の内へ入り込んでこれを突き抜けることで、宗教の内から開いたものである。哲学によって突破されることで宗教の内に開かれた無限の思考空間が空なのである。そのような、一切を突き抜けて進む思考を、西谷は「仏向上」と呼んでいる。仏向上とは、仏を否定して仏の上に高まることであるから、絶対不遜というべきものであるが、しかし、それは思考の領域における絶対の無私であり、それゆえ真の謙遜でもある。

空における超越の独自性は、それがニヒリズムと結びついて掘り下げられていることから示されてくる。ニヒリズムの克服は、ニヒリズムをその内へと徹底することにおいてのみ可能となるところにニヒリズムの本質がある、と西谷は述べている。ニヒリズムがそのような克服の仕方を要求するのは、ニヒリズムの虚無が懐疑となってうちに閉じたものだからである。内に閉じたものは内からしか開かれない。自己内閉鎖性を開くことを可能にするものは、ものがそれの自体へと至ることである。空とはそのようなものの「自体」への道である。ニヒリズムの克服が空において成り立つことの理由はそこにある。空における超越は、無に対して存在を、死に対して生を、無意味に対して意味を提示するところにあるのではない。「三界無法、何れの処にか心を求めん」という問いに対して、空はどこかに心を提示して見せるのではない。「心不可得」ということ、つまり問いそのもののうちに安心と答えを見出すところに「空」の立場がある、と西谷は言う。それは虚無を虚無として、無意味を無意味として丸ごと受け取り、虚無や無意味のうちに深まりゆくことにおいて無意味や虚無を脱する道である。「何処に生きる理由を見出すか」という問いに対して「何故なし」と言うところ、「孤独を癒す」ために「行人絶無の荒野」ないし「砂漠」に至るところに、空は真に自由な生きる世界を見出すのである。

しかし、それはいったいいかなる超越の道であるか。絶対否定の道なのであろうか。そうではなく、否定や肯定とは異なったもう一つの道である。それはリアリティの道であると西谷は言う。空とは、そこにおいて一切がその真のリアリティにおいて現れるところである。リアリティは、空が底無しということ、一切の底を突き破った底なき深さである、ということにおいて成立する。リアリティの原理は「底なし」ということである。しかし、そのようなリアリティの道をいかにして超越の道と言いうるのであろうか。それについては、最終節で改めてふれることにしたい。

3　哲学以前としてのニヒリズム

ニヒリズムの問題は西谷の哲学的出発点であったが、それは哲学的な問題としても次第に大きく成長し、現代に生きる人間存在のほとんどすべての問題を包括するものとなった。科学的世界像や科学的合理性の問題、人間的生のあらゆる分野に浸透しているテクノロジーの問題、現代社会における道徳的退廃の問題など、このような現代の文明をその中心において侵しているニヒリズムを取り出し、それをどのような方向に乗り超えるかを探ることが、西谷のニヒリズムの思索の課題となっているのである。

しかし、ニヒリズムの問題をその全体にわたって考察するに先立って、ニヒリズムが西谷個人においていかなるものとして出会われたかを見ておきたい。西谷は「私の青春時代」や「私の哲学的出発点」においてそれに触れている。そこで西谷は、ニヒリズムは哲学的問題として措定されるに先立って、「独特な性格をもった虚無の気分」として彼を襲った、と述べている。それはいったいいかなる虚無の気分であったのであろうか。

西谷は、自らの哲学的出発点を次のように語っている。

哲学することの動機となるもの、哲学以前と哲学とを結ぶもの、その意味で哲学の「初め」をなすものとして、古来いろいろなものが挙げられてゐる。アリストテレスにおける「おどろき」、キリスト教における信仰のための「護教」、デカルトにおける「懐疑」などはもとより、その他たとへば西田幾多郎先生にあつては、哲学は人生の深い悲哀から始まるとも言はれてゐる。それらは、いずれも、「形而上学」としての哲学に関してであるが、近代だつたら数学や自然科学、或いは社会科学や精神分析学など、「科学」の立場との連関で哲学が始められることもある。ところで、私自身の発足点となつたものは、それらとは違つてゐた。今それを言ひ表はさうとすれば、結局「ニヒリズム」といふより外はない。さういふ概念がその当時の私にはつきりしてゐたわけではないが、今から振り返つて考へると、さう名づける外はないのである。もちろん、厳密にいへば、ニヒリズムといふのは既に哲学的に措定された一つの立場を意味するが、ここで言ふのはさういふ意味のものではない。しかしさうかといつて、ただの虚無的な気分といふやうなものでもない。いはば、哲学以前でありながら哲学の次元への移行を本質的に含んでゐるやうな、さういふ形態でのニヒリズムといふことである。

（著作集第二十巻、一八五～一八六頁）

西谷がここで語っている「哲学以前でありながら哲学の次元への移行を本質的に含んでいるような形態のニヒリズム」とはどのようなものであったのだろうか。西谷は「私の青春時代」のなかで次のように率直、かつ的確に語っている。

私自身の青春時代は、一言でいへば、希望といふものの全く無い時期であった。或いはむしろ、単に希望がないといふよりも、希望への道を根こそぎ奪われたやうな境遇であった。
もちろん、当時の時代そのものがさういふ時代であったといふのではない。反対に、当時は第一次大戦の直後で、日本は少なくとも外面的には、最も華やかな、最も盛んな時代に入ってゐた。青年にとっては、あらゆる希望の夢を、最も豊かに夢見ることができる時代であったといへる。しかも私自身は、時代が与えるさういふ希望がすべて無意味としか映らないやうな、さういふ状態に陥ってゐた。それは単に外的な状態だけの意味ではない。むしろ精神的な状態についてである。つまり当時の私は、心の底に刺が刺さってゐるやうな状態にあった。その刺は絶へず痛みを与へ、その痛みに駆られて私は人生といふものに苦しんでゐた。その刺は自分の力では抜けないものであったし、死ぬ以外にその苦しみから解放される道はないやうに思はれたから、当時の私の生は、全く虚無のうちにあり、絶望のうちにあった。（同書、一七五〜一七六頁）

西谷が陥った絶望の状態は、彼がこれから社会に出て自己の生きる道を開くために支えを必要とする時期に父を失ったことを初めとして、生きることを困難にするようなさまざまな生活の上での不如意が重なったことによるが、注目すべきことは、それは彼を「自然に癒されるようなものとは異なった憂愁、極度の憂鬱の状態」に陥れることになった、と語っていることである。「自然に癒されることのない憂愁」とはいったいどのような憂愁であるのか。そのような憂鬱や孤独が人生にある、と西谷は語っている。そのことに注目しなければならない。

> 自分自身の中心部の毒針を刺された樹の憂愁、生命の脈管内に流し込まれた死の液と自己自身のうちで闘ふ樹の孤独――さういふものが人生にあり得るのである。さういふ樹にとつては、春に逢つて伸びようとする生命液の活動が、そのまままた毒液の活動でもあつたらう。そこでは生の方向は同時に死の方向なのであつた。生はいはば根源から麻痺されてゐた。（同書、一七九頁）

その憂愁は「その解決が他のなにものにからも求められない性質のもの」、「答へを自分自身の内に秘めてゐるやうな問ひ」、「いはば裸にされて投げ出されたやうな絶望のうちで、その底から、ぎりぎりのしかし根源的な、抵抗と希望の力を見いだし、生きる力をくみ取る」しかないものであった、と西谷は述べている。西谷はそのような絶望から脱して生きる道をどうにか見出したが、後に古人の句に「石圧して筍《たかんな》斜めに出で、岸懸かって花倒に生ず」というのを見出したとき、自分の青春時代を顧みて、自分がまさしくそのようであったとつくづく思った、と述懐している。西谷はこの言葉によって、彼が出くわした虚無はそのような屈折した難解なものであったことに改めて思いを致しているのである。

ところで、西谷がこのような哲学以前ともいうべき虚無の心情において示しているのは、先に述べたような、ニヒリズムの虚無の固有の質、いわば「自乗化された虚無」の質である。そのような虚無について西谷はすでに『根源的主体性の哲学』のなかの「近代意識と宗教」（著作集第一巻、九九頁）において語っている。西谷はそこで、近代人の宗教意識に潜む絶望を「敬遠的信仰」と名づけ、自己の有限性や罪性などの純粋な宗教的動機から信仰に至った者が、その内容を具体化せんとして、文化を享受しつつ、さまざまな領域で専門家として生きることのうちで生じてくる絶望をその名のもとで語っている。そこでは、「我信ず」と自称する者のうちで信仰そのものは意識の背後に没して、影の薄い幻像となると同時に、外的生活への関心や名利の念も回復してくる。そして、「我信ず、我が信なきを捨ておかれんことを」という要求が彼の実質となる。「もし、かかる信仰にある者が、最後の誠実を残して自己の頽落に気づくならば、彼の繊細の魂はすべてのものに興味を失った全くの倦怠、全くの inertness の圏に下って行くであらう」（同書、一〇二頁）と言う。このような敬遠的信仰がニヒリズムの虚無を表している。それは信仰以前の虚無、彼を信仰へと向かわせた虚無ではなく、彼が信仰へと至った後に襲い、彼を信仰から立ち去らせる虚無である。

ニヒリズムの虚無の特質を、西谷は一つの具体的な例をあげて説明している。若くして夫を亡くし、女手一つで苦労して子供を育て上げた母親がその息子を亡くしたような場合、その母親を襲う虚無はまだ救いようはある。母親は子供を失っても、なお霊的な世界で子供との繋がりを保持することができるからである。しかし、その母親が息子と一緒に暮らしていて空襲に遇い、自分自身が死にそうになったが、息子が母親をおいて自分だけ急いで逃げ去り、その後再び帰って来て一緒に暮らすようになった場合の母親の気持ちはどのようになるか。息子は存在するが、彼との繋がりは戦死した場合よりも深く断ち切られている。そこでの虚無は、先の場合とは別のものになる。彼女の気持ちは息子には向かうことができないし、神や仏にも向かえない。「神も仏もあるものかというような状況があらわれる」。そのような虚無がニヒリズムの虚無である。その虚無に関して、西谷は次のように言う。

そのことは、彼女からずり落ちていった息子の存在の底に、（中略）深い虚無が見えてくることである。それは倫理的な繋がりをも宗教的な繋がりをもすべてを不可能にするやうな虚無である。しかもそれが彼女の足元から開けてくる。彼女の現存在の根底から現じてくる。存在の繋がりを求め、拠りどころを求める気持ちが絶えず起こりながら、息子にも向かへないし、神や仏にも向かへない。跳ね返されたその気持ちは、彼女のうちにますます虚無を深め、絶望と孤独を強める。宗教や倫理の次元をもくぐり抜けて抵抗性を具えたその虚無、倫理や宗教からも包み得ないものとして自覚に上がって来たその虚無は、「対自的」になつた虚無である。或いは、その確かさを根拠づけられたペシミズムともいへる。ニヒリズムといふものが発起してくるのは、さういう意味での「虚無の対自化」といふ形のもとでである。少なくとも、さういふ形がいはばニヒリズムの胚珠だと言へると思ふ。（著作集第二十巻、一九〇頁）

ニヒリズムの虚無は、本来宗教が成立するはずの場に虚無が入り込み、宗教の場を内から崩壊せしめる。近代の科学がそのような性格をもっていると西谷は考える。「近世以来の自然科学によつて、自然的世界の像は一変し、世界は全く非情な、人間的関心に対して全くindifferentな世界として現れて来てゐる。それは神と人間との人格的関係を横に切断するものになつてゐる」（著作集第十巻、一〇一頁）と西谷は言う。近世以来の自然科学が開いた、機械的で無目的な自然観ないし世界像は、その外に精神的世界、あるいは、神と人間との人格的関係を成立せしめるような宗教的世界の存在を容認することができない。自然科学的な世界像は、一切を非情で物質的なものの支配する死の世界に置き換えてしまう。かくして、科学と宗教との領域を区分し、両者の領域を定めつつ両者の関係を設定しようとするような立場は瓦解する。つまり、科学は神の座にまで入り込んでそれを追放し、破壊するのである。

このような、宗教によって包みえないような「対自化した」虚無の克服はいかにして可能であるか。西谷は「空」にして初めてそれが可能であると考える。ニヒリズムと空との結びつきの必然性がここにある。しかし、問われなければならないのは、まさにこの両者の結びつきの必然性であろう。はたして、ニヒリズムの虚無は空によって克服されるのであろうか、そしてまた、空でなければ克服されえないのであろうか。空以外のものによる克服はありえないのであろうか。この問いは「空の立場」に対して改めて投げ返されるであろう。そして、その答は各人が自己の身上において見出すしかないであろう。

4　近代化とニヒリズムの問題

西谷がニヒリズムを哲学的主題として論じているのは、『ニヒリズム』においてである。そこでは、先に見たような「漠然とした虚無の気分としてのニヒリズム」ではなく、「明確に自覚的になった思想としてのニヒリズム」が取り上げられている。「虚無の気分としてのニヒリズム」は「哲学以前でありながら哲学の次元への移行を本質的に含んでいるニヒリズム」であったが、それがいまや気分という次元を出て、明確に「哲学的に措定されたニヒリズム」として論じられるに至ったのである。

『ニヒリズム』において西谷が論じているのは、「ヨーロッパのニヒリズム」である。ニヒリズムは本質的に「ヨーロッパのニヒリズム」でなければならない、と西谷は言う。なぜなら、ニヒリズムは人間存在の無根拠性が露呈されてくるといったような、時と処を超えて人間存在の本質に根差した問題ではなく、「我々の生を支える価値体系全体が崩壊し、歴史的社会的生全体が拠りどころを失う時の現象」（著作集第八巻、七頁）だからである。そのようなニヒリズムを、西谷は次のように規定している。

我々が現在ニヒリズムと云つているものは、歴史上における特定の現象を指す歴史的概念なのである。それは、ヨーロッパといふ処、そして近代といふ時代の精神的境位置において成立したものを指してゐる。それはヨーロッパ人の間で、彼らがその自己存在を理解しやうとした過程のうちから、発生してきたものなのである。（同書、五頁）

ヨーロッパから離れた日本において、なにゆえヨーロッパのニヒリズムを問題にするかという当然提示される問いに対して、西谷は二つの理由をあげて答えている。一つは、日本の「近代化」という問題との連関においてである。日本は明治以後ヨーロッパの近代文化を取り入れ、急速に近代化を推し進めることによってその魂の底に大きな精神的空白を生むに至ったが、その空白の実態についての明確な自覚がないまま現代に至っている。その空白を乗り超えるためには、その空白の自覚的把握がなされねばならないが、ヨーロッパのニヒリズムがその空白の実態を自覚化するための先達となる。日本の近代化が含む問題点を明確に捉えるために、ヨーロッパのニヒリズムの自己化が必要である、と西谷は考えるのである。そこにあるのは、従来の価値体系の崩壊というヨーロッパのニヒリズムの現象から、わが国における伝統の破壊という現象を解釈しようという目論見である。そのような西谷のニヒリズム解釈は、当然のこととして「近代の超克」という問題に連なっている。

もう一つは、「伝統との繋がり」の回復という問題である。西谷はニーチェ解釈をめぐってその問題を展開している。すなわち、ニーチェの「能動的ニヒリズム」のうちに、ヨーロッパ近代の帰結としてのニヒリズムを乗り超える立場を捉え、その能動的ニヒリズムのうちに大乗仏教の「空」の立場に通じるものを掘り起すことを西谷は目指している。それは、能動的ニヒリズムを空の立場に引きつけて解釈すると同時に、能動的ニヒリズムの解釈を介して空の立場を確証し、具体化し、深化することである。実際のところ、『ニヒリズム』における西谷のニーチェ解釈を導き、ニーチェのニヒリズムの含まれている深い可能性を取り出すことを可能にしたものは、そこに投射された西谷の「空」の理解であるということができる。ニーチェはヨーロッパのニヒリズムを仏教のヨーロッパ的形態として捉えたが、西谷がニーチェの「能動的ニヒリズム」、「創造的ニヒリズム」という概念のうちに捉えるものは「空」のヨーロッパ的形態ともいうべきものである。とりわけ、ニーチェの「運命愛」などにおいて見られる「能動的ニヒリズムと有限性との統一」という事態のうちに、西谷は大乗仏教の「空の立場」に近いものを見ている。西谷の、ニーチェのニヒリズムに対する創造的で独創的な解釈を可能にしたのは、そこに暗黙のうちに働いている「空」の観念なのであって、西谷はいわば、ヨーロッパを介することによって、より深く自らの伝統を自覚にもたらし、伝統へ還ろうとしたのである。このように、「ニヒリズム」を介して「空の立場」を理解せんとした西谷は、西欧の哲学の「論理」を介して「東洋的なもの」を捉え表現せんとした西田よりも、はるかに深くヨーロッパの内部に入り込むことになったのである。

ここでは、右にあげたニヒリズムに対する二つの観点のうちの第一のもの、すなわち「近代化」の問題からニヒリズムを見ることにしたい。

西谷は、彼の思索を長年の間一貫して動かしてきた問題は、日本人の心の底に潜む精神的空白であるとして、次のように述べている。

現代の世界における歴史の急激な推移の底には、長い間ずつと放置されたままで残されて来た、一つの根本的な欠陥が潜在してゐるのではないかといふことである。現代の世界の全ての動き、現代の人間のあらゆる営みのうちに、何かが根本的に欠けているやうに感じられるといふことである。この欠陥は、簡単に言ふと、人間のあらゆる個人的な、また社会的な、行き方や考へ方の根底に潜んでゐる精神的な「空虚」とも言ふべきものであつて、それは近代といふ時代の成立とともに発生した、「人間」にとつての根本問題である、といふのが著者の解釈である。

（著作集第二十巻、ⅲ頁、傍線引用者）

このような現代文明の中枢に潜んでいる精神的空虚は、人間が根を失ったということ、根を降ろすべき大地を失って宙に浮いているということであるが、西谷はそのような現代人の底に潜む精神的空虚はじつは近代という時代の帰結であると言う。「近代といふ時代の成立」の根本に潜む根本の問題をニヒリズムとして捉え、その病がいまや現代社会の全体を覆うに至ったと西谷は診断する。したがって、西谷におけるニヒリズムの問題は「近代化」という問題と不可分であり、近代という時代精神の骨格を捉えることでもある。その意味で、西谷において「ニヒリズムの克服」という問題はまた「近代の超克」という問題と重なっているのである。

現代文明の根底に潜む空虚の淵源としての「近代といふ時代の成立」は、日本においてはどのようなものとして現れたのであろうか。

明治維新という時代の根本的な特色は、日本が全く異質な西洋の近代文明を取り入れ、近代化を積極的に推し進めることを決意したということである。つまり、西洋と東洋という非常に高いレヴェルでの意志的な文化の出会いというものがあったということである。西谷はそこに明治という時代の特色を捉えている。しかし、重要なことはそこからいかなる事態が生じたかということである。非常に広い見通しと同時に、非常に深い裂け目がそこに生じたことに西谷は着目している。西洋の文明を受け容れることを決意するということは、当時の人々にとってたんに知的好奇心の問題ではなく、それを身につけわが物にするという全身的な問題であり、自己の生存の問題であった。生きるという時の意志とか力に関わるものであり、魂の問題であった。しかし、そこでは魂の問題であるということは、魂の中に深い亀裂が入っていることであって、視野の広さとは同時に魂の亀裂であった、と西谷は言う。西谷によれば、「霊」が天上へと向かう方向を有しているとすれば、魂は身体と結びつき「大地性」の方向を有している。したがって、魂に亀裂が入っているということは、「自分たちが一体何処に自分というものの心の在所、心の本当の座を据えたらいいか分からないということ、そういう意味の深い問題をはらんだ形で魂というものを感じ取っていたということである」(『宗教学年報』No.3、一九八七年、大谷大学)。西谷によれば、明治維新の時代を生きた人々を動かした魂の問題とは、自分の心の座をどこに求めたらよいかという問題、魂の根づくべき大地性を求めることでもあった。そして、魂の内に入った亀裂をそのような根や大地の方向へと向かって問わしめたものは、それらの人々のモラル・エネルギーであった。そのエネルギーが人々のうちに働いていたとき、伝統との繋がりは保持され、根はどうにか保たれていたのである。

近代化が日本人の心に精神的な空虚を生じ、ニヒリズム的状況を生み出したのは、明治維新の人々を支えていたようなモラル・エネルギー、魂の亀裂をその大地性の方向に向けて乗り超えようとする力が欠如してきたときである。伝統との繋がりが希薄になり、魂の根が断たれることによって、精神の深い根底に空虚が生じてきた。「根性」というようなものが失われ、魂がおかしくなってきた。人間が薄っぺらなものとなり、「魂」と呼ばれるものが欠落してきた。西谷はそこに西田幾多郎や鈴木大拙、夏目漱石などの生粋の明治人間と、西谷自身を含めた彼の時代の人間とを分かつ決定的差異を見る。西谷の苦悩は、自己の精神の底に彼の時代の救い難い精神的空虚を見出したところにある。そのような自己の精神の底に捉えた空虚が、西谷を哲学へと向かわしめ、その空虚をその根本に立ち還って捉えることが西谷の哲学の根本の主題となったのである。ニヒリズムが自分の哲学の主題であると、西谷が言うゆえんである。そこでは、西田において見られたような、西洋と対比して「東洋的なもの」を「無」として明確な自覚にもたらそうという強い緊張はない。東洋的な「無」に代わって「虚無」という、東洋やヨーロッパに共通な普遍的な問題が対象となっている。そして、西田の「緊張」に対して「絶望」が取って代わっている。西谷はそれを「近代化」によってもたらされたニヒリズムとして捉える。近代化ということで西谷が捉えているのは、モラル・エネルギーの欠如と伝統との繋がりの断絶において生じた魂の根こぎの現象であるが、それはヨーロッパの近代に由来し、ヨーロッパにも共通した問題である。こうして、日本におけるニヒリズムを「近代という時代」に由来するものとして、それをヨーロッパのニヒリズムという角度から問い直すことが『ニヒリズム』における西谷の主要な課題となるのである。

しかし、西谷は「近代化」という問題を『ニヒリズム』において初めて問題にしたのではない。『ニヒリズム』に先立ち、ニヒリズムの淵源としての「近代といふ時代の成立」を、文化や宗教や歴史などを含めてその全貌にわたって捉えることは、すでに『根源的主体性の哲学』の主題をなしていた。近代という時代を開いた「自律的主体」という立場の確立がその華々しい成果の裏に生じることになった問題を掘り起こし、その問題の解決の方向を、自律的主体の底を破った「根源的主体性」という立場に探ろうすることが、そこでの西谷の思索の中心の主題をなしていたのである。西谷が近代という時代の分析に大きな努力を集中したのは、近代という遺産を受け継いだのが現代であり、我々が生きている現代社会の抱えている主要な問題の多くが、その淵源を「近代」において開かれた思想にもつからである。

『根源的主体性の哲学』において、西谷が近代の根源に掘り起こした諸問題は、その後ニヒリズムの問題に集約されて、『ニヒリズム』や『宗教とは何か』やその後の諸著作において一貫して追究されることになる。西谷自身、彼の哲学の出発点であったニヒリズムの問題は、問題としても次第に大きく成長し、現代に生きる人間存在のほとんどすべての問題を包括するものとなった、と述べている。科学的世界像や科学的合理性の問題、人間性のあらゆる分野に浸透している技術の問題、現代社会における道徳的頽廃の問題など、これら現代文明の大きな問題はすべて覆面をしたニヒリズム、あるいは暗号化したニヒリズムに帰着する。このような現代の文明をその中心において侵しているニヒリズムを取り出し、それをいかなる方向に乗り超えるかを探ることが、西谷の哲学の根本の課題をなしている。

現代の社会をその中心において侵しているニヒリズムは、あらゆる面で人間関係が希薄で疎遠となり、全人格的没入を拒むような、断片的で一時的なものとなっているということである。目的や意味とは、そこにおいて自己の存在を丸ごと出すことを可能にするもののことである。そのような自己の存在を全的に投入することのできるところが社会生活のどこにも存在しないということが現代社会を病んだものにしている。外部社会との関わりに人生の目的や意味や使命を見出すことができない個人は、人為的で私的な領域に隠遁し、そこで自由で独立した生活を獲得しようと夢みるが、しかし、あらゆる制約から解放された私的領域には無為の空虚と不安があるだけで、自己を克服したときの真の歓びが欠如している。西谷は「現代人の悩み」を関係性の希薄に捉えている。「それは（中略）人間相互の間では、親和性が失はれてきて、闘争・相克が人間関係のあらゆる面に支配的になり、あらゆる面に共通の場がなくなつて行くといふことである」（著作集第二十巻、七八頁）。自己の全的投入を可能にするような確かなものが欠如しているということは、生きる歓びを奪い、現代人の性格形成を困難にしている、と西谷は言う。人間相互の関係が超自然的・宗教的な根拠からなされず、権利や契約という法的擬制のもとに置かれるとき、人間の関係はかりそめのもの、条件つきのものとなる。献身や自己放棄という、非合理だが宗教的な関係に代わって、人間の自律性の尊重に基づく、権利や契約といった、合理的だが外面的な関係が取って代わるとき、近代の「自律的主体」から現代の「私的人間」への距離はほとんど一歩である。その一歩が限りなく遠い距離であったのは、自律的主体という理念が克服すべき抵抗や障害がなお存続していたからにすぎない。関係の希薄化は人間を私的領域に閉じ込め、あらゆる人間関係に背を向けたいわゆる「主我的人間」を生むに至る。西谷が『宗教とは何か』において、「自然法則の全く外に立った欲求的・衝動的主体」と名づけたような在り方である。このような事態の源には近代の「自律的主体」という考えがある。

近代の自律的主体は一切の法則の外に出た欲求的・衝動的主体であったのではない。それはむしろ理性的法則に則って自らを規定し、実現せんとするところに成立した。自律的主体という理念が内に孕む問題は、近代がその理念を社会のすみずみにまで浸透させ、それに則って社会を再構築しようとして、それに抵抗する非合理的な障害と戦っていたかぎり表面に現れることはなかった。しかし、自律的主体が障害を克服してほとんど自らを実現したかに見えるに至ったとき、自らの根拠の脆弱さを露呈し、欲求的・衝動的主体となって崩壊するに至ったのである。それが現代である。どうしてこのような事態が生じたのか。法則に則るところにおいて自己を確立したはずの近代の自律的主体が、全く法則の外に立った、現代の欲求的主体へと変貌するに至ったのはなぜか。この現代の病根の源に近代のニヒリズムがある、と西谷は考える。科学にとって生じた近代のニヒリズムが、現代のニヒリズムを招いたのである。

5　現代のニヒリズムと科学の変貌

西谷は、現代のニヒリズムは近代の延長線上にあると考える。しかし、現代のニヒリズムははたして、近代のニヒリズムと連続しているのであろうか。二つのニヒリズムの間には大きな断絶があるのではないであろうか。では、何がその断絶を生み出しているのか。現代の科学・技術の変貌がその断絶の源にあるように思われる。科学・技術に対する信頼や確信の崩壊が二つのニヒリズムを隔てているのである。近代のニヒリズムにおいて「神は死んだ」が、そこではなお科学は生きていた。その「科学・技術が死んだ」ところに現代のニヒリズムが生じたのである。

近代のニヒリズムの源にあるのは、自律的主体という理念とそれと結びついて生じた科学・技術に対する確信であった。しかし、そのような自律的主体という理念を生んだ近代とはいったい何か。それは、「真理」や「確実性」というものに対する新しい要求ないし見方の成立である。「経験」という概念が近代において第一義的な位置をもってきたことに、そのことが現れている。確実ということは「確かめる」ことであり、ものにおいて確かめるところに「経験」が成立した。一方、自己において確かめるところに「良心」が成立した。曖昧なもの、不確かなもの、外的な権威によるものを排して、自分の目で確かめるという確実さへの要求が内面に近代の「自律的主体」という理念を生み、そして、それとともに一切の曖昧さを排除した、自然法則に支配された機械的自然観や科学的世界像というものが外に生まれたのである。近代における機械の登場は、そのような疑いのない確かさに立脚するという立場を保証するものであり、またそれに花を添えるものであった。神の支配のもとでは、あらゆる被造物が神の栄光を讃えたが、「確実性」という近代の理念の栄光を讃えたものは人間が造った機械であった。実際のところ、曖昧な機械というものは考えられない。機械のなかに「曖昧さ」（ファジー）という概念が導入されたのは現代においてであるが、しかしそのために機械は曖昧になったわけではない。

近代の科学的世界像が、その確実さという反面に非情で、非人格的・没価値的な性格を秘めていることが、人格的・目的的な性格をもった従来の伝統的・宗教的・文化的価値を崩壊せしめてニヒリズムを生んだことは、改めて言うを俟たないであろう。しかし、注意すべきことは、近代のニヒリズムにおいて従来の最高価値は崩壊したが、そこでは科学・技術はなお信奉されていたということである。最高価値の崩壊に伴うニヒリズムの虚無に耐えることは、それをもたらした科学・技術を信奉するということと一つに結びついている。科学・技術がもたらした虚無は耐えねばならず、また耐えうるものと考えられた。「完全なニヒリズム」と言われるものは、人間がその能力を有することの自信を表していたのである。それは最高の力を表すものであった。科学・技術が虚無と死の世界をもたらすことをその裏面に有しているにせよ、それは従来の最高価値を没落させた功労者として高く遇せられたのである。そこに近代のニヒリズムの特質があった。

しかし、現代のニヒリズムは、まさに科学・技術が疑わしくなったところに生じた。真理と確実性を保証する最後の場所としての科学的知識のうちに疑いが持ち込まれることによって、現代のニヒリズムが生じた。「神の死」に次いで「科学・技術」が死んだのである。

では、科学・技術の死とはいかなる事態であろうか。科学・技術が崩壊し、消失したということでは勿論ない。現代の科学・技術が、環境破壊とかバイオ・テクノロジーとか臓器移植といった領域で種々の難問を生み出しているということでもない。科学・技術が光を失い、「価値」であることをやめたということである。確実性を失った科学・技術がなお存続するとき、それは呪術的力に変貌する。呪術的力となった科学・技術のなかに我々が生きているということ、そこに現代のニヒリズムがある。

科学・技術が確実性の場所であったのは、人間の精神が宇宙を支配する法則を通して宇宙を全体として把握し、明確な宇宙像をもつことができるかぎりにおいてであった。その確信によって人間は自らの精神の力を確信し、それによって人間は不確実性と気まぐれの支配する呪術的な世界から方法と秩序をもった合理的世界へと高められた。闇の世界から光の世界へと揚げられたのである。人間は現実にそのような合理的世界に住むことはけっしてなかったが、科学・技術への確信がそのような世界の存在を保証したのであり、近代人は少なくとも観念においてその世界を所有し、そのなかに住んでいたのである。そこに科学・技術の「価値」と「光」があった。しかし、現代において、人間は科学・技術の支配のただ中において再び呪術的世界へ沈み込むことになった。そこに現代のニヒリズムがある。光としての科学・技術が崩壊したのである。どうしてそのような事態が生じたのであろうか。その理由は明確ではない。確かなことは、現代のニヒリズムは、「神が死んだ」と宣言されたときに近代のニヒリズムが抱いた解放感や精神的高揚、ニーチェが言う「開かれた海」のヴィジョンや「曙光」の予感をもはやもっていないということである。そこには無限衝動と化した欲望の荒波が逆巻く、果てしない海原が広がっているのである。

科学が把握する自然の法則は科学の進歩とともに複雑化するにつれて、科学は人間の思考の射程を超え出るものとなる。そのとき、かつて思考の射程の拡大とともに自らを確信し、自信と誇りを抱いた人間の精神は、逆に科学の前で萎縮する。複雑化した道具や機械の中に法則や方法があっても、それはもはや人間精神の内にはない。人間が自律的主体でありうるのは、自らの精神の内に法則や方法をもち、それを物の内にも再発見することができるかぎりにおいてである。しかし、人間が造った物の内に法則や方法があっても、それが人間精神の内にないとき、人間は技術的世界のただ中にあって、かつて盲目的自然力の前にひたすらに畏怖した原始人と同じレヴェルに転落する。そこでは、科学・技術的世界は確実性の場所であるよりは、原始人にとっての自然界のごとき、理解しえないもの、不確かなもの、曖昧なものの支配する場所となる。こうして、現代の人間は科学・技術の世界にあって、不確実と混沌の世界、疑いのみが支配する呪術的世界のうちに住むことになる。「神は死んだ」というのが近代のニヒリズムであったが、それはいまや「科学は死んだ」という現代のニヒリズムによって取って代わられたのである。

確実性と真理への確信というかつての科学が有していた光を失うとき、科学と呪術を区別する基準はなくなる。現代において、オカルトが科学と結びつく理由もそこにある。こうして科学や技術に携わるものは、当初の科学的精神とは無縁の呪術師に近いものとなる。現代は、近代がその出発点においた確実性、つまりそれに則ることよって闇の世界から明るみの世界へと高められたような光を喪失した。一切が曖昧となり、真の実在は存在しないというのが、現代のニヒリズムである。「ヴァーチャル・リアリティの世界」がそれである。それは近代のニヒリズムを生ぜしめた科学の虚無の内にさらに深い闇が持ち込まれ、近代の科学を支えた確実さという概念が消滅したところに生じた世界である。それは制御することが不可能となった欲望の渦巻く世界、欲求的・衝動的主体の世界である。西谷があげている盤山禅師の言葉、「三界無法、何れのところにか心を求めん」が、このような現代のニヒリズムの様相を端的に表すともいえよう。

西谷は現代のニヒリズムの根源に「近代」を捉えることにおいて、近代のニヒリズムと現代のニヒリズムとを連続的に捉えているように思われる。同一の科学・技術が両者を繋いでいると考えられている。現代の虚無の底に、近代の科学・技術によってもたらされた世界観や人間観があると考えられているのである。しかし、現代のニヒリズムの底には、むしろ近代科学によってもたらされた世界観の崩壊があると考えられねばならない。現代のニヒリズムの源には、死と虚無という色調を帯びた近代の自然科学の「法則」があるのではなく、現代の科学の死とも生ともつかぬ「無法」がある。先にあげた「開かれた海」や「曙光」という展望に代わって、見通しのきかぬ「混沌」、暗闇に包まれた欲望の「荒海」が広がっている。そこに現代のニヒリズムが、近代のニヒリズムとは異なる特異性がある。

このような事態は、近代科学に内部で生じた変貌、近代の科学を支えた根本原理である「確実という観念」の崩壊とも結びついている。確実性の場であった近代の科学が、どうして不確実性の場へと転落することになったのか。科学がその原理を変えたということがそこにある。これまでの一元的な見方に変わって、相対性理論・パラダイム理論・集合論といった多元的な見方が取って代わったのである。そのことについてはより立ち入った分析がなされなければならないであろうが、今はそれに立ち入ることはできない。

このような見方が成り立つならば、西谷が『宗教とは何か』において目指している「ニヒリズムの克服」はなお「近代的」（モダン）であり、「後・近代的」（ポスト・モダン）の見地から捉え直されなければならない。現代のニヒリズムを支配しているのは「法則の死」でなく、「無法の混沌」である。確実さが失われた世界において、リアリティをどこに求めたらよいのであろうか。先の「三界無法、何れのところにか心を求めん」という問いがここに生じてくる。

6　ニヒリズムの克服と空

「空の立場がどうしてニヒリズムの超克という意味をもつか」については、不十分ながら『宗教とは何か』において論述した、と西谷は述べている。この問題をやや変えて、「空における超越は、現代において如何なる意味を有するか」という角度から見ることにしたい。

空における超越の独自性については先に触れた。空が超越であるといっても、それはどこか別世界へ向かってこの世界を超越することでは勿論ない。空とは諸物や我々の存在の全き転換という意味での超越である、と西谷は言う。それは「諸物や自己が新しい目で見られ、新しい生命で生きられる」ということである。諸事物が如実に、その真の「リアリティ」において現れることである。そのようなことが可能となるのは、空の「底なし」ということにおいてである。一切の事物が如実に現れるところには、「底なし」というところがある。そのことを西谷は次のように述べる。


白いものは底なく白く、悲しみは底なく悲しく、水を飲んで感ずる冷たさは底なく冷たいのである。それが「空」ということである。白いものが底なく白いという時、白いものはあくまで白くして「空」である。同様に悲しみはあくまで悲しくて、しかも「空」であり、水の冷たさ、或いは冷たい水は、あくまで水の冷たさとして或いは冷たい水として「空」である。「空」とは、それらのものをそれらのものとして如実に成り立たせ、如実にあらしめている本原である。（著作集第二十巻、三七頁）

「底なし」ということは、あるものが底をもたず、自己の底に虚無を見出すことであるが、その虚無を通して虚無を破ること、真実の意味で底がないことが「空」である、と西谷は言う。

白いものが底なく白いといふのは、その白いということに実相や実体がなく（中略）それらは本来空だといふことである。しかし同時に他方では、底なく白いといふことは、徹底的に、どこまでも、白いといふことである。如実に白いといふことである。（同書、三八頁）

「如実」ということ、ものが「リアル」であるということ、そこに虚無から空への転換があると、西谷は言う。虚無が如実に虚無であるところでは、虚無は超えられている。そして、虚無が超えられたところは、虚無は如実に虚無である。空における超越はものの「自体」へ至るところに成立する。それは虚無の外に出たところではなく、虚無の内に深まるところに成立する超越である。また、空の「底なし」ということは、空があらゆる深淵を超えた「深淵」であるということであるとして、西谷は次のように語っている。

虚無の深淵といはれるものも、実は空のうちに於てのみ成り立つ。それがさういふ深淵として表象されるといふこと自身も、空の上に於てのみ可能である。その意味では、虚無が存在するものにとって一つの深淵であるやうに、空はその虚無の深淵にとつても一つの深淵であるといえる。例えば底知れぬ深い谷も実は際涯なき天空のうちにあるとも言へるが、それと同様に虚無も空のうちにある。但しその場合天空といふのは、単に谷の上に遠く拡がつてゐるものとしてではなく、地球も我々も無数の星もそのうちにあり、そのうちで動いてゐるところとしてである。それは我々の立つ足元にもあり、谷底の更に底にもある。もし偏在する神のいますところが天国であるならば、天国は底なき地球の更に底にもある筈であらう。そして、天国は地獄にとつても一つの深淵であるであらう。同様な意味で、空は虚無の深淵にとつて一つの深淵である。然も、同時にそれは、我々の自我とか主体とかいはれるものよりも一層此岸に開かれるもの、一層直接なるものである。

（著作集第十巻、一一一頁）

ところで、現代において、空における超越が必要とされるのはなぜか。ニヒリズムがそれを要求するのである。西谷によれば、空における超越を現代が必要とする理由は、ニヒリズムが実在の否定しがたい側面として登場してきているからである。近世以降の科学は、それまでの宗教によっては包み込むことができないような実在の次元、すなわち虚無と死が支配する次元を開いてきた。この次元をいかに取り込むかを抜きにして、宗教はありえない。この次元は手に負えないからといって、宗教がこの次元を無視したり、圧殺したり、排除したりすることは許されない。無法ともいうべきこの世界の如実な姿を、宗教は受け容れねばならない。宗教がこの次元を非宗教的であるとして自らの外に排除するとき、宗教は自らの立つ場を失って崩壊せざるをえないのである。それが現代のニヒリズムのもとでの宗教の状況である。では、この虚無に直面してそれを克服しようとするとき、宗教はいかなる変貌を強いられるのか。

宗教はこれまでおおむね「生」の方向を主軸としていた、と西谷は考える。魂や精神や人格と言われるものも、従来はもっぱら生の面から見られてきた。生の方向として、無生物を一歩越えたところに生物的生命が見られ、そこからさらに魂、精神及び人格といわれるものの次元へ向上していく方向が考えられ、そしてその方向の上に、一つの飛躍として、神と人間との人格関係としての宗教という立場も考えられた、と西谷は言う（同書、一〇二頁）。しかし、近世以降の自然科学が開いたのは、そのような生の方向とは逆に、一切を物質の方向、死の方向に見ていこうとする見方である。その見方はたんに科学の領域の中だけのことに止まらない。それは、従来の宗教が成り立ってきた基盤を切り崩すような見方を開いたのである。そのことは次のように言われる。

現代のニヒリズムに於ては、曾て言ったやうにその虚無はいはば神の存在の場にまで延び入り、かくて深淵化し、その深淵化した無神の虚無の上では、あらゆる生が、即ち生物的な生命や魂のみならず、精神的・人格的な生すらが、根本に於て無意味なるものの相を現してくる。（同書、一〇四頁）

そこでは、神と人間とを人格的に考えて、両者の人格的関係に立脚してきた従来の宗教の立場は、一つの根本的な難問に逢着することになる。

近世以来の自然科学によって、自然的世界の像は一変し、世界は全く非情な、人間的関心に対して全くindifferentな世界として現れて来てゐる。それは神と人間との人格的関係を横に切断するものになってゐる。その結果、神による世界の秩序とか歴史の摂理とかいふこと、更には神の存在といふこと自身も、縁遠い想念となり、人間はさういふ想念に対しては無関心になりつつあり、ひいては自己自身の人間性に対しても無関心になりつつある。人間が非人間化され、機械化されつつある。そのやうな事態に面する時、人格とか精神とかいふ立場、或は神と人との間の人格的関係といふ立場からだけではどうしても解決できないものが現れてゐると考へざるを得ない。そこからして、曾て触れたやうに人格とか精神とかの立場を超えた超人格性の場、しかも人格や精神といふものが却てそこにおいてのみ人格や精神として現成してゐるやうな場、が開かれなければならないことも要求されてくるのである。（同書、一〇一頁）

宗教が、死への方向をもつ科学的見方に対して生の方向を立てることは、現代のニヒリズムのもとでは不可能になった。そこで要求されてくるのは、次のごとき立場である。すなわち、死の方向を否定して生の方向を見る見方に対して、世界を生の方向に見ると同時に死の方向にも見ることを可能にする立場、いわば世界を二重写しにおいて見て、「生の相が生の相のそのままで同時に死の相としても見られうる」ような「生即死」、「死即生」といった立場が要求されてくる。そのような見方を可能にするのが「空」の立場である。次のように西谷は述べている。

そこに於てやはり一つの飛躍が可能であるとしても、(中略)それは生即死、死即生といふ「もの」の当相のいはば直下に成立つやうな飛躍でなければならぬ。そこには、物質性と人格性との間に諸々の段階或は次元を別けるといふ見方、従つて高い段階へ「上る」とか基底へ「還元する」とかいふ見方のほかに、それと全く違つた見方が現れる筈である。人格性と物質性として絶対に排除し合ふと考へられるものが、通常それらに附せられてゐる固定した観念を脱して、嚮に言つた意味で一種の二重写しに於て見られ得るやうな、さういふ立場が考へられ得る筈である。さういふ立場は、人格が、人格であるそのままで然も物質的事物と等しく見られ、物質的事物が、物質的事物であるそのままで人格と等しく見られるといふ、さういふ絶対的な「平等」ともいふべき立場である。さういふことが成立し得るのが「空」の立場にほかならない。(同書、一〇六～一〇七頁)

「空」が人格と物質、生と死とを等しく見る平等の立場であるとすれば、その平等において成り立つ一如の世界はいかなる世界であろうか。それは「もの」がその「リアリティ」において現成する世界である。空とは、事々物々がその真にリアルな如実相をもって現れているところである。それはものの「自体」ともいうべきところに立つことである。我々がもののリアリティに触れるのは、ものの自体の場、ものの自己同一の場においてであるが、ものの自体の場とは、ものの無自性である、と西谷は言う。火の自体とは火の不燃焼である。火が燃焼しているということの自体は不燃焼である。「勿論、その非燃焼は、燃焼と離れて別にあるといふものではない。火は燃焼しつつあるそのことに於て非燃焼なのである。併しこの非燃焼（自らを焼かぬといふこと）を抜きにしては、燃焼といふことも実は考へられない」（同書、一三二頁）。火が燃焼しつつあるということのただ中における非燃焼が空である。それは「騒音」のただ中における「静けさ」であり、「熱さ」のただ中における「非熱」であり、「寒さ」のただ中における「非寒」である。これが空における超越である。「底なき寂しさ」において寂しさの底が抜けている、ということが空における超越である。

西谷はそのような空における超越の例をアッシジのフランシスの場合をあげて説明しているので、引用しておきたい。

アッシジのフランシスは灼熱した鉄の棒で眼に外科手術を受けることになり、その鉄棒に対して十字を切って、兄弟なる火よ、自分は汝を神の最も美しい被造物としてこよなく愛した、どうか余り自分を痛め付けないで欲しい、と言つたと伝へられる。（中略）自己と他者との関係の上に十字が切られることは、自己も他者も共に神のアガペに結ばれる場、共に「無」にされ「空しく」される場が開かれること、そしてそこで他者との出会ひがなされることとはいへないだろうか。（中略）彼が火にたいして自らに十字架を印したとき、かかる場が開かれたのだといへる。事実、そこでは火は彼を痛めなかつた。医師がその灼熱した鉄棒を彼にあてて、耳元から眉根まで引いた時、彼は母親の手に撫でられる子供のように低く笑つた。そして逃げ去つた兄弟達が再び戻つて来た時、彼は言つた。気の小さい連中だ、何をそんなに怕はがることがある、私は少しも痛みを感じなかつた、と。この話はかの「心頭を滅却すれば火もまた涼し」を思ひ起させる。勿論、彼の場合でも、火は熱く、肉体は痛みを感じたに違ひない。併し火はその熱い当所で熱くなかつたのであり、痛みはその痛む当所で痛くなかつたのである。火はその燃焼しつつあるところで、燃焼せず、火ではなかつた。彼は痛みを感ずる自身において、痛みを感ぜず、自身ではなかつた。そして火が火でなく彼が自己でないところにおいて、彼は火と交はり、火は実際に兄弟として出会はれたのである。そこでは火は、「火は火を焼かず」と曾て言つたところ、「火は火でない故に火である」と言つたところで、その火自身のもとにあつた。彼も「自己ならぬ自己」として真に自己自身のもとにあつた。（同書、三一三〜三一四頁）

空の立場がそのようなものの「自体」に通入するところにおいて開かれる超越の場であるとき、空において開かれないものは一切ない、と西谷は言う。「悪魔」（デーモン）の本質は「閉じたもの」というところにあるが、空においてそれは内から開かれる。悪魔はあらゆる多彩な形をとって現れ、その正体が見極めがたいところにデーモンたるゆえんがあるが、宗教の本質はデーモンをそれと見分けて、それを無力化するところにある。デーモンの本質は虚無であり、虚無が姿をとって現れたものがデモーンである。悪や罪は人間を不能にするデーモンであるが、現代においてそれは「技術」や「機械」のうちに現れている、と西谷は考える。機械が非人間的で非情な存在であって、それに付きあう人間を反人間的にするが、機械の運動が一切の目的から離れた「自然の運動（Spiel）」（遊び）と捉えられ、機械の響きが波や風の音と聞かれるところでは、デーモンは無力化し姿をくらます。そのような反人間的な機械の音が波の音となるところが「空」である。そこでは機械の非人間性は、人間を反人間的なものへと転落させることはない。

「業」という有り様もまたデーモンである。それは負荷を解消しようとする行為が、そのつど新しい負荷を生むという仕方で人間に重くのしかかり、無始爾来未来永劫にわたって人間を輪廻の鎖に繋ぐ重荷であり、閉鎖性である。それは永劫回帰を説くツァラトゥストラの脳中に鉛のごとく垂らされた「重力の精」ともいうべきものであり、生きることを耐えがたくさせるものである。重力の精は無限な自己中心性、自己内閉鎖性であり、「無限衝動」のなかに潜んでいる。空においてその自己内閉鎖性は解かれ、重くのしかかる重力は魂の底から抜かれる。業において有為であり、負い目であったものが、空において「無為」となり「任運滔々」という性格をもってくる。「現存在に本質的な負荷性が空の立場において脱却され」る（同書、二八五頁）。空の立場においては、一切の働きは根源的に「遊び」の性格をもってくる。根源的な意味での遊びは、根源的な意味で真面目でもある。真面目とは現存在を現存在のもとに連れ戻すことであり、現存在のもとを開削することであるが、そこで遊びとは「恰も大地の底から火が噴き出すやうに、現存在の「もと」を通していわば世界万有の底からほとばしり出る生命が体験され」（同書、二八四頁）ることである、と西谷は語る。

空の立場が現代において要請される理由は、ニヒリズムの虚無を乗り超える道はニヒリズムを通してしかありえないからである。ニヒリズムの虚無が外から開かれず、虚無の内からしか開かれえないゆえんは、ニヒリズムの虚無が、先に見た人生の「悲哀」とは異なって、一切の意味や解答を打ち崩してゆく深い疑惑だからである。そのような懐疑を乗り超える道は、懐疑を懐疑として丸ごと受け容れることとしかない。空が懐疑を懐疑として丸ごと受け容れることを可能にする道であるのは、空はものの自体に参入することだからである。空における超越が現代においてもつ意味は、それが「無意味性の不安」を乗り超えるものであるということにある。ニヒリズムの虚無は死の不安や罪の不安ではなく、無意味性の不安である。深い懐疑、大疑現前とは無意味性の不安である。無意味性の不安は外から取り除くことはできない。丸ごと受け容れることしか、それを乗り超える道はない、とティリッヒは言う。そして、丸ごとの受け容れを可能にするのは「有神論の神」ではなく、「神を超える神」でなければならない、とティリッヒは述べている。そのような神は「深淵としての神」であり、深淵としての神はまた「空」でもある。

その場合「深淵としての神」と「底なき空」を分け隔てるものは、どこにあるのであろうか。あるいは、両者を繋ぐものがあるとすれば、それはどこに捉えたらよいか。その問題を追究する際に決定的に重要なことは、神や空の構造をそれ自体において考察することではなく、それに関係する「自己」との関わりから考察することである。自己をいかなるものとして理解し、自覚するかということが両者の性格を決定する。人間は根本において有限者である。自己の有限性の自覚は一様ではない。西谷の場合、それはニヒリズムという形をとって現れた。ニヒリズムの底をいかに突き抜けるかということが西谷の根本問題であり、それを空へと突き破るには長い忍耐を必要とした。しかし、人間の有限性の自覚は罪という形で現れる場合もある。そのとき有限性を突き抜ける道は、愛という形を採らねばならない。空は、そこでは人間の心に映された愛という性格をもつことになる。

トランス・デサンダンスとしての超越
――武内義範の宗教哲学――

武内義範の宗教哲学思想をその根本において方向づけ、導いている鍵概念を取り出すならば、「トランス・デサンダンス」（逆超越）がそれであると言いうると思う。武内の研究は「親鸞の『教行信証』」、「原始仏教」、「宗教哲学」、「宗教現象学」などの分野に跨がっているが、この概念は、それらの分野において形を変えながらも武内の思想空間においていわば基調音として響いているのである。しかし、武内自身はこの概念を仄めかすに止め、本格的には論じてはいない。したがって、それは、その姿の大半を水面下に隠している氷山のごときものとして、武内の思考空間を浮遊しているのである。それゆえここでは、それがそれぞれの分野においてどのように現れているかを考察し、それらの像を重ねあわせてみることで、全体として武内の思想の主要動機を浮き上がらせることにしたい。

「トランス・デサンダンス」という概念はもともとジャン・ヴァールが用いていたもので、武内はこの言葉を彼から借りている。しかし、武内はそれをジャン・ヴァールと同じ意味で使ってはいない。ジャン・ヴァールは、この概念で、芸術家に見られるような、実在を開示する深い経験の次元に降りてゆくことを指しているが、武内は、人間の有限性の自覚の底に深まりゆくことを指し示している。つまり、有限性の自覚とその超克の問題という角度からこの概念を追究しているのである。

人間の有限性に目を向けることは、一般には、超越から遠ざかることないし無視することであると考えられる。しかし、離れることで逆に成立する超越がある。そのような超越を武内は「トランス・デサンダンス」と名づけるのである。それは、有限性を超え出たところではなく、有限性の自覚のただ中で開かれる超越である。その超越の特色を示すために、武内はそれをしばしば「超越論的」立場と対比させている。自己の存在の底に開示される無限な開けに立脚するところに超越論的と言いうる立場があるならば、そのような無限な広がりを破って、その彼方からやってくる汝との遭遇に自己の真の在所を捉えるところに、武内はトランス・デサンダンスとしての超越の固有性を捉えるのである。そのような超越的汝との遭遇は有限性の自覚のうちでのみ開かれる。有限性の自覚が超越的汝との出会いを要求するのである。そのような超越を武内は宗教哲学・原始仏教・親鸞の思想などの分野において示そうとしている。それは、具体的にはどのような超越なのであろうか。まず、宗教哲学の分野から見ることにしたい。

1　有限性の自覚と宗教哲学

宗教哲学の中心の問題はいうまでもなく、超越の問題をめぐっている。「行為と信仰」という論文において、武内は、超越の問題を自覚の問題として追究している（『武内義範著作集』第二巻、五二頁以下）。ところで、自覚とは自同のことであるとされる。自覚を自同として、それをA＝Aとして表すと、その「自同性（identity）」は「相等性（equality）」とは異なった性格をもっていることに、まず武内は注目する。超越の問題はそのような自同としての自覚の構造を明らかにすることと不可分に結びついているのである。ところで、相等性とは、AとAとを外的に並べて等しいということであるが、自覚の自同とは、自己が自己自身において自己に等しいということである。そこにおいて、自己と等しいということは、「自己自身においてという契機を含んだものとして、自己が自己自身に自同的ということである」（同書、五二頁）と武内は言う。つまり、自覚は、自己が自己において自己を無限に写しゆく働きであって、それはその根源に創造的な自覚の総合の働きを秘めているのである。武内はそのことをハイデガーの言葉を取り上げて、次のように説明している。

自同性はその根本の姿においては、クリエイティヴな総合のはたらきである。このような根源的な意味での創造的な総合であるという意味を明らかにしたのは、ライプニッツ以後、カントからフィヒテ、シェリング、ヘーゲルを通して展開された哲学の根本的な立場であって、誰でもidentity、すなわち自（己）同（一）という問題を考える場合、このようなドイツ観念論の哲学によって展開された決定的な貢献を無視することはできない。（同書、五二〜五三頁）

このような自同としての自覚の創造的な総合の働きを明確な形で表したのは、いうまでもなく西田幾多郎である。周知の通り、西田は自覚が自己において無限に自己を写してゆく「自己写像的体系」であることを、ロイスにヒントを得て、金沢にいて金沢の地図を書いていく場合を取り上げて説明した。そこでは、自覚の総合の働きは、自己が自己のうちに自己の像を映しながら、その底に無限に深まりゆく過程である。自己の先端は描かれたものを無限に超えており、決して描かれることはない。そのことは、自己が自己において自己を超えたものをもつということである。

そのことは、「論理の世界に垂直的に切り込んでいる問題というものにぶつかる」（同書、五六頁）ということだ、と武内は言う。自己は自己の根底において自己を超えたものに触れているのである。そのことを武内は、西田のような地図を書くという譬えとは別に、「小鳥の水浴びの譬え」によって説明している。山中の池の水面に無限に水紋が繰り広げられてゆくことは、そこに小鳥が垂直の次元から降りてきたことを証示している。天から降りてくる小鳥を人は見ることができないが、池の岸に押し寄せる水紋をその源に辿ることで、その訪れが知られるのである（同、参照）。また武内は、西田が取り上げている『寒山詩』のなかの言葉、「かぎりない無窮の水源を溯源するとき、溯源すればするほど水は無限に底から湧き出る」（同書、五五頁）という言葉は、そのような自己の底において彼方から切り込んでくるものを指していると述べている。

したがって、自覚が自同性であるというとき、重要なことは、自己が自己の根底において自己を超えたものに触れているということである。そのことを武内は、自己の根底において「垂直に切り込んでくるもの」があると言うのである。言い換えるならば、自覚はその構造のうちに超越の問題を含んでいるということである。

しかし、自己が自己の底に垂直に切り込んでくるものをもつという場合、その関係は一様ではない。そこには二様があり、調和的でアイデアリスティックな関係と、不調和でリアリスティックな関係が考えられる。武内が自覚の問題として積極的に追究するのはこの後者の関係の方であり、不調和でリアリスティックな関係を重視する。ここに、超越の問題を考える際の武内の独自な確固とした立場がある。では、そこでは超越はどのように捉えられているのであろうか。

超越の異なった二つの形が生じてくるのは、そこで措定された自己がアイデアリスティックな自己であるか、あるいはリアリスティックな自己であるかによる。武内が二つの自己の例として挙げているのは、一方では、カントの実践理性における自己、フィヒテの自己、一般に広くドイツ観念論でいわれる自己であり、他方では、カントの宗教論における自己、シェリングの自己、実存哲学でいわれる自己である。アイデアリスティックな自己とは、自己のうちに超越的なものをそのまま写すことができるような自己である。カントでいえば、道徳法によって自己を規定するところに直ちに自由の実現を見出す自己、実践的理性が実在的自由に直結するような自己である。つまり、自らのうちに超越を写し、超越に透明でありうる自己である。そこでは自己は無限を分有する。それに対し、武内がリアリスティックな自己として捉えるのは、有限性の不安によって自己のうちに透過しえない闇を抱え、超越に不透明になっている自己である。カントの『宗教論』において捉えられているのはそのような自己である。自己は根源悪を抱え、道徳法に背くもの、本性的に悪なるものとして捉えられている。自己はそこでは根源的に有限である。そのようなリアルで有限な自己において、超越は別様に捉えられねばならない。

武内が前者の代表として取り上げているのはヘーゲルの場合である。そこでは、自己の自覚は神の自覚を写し、二つの自覚は重なっている。神が自己自身を自覚することと、人間つまり私が私自身を自覚することは一つである。そのことは、神が自己を見るときの対象面が私が自己を見るときの主体面であることだ、と言われる。人間の主体的自覚において、神が自己自身を見る。人間の主体的自覚において、神の像が見られるのである。それゆえ、人間が無限に自己のうちに深まってゆくことは、自己が神のうちに深まってゆくことである。両者はそこでは連続的であり、対応の関係にある。

しかし、後者においては両者の関係にひびが入る。そこでは、人間の自覚は神の自覚を見るものとはならない。逆に、人間の自覚は神の自覚に反するもの、それから遠ざかってゆくものとして捉えられてくる。そこでは人間の自覚は有限者の自覚として、人間自身の有限性・個別性・誤謬性・可死性・罪障性が現れてくる。そこに生じてくるのは、武内によれば、有限と無限との調和ではなく、両者の調和の破綻である。「人間というものは有限と無限の間で調和のとれた関係のうちにあるのではなくて、むしろ人間の根本の構造が有限と無限の対応のずれというところにある」（同書、六〇～六一頁）。人間が無限に近づいてゆくのではなく、無限と断絶し、遠ざかってゆく関係にある。無限は見えず、覆い隠されて見えなくなっている。しかも、無限に近づき、無限を見ようとして見えない、という逆の関係が生じてくるのである。そこに調和の破綻、人間の悲惨がある。そこでは自己の底に深まってゆくことは、自己の底に無限との関係を見出すこと、無限と繋がっている自己、理想的な自己を見出すことではなく、無限との関係から切り離された絶望的自己、有限でリアルな自己を見出すことになる。自己の底に無限に絶望的に堕ちてゆく方向をもった人間が捉えられてくる。そこに見出されるのは超越ではなく、「トランス・デサンダンス」である。次のように武内は言う。

私はそういった人間の自覚を逆超越論的（transdescendental）自覚だと言いたい。それは、超越論的（transcendental）な上への超越を逆さまにしたような、超越論的な立場を媒介にして初めて出てくるような、堕落としての下への超越という意味を含んだ人間の自覚だと考えることができる。（同書、六二頁）

しかしながら、このような逆超越論的自覚はたんに調和の破綻としてあるのではない。イデアールな自覚とは異なった別の超越の形がそこにあるのでなければならない。重要なことは、それがどのような超越であるかを知ることである。次のように武内は言う。「有限と無限という面から新しく考えられた自己と超越の問題が、有限者と無限者との相関性の問題をいま一度新しく考え直す必要に我々を押しやるように思われる」（同書、六〇頁）。そして、

「私はそのような破綻はさらに一層根源的な逆対応的な即非の調和のうちにあると考える」(同書、六一頁) と述べる。では、それはどのような調和であるか。

武内は、「一層根源的な逆対応的な即非の調和」ということでいかなる事態を捉えているのであろうか。調和の破綻は、差し当たってはまず、自己が自己自身のうちに無限に深く掘ってゆくということである。しかし、掘ってゆく方向が超越論的な方向ではなく、逆超越論的な方向であるということは、否定的な無がそこで問題となってくるということである。だが、「人間存在の中でそういう否定的な無の問題が根底的に問題にされるときに、逆にそれを超えた即非の元調和というものが二つのものの矛盾を超えた高い意味での和 (絶対無) として考えられてくるようになるであろう」(同書、六二〜六三頁)。ところで、それはアイデアリスティックな調和に逆戻りすることでないとすれば、どのような調和であろうか。また、それはどうして成立するのであろうか。

有限性の自覚のうちに深まってゆくリアリスティックな自己は、それを超えるものとして、超越的な汝への要求をその自覚のうちから生み出してくる。しかし、超越的汝への要求は必然的であっても、超越的汝は自己の外からやって来るのでなければならないから、その出会いはあくまで偶然的である。それゆえ、その遭遇は冷えきった池に落ちる「一枚の枯れ葉」に譬えられる。池は冷えきって氷点下に達していても、そこに枯れ葉が落ちなければ凍ることができない。枯れ葉が外から落下することに、出会いが偶然的であり、さらに超越的であるゆえんがある。そこから見るならば、アイデアリスティックで調和的な超越はなお「超越論的」であって、真に超越的ではないと武内が言うゆえんである。超越論的と言われるのは、なお内在的であるという意味である。

しかし、超越者と出会うことで、有限性の自覚はその解決の方向を見出したとしても、そのことは有限性の自覚そのものが一掃され、消失することではない。有限性の自覚はあくまで存続し、以後それは、出会いを受け取るための超越論的場所となる。その有限性の自覚を通して、超越者はますます深く有限者のうちに浸透するのである。両者の関係を武内は、親鸞と法然の出会いの場合を取り上げて次のように述べている。

親鸞にとっては、法然の人格は通常の宗教的教師以上の絶対的な意義をもっていた。法然の言葉は水面に落ちてそこにとどまっている木の葉ではなかった。それは深くかれの意識の底の底にまで次第に沈んでいった。私はこの書のうちで、そのような法然の親鸞に与えた言葉がどのようなものであるかを考えてみようとした。またそれがいかなる過程を経て、四十代の初め、五十代の終わり、八十代の後半の親鸞にいよいよ深く体得されるに至ったかを記した。そうしてそれによって法然と親鸞とを一貫する宗教的真理・浄土真実というものが、どのような仕方でわれわれの魂の核心に浸透するかを考えようとした。（同書、四頁）

池に落ちた一枚の枯れ葉は、ただ表面に止まっているのではない。それはリアルな自己の自覚の底に次第に深く沈み込んでゆく。有限性の自覚は、自己の底に沈み込んできた汝によって内から照らされて、絶えざる懺悔の念となる。こうして、超越的汝によって照らされることで、絶えざる懺悔の念となった有限性の自覚において、武内は、「調和の破綻」が「即非の元調和」となるところを捉え、そこに「トランス・デサンダンス」としての超越の有り様を捉えるのである。有限性の自覚としての「トランス・デサンダンス」は、そこでは徹底した無我の形式となると言うことができる。

2　転換の論理としての縁起思想

(1)『教行信証の哲学』に次いで武内が取り組んだのは、「原始仏教」の研究である。「トランス・デサンダンス」という概念は、そこではどのようにして練り上げられ、深められたのであろうか。原始仏教、なかでも縁起説に対する武内の理解を見ることで、それを明らかにしたい。

縁起思想を捉える際の武内の固有な視点は、それを「覚醒の論理」、あるいは「回心」ないし「転換の論理」として捉えるところにある。そのことは縁起説の根本が、人間の有限性の自覚を掘り下げることにあることと深く結びついている。すなわち、縁起説は人間の罪障性を見詰め、その条件の根源に溯ることによって、それを超える視界を得ることを目指すのである。その意味で、縁起説は存在の論理ではなく、回心ないし転換の論理であることを武内は強調する。縁起説には種々の形の縁起系列が存在するが、大部分の縁起系列に共通な点や縁起経典の根本の趣旨をその思索の根本の動機に溯って考えてみると、すべての縁起支の最初の項が老死から始められており、そのことは縁起説が同じ問題、同じ思索の動機に基づいていることを示している。それは老死の苦からいかに出離するかという問題である。そして、そのことは縁起説が最初からたんなる論理的な立場ではなく、回心・転換・覚醒の論理であることを示している、と武内は考えるのである（『武内義範著作集』第二巻、八九～九三頁参照）。

しかし、縁起説だけが、そのような覚醒ないし転換の論理なのではない。原始仏教の四《し》諦《たい》説や、それが大きな影響を受けた業や輪廻の思想もまた、その根幹において覚醒ないし転換の論理である、と武内は言う。要するに、武内の原始仏教研究は、有限性の自覚のうちに踏み入り、それをその根源にまで溯って超えるという、原始仏教全体に秘められている覚醒ないし転換の論理を明らかにすることを狙いとしているのである。そのような転換の論理が「トランス・デサンダンス」としての超越の有り様に外ならない。たしかに、武内は原始仏教の研究においては、まだこの言葉を用いてはいない。しかし、それは武内の原始仏教の研究において、暗黙のうちにそれを導いているのである。

　業や輪廻の考えは仏教の前提として、その罪悪の思想を強く規定しているものであるが、そこで捉えられているのは人間の根源悪の感情である。それは我々の生存の直接の事実性であり、生存全体を貫いている根本感情である。我々の存在の根源を貫いて流れているそのような感情が、過去・現在・未来の三世にわたる時間表象において神話的に表現されたところに業や輪廻の考えがある。したがって、業や輪廻は自己の外にあって、自己を支配している客観的事象と信じられてはならない。そこに我々が捉えなければならないのは、三世にわたる時間表象のもとで語られた人間の生存の直接的事実性であり、それを自己の実存の現在の一瞬に凝縮して、これを限りなき苦と捉えることである。それは、苦を深く見つめ、それを自らに担うことでそれを超えるという、人間の有限性に対して人間が採りうる、そして採るべき唯一の解脱の道を教えたものである。業や輪廻は、生死的な人間をありのままに説明し記述するためではなく、生死的な人間が自らの条件を超克ないし転換するために、いわば象徴的な説明原理として出されたものであることに注意しなければならない。

　したがって、業や輪廻は存在判断ではなく、転換の論理である。そこで示されているのは、「それを深く知ることによって、それを超える」という超越の道である。そのようなものとして輪廻は初めから終わりまで覚醒への呼びかけである。「業と輪廻は対象的に見られると、全く生存の運命的必然性を強調する教義と考えられるであろう。しかし主体的には、それとは逆に解脱と自由とのためのものである」（『武内義範著作集』第二巻、九一頁）と武内は言う。ところで、「それを知ることが、それを超えることである」というのは、武内によれば、これが夢であると知ることが、夢から覚めることと同様である。しかし実際は、夢から覚めて初めて夢であったと知られるのである。そこで、武内はヤージニャヴァルキュアの言葉をあげて、輪廻を知ることは「蛇が自分のぬけがらを見るごとく」(同)でなければならないと言う。輪廻はそれと知られることで、乗り超えられる。輪廻が「解脱の光のもとでだけそれと見られうるような事実なのである」(同)とか、「流転や輪廻の世界は、ただそこからの解脱が同時にそれとともに強調されるときにだけ意味のある事実」(同)であると武内が言うのは、この意味である。これが業や輪廻に対して、また四諦や縁起説に関して、武内が採る根本の見方である。

仏教が、業や輪廻の考えを否定し乗り超えるものとして登場し、そしてそれを乗り超えたということは、仏教に業や輪廻の思想がないということではない。逆に、業や輪廻の思想が否定され克服されるべきものとして、仏教の根幹に入り込み、これを深く規定していることを意味する。釈尊が四諦説において説いたのは、非神秘化された形で説かれた業や輪廻の思想であったといっても間違いではない。釈尊は四諦において、生存の直接的事実性を苦として捉え、苦をその底まで見つめて集に至ることが苦の滅となることを説いたが、業や輪廻はそのような生存の直接的事実性を物語的に表現したものである。四諦は、業や輪廻のうちに暗黙な形で含まれていた転換の論理を哲学的自覚の形のもとに捉え直したものに外ならないのである。それは、人間の生存を苦として彩っている生老病死をその成立の根源に溯って、そこから離れることを目指すのである。

こうして武内は、原始仏教およびそれに深い影響を与えた業と輪廻の思想のうちに潜む共通の関心を捉え、それをgrund-qua-abgrundとして定式化する。それは苦を見つめてその根源に溯ることで、苦を離れるということ、苦―集が苦―滅であるということである。トランス・デサンダンスといわれるのは、そのような超越の形式である。

それは、有限性のうちに深まることで有限性を超えるという道である。

(2)　では、縁起説は具体的にはどのように捉えられているのであろうか。まず、武内が退ける縁起説の理解から見ておくことにしたい。

縁起説は、一般には人間の苦悩を客観的に説明するものと理解されてきた。

われわれが輪廻の裡に生まれては死し、死してはまた生まれて、つねに苦悩をうけねばならないのは、過去世の無明と業の結果であると。宿世の悪業は現世の苦果をひきおこし、現世の悪業もまた来世の苦果をまねく。かくして、縁起支の関係は、それらが過去・現在・未来の三世に張りわたされることによって、いかにこの因果応報の理が働くかを教えるものとなる。

（『武内義範著作集』第三巻、一〇三頁）

縁起説の説明のこのような客観的偏向は「胎生学的解釈」と呼ばれるものである。それは三世両重の縁起説といわれ、そのような縁起説の理解は宇井伯寿によって退けられた。武内も宇井の考えに同感している。縁起は、人間がその生においてそもそも老・病・死というような禍・窮境に晒されているということがどうして起こるかを説明するのであって、どうして個々の人間が事実的に業の法則にしたがって常にその誕生を繰り返さねばならないかを説明するのではない。

他方、このような客観的説明を排して、縁起説は「(認識) 主観の論理主義」の立場から説明された。それは縁起を時間的生起としてではなく、あくまで論理的な条件・帰結の関係として見直してゆこうとするものである。それは和辻哲郎の見方である。和辻によれば、縁起とは、縁によって生起するという意味であるが、そこで生起するといわれているのは比喩的意味であって、時間的に後前と表現されていることは、論理的な意味で先行ないし後行するということである。だから、縁起の生起という含蓄はその時間的な意味を洗い落として、限定する、規定するという意味に解せられるべきものである。そこで「縁起説は、われわれの苦悩に満てる有限存在者としての有り方が、論理的な意味で何を条件とし何を根拠としているかを明らかにするものであると考えられる」（同書、一〇六頁）。縁起説のこのような論理的な理解を和辻は採る。和辻にとって、縁起説とは「われわれの日常的経験の領域を可能ならしめるア・プリオリな範疇の体系」（同書、一〇八頁）なのである。武内は、そのような和辻の理解は阿毘達磨的であり、原始仏教に本来の理解ではないとして退けている。

　縁起説のこの二つの解釈に対して、武内が採るのは、これを「宗教的実存の自覚の論理」ないし「回心の論理」として捉えることであることはすでに述べた。業や輪廻の考えと同じく、縁起説は、苦悩からの脱出という「宗教的実存のパトス」をその根幹に有していると武内は考えるのである。そこで武内は、縁起説が仏陀の「正覚」の内容を表すものであるとして、次のように述べている。

> 　仏陀の場合、彼の老病死の問題はいつも自己自らがそれである抜き差しならぬ現実として、かけがえのない自己自身の上に覆いかかってきたのであった。そうして同時にこの老病死の現実は、人間存在の根源の可能性としての事実である。（中略）縁起説とはまさしくこの問いを問いきわめて、それを答えに翻す道である。（中略）そうしてこのような問いは存在の苦悩の根拠を問い尽して、それの究極の根拠に帰する（zugrundegehen）ことによって、かえってそれを否定しそれを超えて、宗教的実存を転成せしめることができるからである。いわ

ゆる縁起説の順観から逆観への転換はこの「根拠（Grund）より実存（Existenz）へ」の弁証法的関係の主体的把握にほかならない。

（同書、九三〜九六頁）

このような縁起説が中心に秘めている実存的パトスは、次のようにも語られる。

いわゆる縁起説は、後期の仏教哲学のさらなる展開のすべてがまたその生命と力をそこから受け取るところの、原始仏教の最も原初的な思索から発している。定式化されたこの教説の生硬さと単調さは、それに直接近づくことを妨げるにもかかわらず、仏陀の言葉の目に見えない力がこの教説を支配しており、一度その精神によって捉えられ魅了された者は、その真正の宗教的真理をもはや疑うことはできないであろう。この教説は、語りえないものをそこで燃え上がらせるために、われわれの日常的生の諸体験における外面性と心の分散とを人格の焦点に摂り集めるところの深い禅定と意識集中から出来している。（中略）われわれはこれからこの教説を紹介しようとするに際して、心の深みにおいて何か熱いものを感じるまでには、少しばかり忍耐がいることを予測しておかねばならない。私は、火は己れ自身を養うと考える。定式化した表現は仏陀の回心の告白以外の何ものでもなく、それを告げることによって、仏陀は彼の聖なる火のための新しい薪を――われわれの各々の内に――探し求めているということが、以下の引用からわかるであろう。そして、まさにこのような告白が醒めた哲学的な形式的表現をとることができるということの内に、われわれが先に示したような、仏教の際立った特質も存するのである。

（同書、三二〇〜三二一頁）

以上において、縁起説は転換の論理であることが示された。では、縁起説が転換の論理であることが、具体的には、縁起説のどこに、いかなる形で示されているのであろうか。それは全苦蘊《ぜんくうん》の集が同時に全苦蘊の滅であること、そして、成立の根拠を辿る順観が同時に消滅の過程を辿る逆観とともに見られていること、根本的にはそこに「相依相関」関係が見られることに示されている。

縁起説は、先に見たように、縁起支を辿って生老病死を「胎生学的」に捉えることではなく、また一方的な根拠づけ、ないし基礎づけという「認識論的」関係として捉えることでもない。全苦蘊の集を同時に全苦蘊の滅として逆転的に捉えるところ、つまり、順観において全苦蘊の集をその根拠の方向に辿ってゆくことが、逆観において全苦蘊の滅において逆方向に辿られること、順観と逆観とが一体となっているところに、縁起説が転換の論理であるゆえんがあるのである。このように集と滅が相関していることを、武内は「相依相関の関係」として捉え、いわばその痕跡が縁起支のうちに残されている様を後づけている。

縁起説が十二支縁起となって完成する以前の六支縁起・九支縁起・十支縁起が見られる。十支縁起を取り上げるならば、⑴老死↓⑵生↓⑶有↓⑷取↓⑸愛↓⑹受↓⑺触↓⑻六入↓⑼名色⇅⑽識という根拠づけの関係が見られるが、最後の九支と十支の識《しき》と名色《みょうしき》との関係が両方向の根拠づけの関係になっている。それは六支縁起や九支縁起の場合も同様である。そこでは、識が名色を成立させると同時に、名色が識を成立せしめるとされている。そして、それは滅に関しても同様である。識が滅することによって名色が滅すると同時に、名色が滅することによって識が滅する。識と名色との相関性が全五蘊の集に関しても言われると同時に、その滅に関しても言われるのである。

それは具体的にはどのようなことを意味するのか。識と名色との相関とはどのようなことを意味するのか。識と名色には多様な意味があって神秘に包まれているが、いま大ざっぱに、自己と対象界を意味するものとして、識と名色との相関を自己と世界との相関関係として捉えるならば、それぞれが互いを成立せしめているということは、両者の根底に認識主観というごとき存在があって両者を成り立たしめているというのではなく、両者の連関の背後に「愛欲相」と「無常相」があることを意味する、と武内は言う。無常相は燃えるという言葉によって示されるが、それは愛欲と一つに燃えているということである。目の前の山が燃えているとき、「汝の目も燃えている」と釈尊は言った。目と山が一体となって燃えているところに、無常相における両者の連関がある。

「一切が燃える」という象徴は、さらに主客の対立を執着とか愛欲の面から捉えるべきことを指し示している。燃えるというのは、無常相であるが、その無常相がまた愛の炎のゆらめきでもある。（中略）こうして、「一切が燃える」という表象を通じて、無常相と愛欲相との関係が非常に意義深く重ねられている。

（同書、一三六頁）

縁起説は、人間におけるこのような二重の関連をその根源に溯って考えようとする。こうして、武内は、識と名色との連関に目を向けることは、人間存在の足下に開く業と輪廻の深淵ともいうべきものに目を向けることであると言う。それを深く見つめることによって、それから飛躍するところに業や輪廻の思想の意味があった。同様に、識と名色との連関の底に見られる無常相を見つめることがそれを超えることである。そこには、武内がもう一方で追究している、「禅定」が働いていることは言うまでもない。

現世における世界と私との関係もまたそのような蔽れた根拠の上に成立している。もし何かの方法で私がその根拠にまで遡源し、そこでその真相を白日の下に見極めることができると、たちまちその根拠は否定せられ超越せられる。このように、いわば夢だったと知られた夢のごとくに、見尽され遍智せられて集より滅に移る。（以下略）

（同書、一一三頁）

こうして武内は、識と名色の相関性の根源に愛欲と無常相を捉えることで、それが全苦蘊の集を滅に翻す根拠であることを明らかにするのである。「トランス・デサンダンス」といわれるのは、そこに見られる転換の全過程に外ならない。すなわち、「縁起の問いに沿うて遡求され追求されて、人生苦の最後の根拠に到達し、それを突破することによって、問いを答えに翻し、ついに悟りの境地が得られた」（同書、一七一頁）という縁起説の過程ないし根本動機が「トランス・デサンダンス」なのである。

(3)　縁起説が覚醒ないし転換の論理であるということは、それが人間の実存の根拠への反省と不可分に結びついていることを意味する。縁起説のこの部分を武内は「縁起説の実存的動機」と呼んで、縁起説の論理的部分と別の章を設けて論じている。しかし、武内が縁起説において重視し、その解明にエネルギーを注いでいるのは、論理的部分よりもじつはこの部分なのである。

武内は、『増資部』のなかで語られている釈尊の「四門出遊」の物語に深く注目し、そこに縁起説の機動力となったものを捉えている。その経典では次のように語られている。

私は実にかく裕福で大変快適であったにもかかわらず次の思いが生じた。無聞の凡夫（日常的人間）は、自ら老法であって（老の法則の必然性に服していて）、老を超えていない。しかも老いた他人を見ると、自らを悩みつつ、これを悩み、恥じ、嫌悪する。私も老法であって、老を越えない。その私が他人の老を見てこれを悩み、恥じ、嫌悪することは、私に相応しくない。このように私が省察したとき、私の若さにおける若さの驕慢（mada）はことごとく払い取られた（同じ省察が病、死に関して繰り返されている）。　（同書、一九一頁）

武内は、このような若き釈尊の「驕慢の反省」に縁起説の動機を捉えているのである。釈尊が自己に相応しくないと考えた驕慢は、意識の表面に現れたかぎりのものではなかった。それは、自己の存在の奥深くの無意識の次元にその根を秘めているものであった。それゆえ、それを自己に相応しくないとして退けようとする思いは、自己の存在の根源に向けて掘り下げてゆく反省とならざるをえない。そこに釈尊の思索の根源があり、縁起説の実存的動機があった。

ここで注意すべきことは、若き釈尊の驕慢の反省が、若きハイデガーの「死の先駆的決断」やキェルケゴールの「単独者の自覚」とは質を異にするものであるということである。たしかに、釈尊の驕慢の反省も、ハイデガーのいわゆる宗教的先駆的決断も、非本来的な日常人の老・病・死の受けとめ方を排して、自己をその本来性に覚醒するために、老・病・死が負荷せしめる課題を徹底的に追求しようとすることにおいて、共通するところがあると言いうる。しかし、釈尊の反省とハイデガーやキェルケゴールの反省との違いを、武内は、ハイデガーやキェルケゴールでは、日常的人間である平人を離れた単独者としての実存だけの事柄とされているのに対して、釈尊の驕慢の反省は人と人との関わりのなかでなされているところに見ている。「若い仏陀の「驕慢」の経験の場合では、この非本来的人間から本来的自覚への覚醒の問題は、ただちに私と汝（ひと）との関係として把えられ、最初から自覚覚他への関連のうちにおかれていることに注意しなければならない」(同書、二二一頁) と武内は言う。死の不安の克服は他人との関係をもたない。また、キェルケゴールでは、汝との関係が問題となっても汝はもっぱら絶対者であって、他者との関係はじつは神関係しかない。しかし、仏陀の自覚には本来性・非本来性の区別はない。「不安が宗教的実存の先駆的決断として、また不安の回避をも非本来的人間の私―汝の世界の具体性において把えているところに、仏陀のこの自覚の具体性がある」(同) と武内は言う。

しかし、そのような違いの現象のより根本にあるものは何であろうか。それは、ハイデガーやキェルケゴールにおいてその反省が自己主張と自己絶対化の方向をもつのに対して、釈尊では自己否定と自己滅却へと向かうということである。その違いは、釈尊の反省が驕慢という人間存在のうちに潜む最も現実的なものに向けられていることによる。釈尊の反省は、死の先駆的決断によって非本来的な自己を断ち切るというような直線的で抽象的なものではない。驕慢を悪の根源として、それを自己の内に深く見つめ、その根を自己の内に掘り起こして、それを乗り超えてゆこうとするものである。反省はそこでは驕慢という自己に深く根差した罪障性に関わっているので、空虚な反省が陥りがちな、自己意識の絶対化に反転することはない。そこにあるのは「われわれの自己意識を解体してゆく運動」である。釈尊の自覚において、本来性と非本来性とが区別されず、また、その反省が人と人との関わりへ開かれているゆえんもそこにある。そして、そのような釈尊の精神が仏教国の宗教心の河床を構成するものとなったゆえんもまたそこにある。

注目すべきことは、縁起説の根本動機となったこのような驕慢の反省が、東アジアの仏教に限られるものではないということである。それはまたアッシジのフランシスのうちに、そしてまた、イエズス会の設立者となったイグナチウス・デ・ロヨラにも見られるものであることに武内は注目している。キリスト教の精神が西欧の世界に、一般大衆の心として根づいたのは聖フランシスを通してであるが、その源に働いているのも、自己の根源にひそむ驕慢を見つめてその根を掘り起こす反省である。そのことを武内は次のように述べている。

キリスト教の精神が西欧の世界に、一般大衆の心として根付いたのは、聖フランシスを通じてであるとせられている。その聖フランシスになって、この老・病・死の問題が彼の全存在を包む一大事となった。われわれはこの問題が彼の青春の誇りと格闘しながら、次第に深く彼の独自の宗教心を形成した全過程と、ついに彼に家を捨てて仏陀と同じような出離の道を歩ませるに至った全経歴を、つぶさに知ることができる。フランシスの心はそれ以来今日まで西欧のキリスト教的宗教心に大きな影響を与えてきた。(中略) フランシスが経験したような宗教的問いの形成と出離という問題は、彼の死後その影響のもとで多くの宗教者に繰り返された。フーシェは、生活環境を考量にいれると、フランシスよりはイエズス会の創始者であったイグナティウス・ロヨラの方が近いという。(中略) このような意味で鑑とされる働きのある仏陀の「四門出遊」は東洋の仏教国ではもちろん、西欧世界でも、その宗教心を底流の面で、いわば河床を構成しているという一面があることが注意されてよい。

(同書、一三九頁)

3　有限性の自覚と親鸞の思想

(1)　有限性の自覚を通して開かれてくる超越の固有の有り様を明らかにすることに武内の思索の根本があること

は先に述べた通りである。有限性の自覚のうちに深まりゆくことは、ただ絶望的にそのうちに沈みゆくことではない。下降する方向は、そのうちから、それに対向して跳ね上げるような「上昇する方向」を呼び覚まさずにはおかない。有限性の自覚は「汝」との出会いを要求するのである。そこに汝との遭遇があり、その遭遇によって否定は肯定に転じられる。「トランス・デサンダンス」という概念によって武内が示そうとするのはそのような超越の有り様である。そのようなものとして、「トランス・デサンダンス」は「汝との遭遇の場所を形成するもの」となるのである。

有限性の自覚は、武内の原始仏教研究においてその思索を根本において動かしていたものであった。釈尊の四諦において、有限性の自覚は「苦」として捉えられた。苦は、それを見つめそのうちに深まりゆくことを通してのみ乗り超えられる。それは苦の集が苦の滅へ転換することであり、その転換を武内は、grund-qua-abgrund、ないし qual- 即 -quelle として捉えた。そして、その転換は、地下へ掘り下げてゆく索道が地底から噴流してくる水流によって浚えられることに譬えられた。

四諦説における苦の反省は、縁起説においては、若い釈尊の驕慢の反省に具体化された。若い釈尊が驕慢として捉えたものは、意識の表面に現れた現象ではなく、生命と一つになった若さの感覚の底から無意識のうちに立ちのぼってくるものであり、それが意識の表面では老人や病者や死者に対する嫌悪や軽蔑となって現れるのである。苦の根源をそのような生命の活動と一つになった驕慢と捉えたところに釈尊の精神のかぎりない深さと繊細さがある。縁起説は、そのような無意識の底にあって苦を成り立たしめているものを探り当て、その根源に立ち還ってその根を掘り起こそうとする反省である。ここでも、自覚にもたらすことは、それを超えることである。したがって、縁起説は存在の客観的構造を明らかにする論理ではなく、転換ないし回心の論理である。それは四諦における苦集―滅という転換を、驕慢というような人間の生命の根幹に潜む否定的なものの反省を導きとして具体的な人間関係のなかで開こうとしたものであった。

生老病死を苦として捉えるところに、人間の有限性の自覚があるが、苦を掘り下げてその原因を人間存在の底に潜む自執性に見出すとき、人間の有限性の自覚は罪障性の自覚となる。ティリッヒは、人間の有限性の自覚に、死の不安、罪の不安、無意味性の不安をあげているが、武内はそのなかで罪の不安を死の不安よりも深いものとしている。なぜなら、罪の不安は自己の有限性の根源を、死の不安のように自己の外にではなく、自己の内奥に見出されるものだからである。そこでは有限性は、たんなる制限としての有限性としてではなく、有限と無限との関わりの齟齬として、うちに無限の極を含むものとして現れてくる。有限性は、無限に関わる自己の有り様として、無限という相貌をもって現れる。つまり、有限性の自覚としての罪の不安は、顚倒した無限の自覚なのである。そのような徹底した有限性の自覚が親鸞において現れている。親鸞は「浄土の真実」をそのような自己の罪障との関わりのなかで捉えているのである。

武内によれば、浄土の真実は、罪障の自覚が、それを超えさせるような「汝との出会い」を、その自覚のうちから呼び起こしてくることにある。その際、注意すべきことは、超越的汝は、自己の「罪障のゆえに」罪障の自覚のうちから生じてくるのであって、罪障の外から、「罪障にもかかわらず」出現してくるのではないということである。浄土真実に固有な超越の有り様がそこに捉えられている。(註) そして武内は、そのような把握のうちに親鸞の「自督の深さ」があると言う。それを武内は、具体的には『教行信証』の「化身土巻」の「三願転入」と、「信巻」における親鸞の告白において考察しているので、それぞれを簡単に見ておきたい。

註

曽我量深は「如来表現の範疇としての三心観」において、そのような浄土真実に固有な超越の有り様を親鸞の言葉に即して説明しているので、取り上げておきたい。

『教行信証』のなかで親鸞は次のように述べている。

「この心を推するに、一切の群生海、無始よりこのかた乃至今日今時にいたるまで穢悪汚染にして清浄の心なし、虚仮諂偽にして真実の心なし。ここをもって如来、一切苦悩の群生海を悲憫して、不可思議兆載永劫において、菩薩の行を行じたまいしとき、三業の所修一念一刹那も清浄ならざることなし、真心ならざることなし。如来、清浄の真心をもって、円融無碍・不可思議・不可称・不可説の至徳を成就したまえり。」（傍線引用者）

この文章のなかで、「ここをもって如来」と述べられていることに曽我は注目している。一般には、ここを「しかるに如来」と言うところであるが、そうは言わないで「ここをもって」と親鸞は述べている。そこに、深い「必然の論理」、「信の論理」ともいうべきものがあるとして、曽我は次のように述べている。

一体如来といふものはどうして見出す、如来を見出す所の其の道程、其の原理が、詰り一切群生海である。此の一切群生海の果相を通して吾々は如来の因相を絵巻物の如く明瞭に知ることが出来るのである。因を離れて如来はない。之を吾々はよく考へて見なければならぬと思ふのであります。

一体、法蔵菩薩はどこに見出すか。此の一切群生海の中に、群生海を通して、さうして群生海を超えて、そこに法蔵菩薩を見出す。群生海を通さずしては群生海を超えることはできない。群生海を超えるといふことは、群生海を通して、即ち群生海を通してさうして群生海を超えて、そこに如来があり、如来因位の行がある。だからしてそこに全体的なる純粋なる廻向といふ論理があろうと思ふのであります。（中略）

即ち此の法蔵菩薩は、吾々の本当の現実、異熟の現実の自覚を通して、其の自覚の極端の底に現れ、そこに感ずる所の清浄なる大精神、本当に現実に苦しめられ、吾々を本当に見つめ、自己のあらゆる現実を認めて、自己の全体を投げ出し、其の自己全体を投げ出す時に、その自己全体を引き受けるものが法蔵菩薩である。この本当の現実を離れておる如来は、「然ルニ阿弥陀如来」でありますが、今は、しかるに大悲の阿弥陀如来ではないのであります。「是ヲ以テ阿弥陀如来」である。『教行信証』を御覧になるといふと、決して、然るに阿弥陀如来と有り難さうに立つてお出になる如来様ではない。「是ヲ以テ如来」、実に吾々衆生の現実のはてからはてまでを見て、見徹した時に、其の現実の全体の中に即して、その全体を通して超えて、さうしてそこに法蔵菩薩がある。こゝを語って居るのでは無いかと思ふのであります。

（『曽我量深選集』第五巻、一八一～一八三頁）

(2)　武内が『教行信証の哲学』において追究したのは「化身土巻」における「三願転入」の問題である。そこでは、第十九願から二十願をへて第十八願へ至る宗教的意識の発展の過程が、それぞれ観想的・倫理的立場、内在的宗教の立場、内在的・超越的宗教の立場という類型のもとで辿られた。そこで、罪障の自覚として問題となってくるのは第二十願の立場である。

親鸞の回心は親鸞が二十九歳のとき、それまでの比叡山において修行した宗教的立場を捨てて法然の教えに帰したときに定まった。それは自力の定善・散善の立場から他力の如来の本願に帰したときであり、第十九願から第十八願の立場に転入したことを意味した。しかしながら、意識の上では第十八願の他力の立場に転入したはずの宗教的意識のうちに、下意識の深層においてなお「自力の執心」が残っていた。それが第二十願の立場である。それゆえ、本願に帰した宗教的意識が自己の底に潜んだ自力の執心を掘り起こし、克服してゆくことが三願転入の究極の課題となる。つまり、第十九願から第十八願への転入は、より根本的には第二十願から十八願への転入によって完成されるのである。そこで問題となるのは、この「自力の執心」がいかなるものであり、また、それがいかにして超えられるのかということである。『教行信証の哲学』の独創性はこの問題に深く切り込んでいることにあるが、それは第二十願の立場に対する武内の独自な解釈と結びついているのである。

第二十願を特徴づける「自力の執心」とは、武内によれば、宗教的主体が自己の全体をあげて名号に帰するとき、そこに飛び込もうとして跳躍板を踏む足に籠められる全力である。武内はそれを、「他力との遭遇の衝撃に起因した反動のようなもの」、「全く汝に対面することによって、自分自身へ帰ってきた力の激発である」として、それは「全存在をあげて名号に遭遇し、名号に宗教的決断を通して、自己自身を委託し切った者にだけ経験される自己の存在の根底におけるゆさぶり」（『武内義範著作集』第二巻、二一頁）であると言う。それは「本願の嘉号を己が善根とする」こととなって現れるが、しかし、そのために、そこには真の意味で他力の信というものは成立していない。それゆえ、本願に帰したはずの宗教意識のうちに深い絶望がそこで生じている。「自力の執心」として特色づけられる第二十願の立場は、そのようなものである。

ところで、この自力の執心とそれに基づく絶望は、無意識の深層にあって自覚に上らないから、容易に取り除くことができない。それはただ深い反省においてのみ明らかになり、克服される。そのような反省の例として武内があげているのは、恵信尼の手紙のなかに記されている親鸞の五十九歳のときの経験である。その概略は次の通りである。親鸞があるとき風邪で寝込んで、「三日目から『大無量寿経』の文字が一字も残らず輝いて見えた。それでどうして今頃自分にこんなことが起こるのだろうかと思って、よくよく思案してみると、およそ十七、八年前に『浄土三部経』を衆生利益のために千回読もうとして中途で思いとどまったことがある。当時すでにその迷いをすっかり清算したつもりになっていたが、止めはしたがなお自力の執心が心の深層に残っていて、それが今の病気を機縁として、夢像か幻像の形をとってあらわれてきたのであった。人の執心・自力の信というものは、よくよく深刻に思慮反省せらるべきものであると省悟し、決着をつけることができたのちには、経を読むことが止まった。

止まったというのは、夢か幻の境で『大無量寿経』を自動的に読んでいたのが止まったということであろう。そこで寝こんでから八日目の暁に「まはさてあらん」と親鸞がつぶやいた。妻の恵信尼がそれを聞いて「うわごとですか」とたずねると、「うわごとではない」実はこういう状態だった。それで「今はもうそのことは決着がついた」と言ったのだと申されたが、それから後で汗がしたたるように出て全快されたことであった」（同書、一九頁）。そして、武内はこの手紙で興味深いのは、「親鸞が自己の夢か幻覚のようなものに現代の実存分析のような洞察を加えて、それによって自力の執心を意識の深層から剔出していることである」（同書、二〇頁）と述べている。また、他のところでは、「親鸞は（中略）精神分析を行っている」と述べている（『武内義範著作集』第一巻、四三頁））が、重要なことは親鸞がその分析を自己自身で行い、それゆえその意味を余人の及ばぬ深さで捉え、納得しているということである。その反省は、四諦説や縁起説において捉えられている反省と同じ深さをもち、根本において通じるものである。それを知ることがそれを超えることである、grund-qua-abgrundという回心の基本構造が、そこでは具体的経験に即して語られているのである。無意識の深層に秘められているものを意識の表層において捉える際、自己の有り様の組み替えを伴うがゆえに、それは劇的な変動を伴うのでなければならない。武内が注意するのは、第二十願の「自力の執心」は「風邪をひいて十分直り切らない場合のように、（中略）だんだん取れてきて、やがてゼロになり、純粋他力になる」（同書、二〇頁）という具合に、「自然に消え去るのではなく」（同）、自覚的で動的な転換を伴うということである。

そこで、第二十願と第十八願との関係をめぐる武内の独自な解釈が生じてくる。次のように捉えられる。

第二十願の精神も決断においては、他力の念仏を選択したつもりであり、第十八願であると自負する。（中略）さて、自負していたいわゆる第十八願が、自己の深奥に自力の執心を発見すれば、自負していた第十八願は自己を第二十願に貶してしまう。そして一度第二十願に落ちることによってかえって逆に第十八願に浮かび上がる。そのことがどうして可能であるかと問われれば、われわれはこの「罪の自覚から救済へ」の―今まですでにしばしば繰り返して説いた―道の、これが最後の最高の前提であり、そしてまた自覚の深奥のしかも了々として明らかな体験の事実でもあると言うよりほかはない。第十八願と第二十願とは宗教的精神の本質的な自覚の両契機であるから、第十八願の精神はただ一度第二十願から転入して第十八願となってしまうのではなく、第十八願は絶えず第二十願を自己疎外によって成立せしめつつ、またさらにそれを消滅契機として否定し、第十八願に転入せしめ続けねばならない。（『武内義範著作集』第一巻、四五頁）

ここで武内は、宗教的精神はただ一度、第二十願から転入して第十八願になってしまうのではなく、第二十願と第十八願との間で上昇と下降を繰り返す、と捉えている。そして、第十八願への上昇運動を実現するための「消滅契機」として第二十願を捉えている。武内はそこでは、第二十願に比重を置いて思索を進めているといえよう。第二十願を足場としてそのつど跳躍することによってのみ第十八願に転入することが可能になるとされるのである。そのことが消滅契機ということの意味である。それが消滅契機といわれるのは、天空へ衛星を打ち上げるロケットが、一度打ち上げたならば無用となって消滅することと同様である。しかし、そのような把握は、第十八願の立場を不安定にするとして、石田慶和によって疑問が呈されることになった（『信楽の論理』）。ここでは、武内の立場とそこに潜む問題を掘り起こしてみるために、石田の批判を取り上げてみたい。

石田によれば、宗教的精神が第二十願と第十八願の二つの願の間を落ち着きなく無限に上下ないし往復し続けることは、第十八願の立場をたんに微分的に触れられるだけのものとし、第十八願はただ未来に待ち望まれるだけのもの、全体としてそこに立脚することができないものとなる。しかし、三願転入が説かれ、信楽としての信の立場が確立した以上、第十八願の立場は宗教的精神が一度踏み入れたならば、以後そこを足場として生きるべき大地のごとき安定性をもつものでなければならない。それは未来に望まれるのではなく現在において開かれるもの、あるいは、微分点のごときものではなく場所的性格をもったものでなければならない。宗教的精神は、第二十願から第十八願へ、一度永久に転入したのであり、以後、自力の執心によって仮に波風が生じるとしても、それは第十八願のうちに深まるのであって、二つの願の間で空しく徒《いたずら》に往復を繰り返すのではない、と石田は考える。石田のこの理解は、三願転入そのものは宗教的精神の発展の過程を示すにしても、それは第十八願の立場が確立し、そこから過去的に返照回向することで成り立つのであり、宗教的精神が歩むべき道筋として未来に向けられているものではないという理解、および、自力の執心が一度自覚的に乗り超えられたならば、もはや以前とは同じものではないとする理解と結びついて生じている。それゆえ石田によれば、第十八願に転入した精神は再び第二十願に舞い戻ることはない。もちろん、いわゆる煩悩や自力の執心の名残りは人間が生きているかぎり完全に払拭されることはなく、第十八願の立場においても残っていることは否定されない。しかし、そこでは、第二十願の自力の執心に固有であった自閉性の根は抜き去られている。それは自己を引き攫《さら》ってゆくような暗い煩悩ではなく、明るい煩悩であり、それゆえ、以後の煩悩のそのつどの反省的克服は第十八願のなかでの深まりであり、第二十願と第十八願との間の絶えざる転入と頽落の繰り返しではない。第二十願を第十八願への転入のための消滅契機とする武内の見方はなお第二十願の立場に立つものであるとする石田の批判は、以上のごときものである。

しかしながら、このような石田の批判に対して武内の側から疑問が提示されうるとすれば、それは、自力の執心や煩悩に関して、第二十願と第十八願との間でそれほど明確な区別は立てられうるかということであろう。煩悩は二つの願においてその質を異にするとしても、煩悩は煩悩である。悪しき煩悩と善き煩悩、閉じた煩悩と開かれた煩悩の区別があるわけではない。実際のところ、信に深まった晩年の親鸞において罪障は明るくなるどころか、ますます自己の存在の奥深くに根差す自閉的なものとして捉えられてくる。そしてそれは、そのつどそのつど、第二十願から第十八願への転入におけるような、劇的な仕方で自覚され、超えられている。その様子は、煩悩が「直り切らない風邪が気づかないうちに自然に直るように、自然に消え去る」という具合とはおよそ異なっている。第十八願においてなお残る煩悩の克服が、仮に、第二十願を消滅契機とする第十八願への転入の繰り返しではなく、第十八願のなかでの深まりであるとしても、それは、第二十願から第十八願への転入の際のような、そのつどそのつどの飛躍という形を採るのである。そして、それが煩悩が克服される唯一の仕方であることに注目し、そこに主眼を置いて見るならば、それを第二十願と第十八願へとの間の転落と上昇の繰り返しと見るか、あるいは第十八願のなかでの深まりと考えるかは、第二義的な問題であってそれほど重要なことでなくなるように思われる。

本質的な問題は、二つの願の関係よりも、煩悩の自覚とその超克の仕方にあると考えられる。事実、両者の間には視点の移動があるように思われる。両者の視点の交換が生じているように思われるのである。石田は、武内が『教行信証の哲学』で捉えたように、親鸞の宗教的生の歩みを第二十願と第十八願との間を上下する運動とはせず第十八願のなかでの深まりとするとしても、後に煩悩の自覚とその克服に関する武内の把握に次第に深く注目するに至っているように思われる。つまり、人間存在の罪障性の洞察により注目するようになる。武内の現象学的立場に対して石田が主張した第十八願の論理的立場が退いて、人間の有限性を見る現象学的な眼差しが強くなってきているると言いうるように思う。一方、武内は親鸞の晩年の宗教的生の有り様にますます深く注目すると同時に、『教行信証の哲学』で表明した第二十願と第十八願との間の上下運動という捉え方は退き、「親鸞の回心の体験は、ただ一度かぎりであるので、無限に掘りさげられた」(『武内義範著作集』第二巻、四頁)と述べるようになる。罪障の克服は風邪が直るように自然に消え去るのではなく、第二十願から第十八願への飛躍に見られたような劇的な自覚を伴うとしても、それはただ一回かぎりの回心のなかでの深まりと捉えられるのである。

そこで両者に見られるのは、第二十願と第十八願とをより緩やかで有機的な連関のもとに捉えようとする見方である。二つの願をまず固定して切り離し、次いで両者の関係を捉えるのではなく、両者を内的な繋がりのもとに捉える見方が強くなってくるように思われる。そこでは、自己の罪障を克服して如来の悲願に触れるのではなく、自己の罪障の自覚のうちから如来の悲願が開かれてくる。あるいは、如来の悲願が自己の罪障の自覚のうちに降りてくる。それは、第二十願の立場が克服されて第十八願に高まるというよりも、第二十願の底に第十八願が開かれてくることと捉えられる。あるいは、第十八願の立場が第二十願を内に包みこんで、内に深まることであると考えられる。そのような連関のもとで捉えられることで、「果遂の誓い」としての第二十願の意義が生かされてくるように思う。そこに「トランス・デサンダンス」という超越の有り様が強く現れてくる。自己の懺悔と如来の賛嘆とは、そこでは一つである。武内は親鸞の晩年の宗教的生を、そのような角度から掘り下げている。

(3)　武内は、親鸞が晩年に愛好した曇鸞の言葉「高原の陸地には蓮の花は咲かないが、蓮は汚泥のなかにのみ、それに汚されない清浄の花をつける」をあげて、「親鸞の浄土真実というのは、如来の清浄心がつきつめた自己の有限性・罪障性の底に花開くということである」(同書、一〇六頁)と述べている。自己自身の罪障を見つめることが、それを超える如来の真実心を自己自身のうちに生ぜしめること、そして、無限に深まってゆく罪障の自覚は、それによって落着するところを見出すことを、武内はこの言葉に捉えているのである。そこに親鸞の信の立場がある。

ところで武内はさらに進んで、親鸞の信の深さは、信の確かさの最後の確証を、自己が如来の真実心を有することにではなく、逆に、それをひとかけらももたないところに見出しているところにある、と言う。一般的には、信仰の確かさは、自己自身の内の罪障性が次第に克服され、残るくまなく浄化されて、自己が如来の心光と一つになるところに求められるであろう。自力の執心や一切の煩悩が克服されて、如来の本願に全的に帰するところに信はその最後の根拠をもつと考えられるのである。三願転入は一面では、そのような自力の執心が次第に克服されてゆく過程であった。そして、そこに如来の心光一つになった喜びが見出されたのである。しかし親鸞は、信の確かさの最後の根拠をそこに認めない。むしろ、自己自身が煩悩具足の凡夫であり、その底に深い罪業の根を抱えた存在であること、自己が如来から離れていることの自覚に信の確かさの根拠を求める。自己が如来の真実心に照らされていることを、自己が真実心をもたない存在であることの自覚のなかで確証するのである。「トランス・デサンダンス」とは、そのような如来と自己との「逆対応」の関係である。そのような関係が、『歎異抄』第九条における唯円と親鸞の対話や、『教行信証』「信巻」における親鸞の有名な告白において示されている。それに関する武内の分析を見ておきたい。

『歎異抄』第九条において、唯円と親鸞は次のごとき対話を行っている。

〈念仏まうしそうらえども、踊躍歓喜のこころおろそかにそうろうこと、またいそぎ浄土へまいりたきこころのそうらわぬは、いかにとそうろうべきことにてそうろうやらん〉と、もうしいれてそうらいしかば、〈親鸞もこの不審ありつるに、唯円坊おなじこころにてありけり。よくよく案じみれば、天におどり地におどるほどによろこぶべきことを、よろこばぬにて、いよいよ往生は一定とおもいたまうべきなり。よろこぶべきこころをおさえて、よろこばせざるは煩悩の所為なり。しかるに仏かねてしろしめして、煩悩具足の凡夫とおほせられたることなれば、他力の悲願は、かくのごときのわれらがためなりけりとしられて、いよいよたのもしくおぼゆるなり〉。（『真宗聖典』、六二九頁）

親鸞はここで、念仏を申しても踊躍歓喜のこころがなく、また急いで浄土に往生したいという思いが生じないのはなぜか、という唯円の問いに答えて、「喜ぶべきこころを押さえて喜ばざるは煩悩のせいである。ところが、仏は以前からそのことを見通して、煩悩具足の凡夫と仰せられているのだから、他力の悲願はそのような我らのために向けられているのである」、それゆえ、「喜ぶべきことを喜ばないからこそ、いよいよ往生は定まっていると思うべきである」と述べている。このことに関して武内は、「念仏に踊躍歓喜の思いがないという唯円の嘆きに対して、親鸞は自分もそうだと言う。しかし、それにもかかわらず、まさにそれゆえに、喜ばざるにてと教える親鸞の言葉のなかに、彼の浄土真実の生き生きとした姿が端的にあらわれている」（『武内義範著作集』第二巻、一〇八頁）として、次のように述べている。

こうして、徹底的に苛責なく批判する自己批判の底から、そのような自己批判をもなしえないという、もう一段底の深い自己批判が生まれてくる。それは徹底できないという自己の誠実のなさ、おおまかに言えば、自己の有限性に対する徹底した自覚であって、その徹底した自覚がまた、どこまでも未徹底にとどまっているということである。そのような矛盾を含んだ自己批判は、それだけでは、内に喰いこみながら無限に深まっていく絶望にすぎないが、この矛盾を超え、これを包むものとして、超越的な仏のあなた（彼方）からの末とおりたる真実心というものが現われてくると、そこにようやく落着するところが見出される。それは、くるくると舞いながらかぎりなく深淵に落ちて行くかと思われた秋の木の葉が、しっかりと大地に受け止められるようなものである。親鸞の浄土真実というのは、そのような真実心の彼岸の大地性であって、それはどこまでも、人間に対しては、あなた（彼方）のものでありながら、それが同時に、真の人格、あなた（汝）からのものとして、私の心によびかけ、語りかけてくる、私の心に将来する真実である。

（『武内義範著作集』第五巻、二三三～二三四頁）

このような徹底した有限性の自覚と、それに対して彼方から呼びかけてくる汝との関係を、武内は後に時間において捉え、過去から現在へと下降する「正像末」の時間流と対立して、将来から現在へと流れる救済史の時間流という二つの時間流の出会いとして捉えている。その際、有限性の自覚の深まりとしての「正像末」の歴史観は、「汝との出会いの場所」となるのである。

ところで、『歎異抄』のこの言葉は、『教行信証』「信巻」の終わりのところに出てくる親鸞の有名な懺悔の告白に対応している。武内によれば、「この言葉の真摯な響きは、かれの極みない魂の深さ」を示しているが、『歎異抄』の言葉は、その告白をいわば対話の形式にまで推し進めたものに外ならない。親鸞はそこで次のように語っている。「まことにしんぬ。かなしきかな、愚禿鸞、愛欲の広海に沈没し、名利の大山に迷惑して、定聚の数に入ることをよろこばず、真証の証に近づくことをたのしまず。はずべし、いたむべし」。武内によれば、「定聚の数に入ることをよろこばず」とは「踊躍歓喜のこころおろそかにそうろうこと」ということであり、「真証の証に近づくことをたのしまず」ということは、「急ぎ浄土へまいりたきこころのそうらわぬ」ということであり、それゆえ両者は対応し、根本において同一の事柄を語っているのである。

注目すべきことは、親鸞がここで述べている「愛欲の広海」や「名利の大山」は、三願転入の際の二十願において見られた「自力の執心」と同じように、意識の表面を超え出て無意識の深層にその根を下ろしているということである。したがって、親鸞の晩年の宗教的生の歩みは、それを自覚にもたらしつつ、そのうちに深まることを通して、如来の悲願により深く目覚めてゆくところに捉えられる。先に見た第二十願と第十八願との間の往復運動が、親鸞の宗教的生の深まりの過程として内面化されているのである。これは第十八願のなかでの深まりといってもよいし、あるいは、第二十願から第十八願への絶えざる転入といってもよい。重要なことは、二つの願の関係ではなく、そこでどのような事態が問題となっているかを把握することである。

ところで、「愛欲の広海」や「名利の大山」は、親鸞においては、唯識説の「阿頼耶識」や「末那識」に相当する深さにおいて捉えられているとして、武内は次のように述べている。

私たちは愛欲の広海を、はげしい波頭が意識の岸辺を咬むような、荒々しい一時の欲望や情念としてのみ考える。しかしそれらの欲念は、それ以前に幾重にも重なりあって、業と呼ばれる、運命的な因果の錯綜をかたちづくっていた。この押し寄せるはるかな波のつらなりを現代人は無視して、ただ波しぶきをあげたときの一つの姿にだけ注目しようとする。しかし業・煩悩と言うとき、われわれは、いわば瞬間の激情の背後に、押し寄せては返す千波万波の連鎖を考える。そうしてこの連鎖のさらに深底に、意識の奥深くに激しく流れている深層意識の潮流を発見する――「暴流」のすざましさをもった「阿頼耶識」の流れ（中略）は、このような業の体験を、上述の下への超越として、逆超越論的（trans-descendental）な方向に省察していって、その深層意識の論理的な構造を（唯識学派が）明らかにしたものである。（中略）われわれの意識の発生は愛欲に因縁づけられ、わたしたちの人格は、それが成立する最初の瞬間から、性の場において意識として誕生する。

（『武内義範著作集』第五巻、一一三〜一一四頁）

一方、「名利の大山」について、次のように述べられる。

愛欲の広海が生死輪廻の阿頼耶識的深層のことであったように、名利の大山も、また親鸞においては、われわれの自覚を末那識的な深みに掘り下げて、初めて発見されるような意識の深層の事実であったであろう。末那識は唯識論では第七識と呼ばれていて、それは阿頼耶識を基底にしながら、逆に我痴・我見・我慢・我愛として、有身見（中略）によって、生存と世界を包む阿頼耶識の全領域を支配しようとする自我の名利心である。末那識は一切の善悪の判断（思量）の作用の根底であるが、同時にその根底自身が錯倒から成り立っているような判断（自己定立）である。（中略）末那識は我愛と自利のためにはたらいている自我の核心である。

（同書、一一五〜一一六頁）

そして、この両者について次のように述べられている。

こうして愛欲の根底には阿頼耶識、すなわち「性的実存」の問題があり、瞋恚の源には末那識的なもの、すなわち「権力意志」の問題がある。しかもこの二つの問題は両者ともに、人間存在の根底である規定根拠として把えられ、両者の関係を時間の場で究明しようとすると、それらのtransdescendentalな性格は根源的時間の相から明らかにせられ、永劫回帰的な有輪の象徴によって示されることとなる。（同書、一一六頁）

愛欲の広海や名利の大山がこのようにして、第二十願の自力の執心と同じく人間の実存の深層にその根を降ろしているものであるとき、両者の間には本質的な区別は存在しないものとなる。ただ違いは、それが意識されているか否かにすぎない。それが自覚されてくるとき、その自覚はますます深く自我の根源に潜む闇へ我々の目を向けさせることになる。しかし、その苦悩は信仰を揺るがすものではない。逆に、その苦悩は信仰を確かなものとするのである。そのことを武内は次のように言う。

けれどもそれは彼の信仰を揺るがすものではなかった。かえってその苦悩こそが摂取の心光（衆生を摂め取って捨てない弥陀の慈悲の光）につねに護られている彼自身を、発見せしめる因として自覚された。（中略）〔それは〕安らぎと慶喜の感情である。そこには何か確固不動のものが、彼方から将来する真実との結びつきによって示されている。（中略）そこでは苦悩の深さ、罪障の重さは、一面では人間の有限性が底のない深淵であることを開き示すことになるが、同時にそれを通してあたかも深淵が深淵と響き合うように、無限の否定を貫いた無限の肯定が、彼方からのものとして、自己の実存を全領するであろう。（同書、一一三頁）

親鸞において、自己がその根源においてこのような罪業を背負っているということの苦悩は、「摂取の心光に護られている彼自身を発見せしめる因として自覚された」ということである。それと同時に、親鸞の生は絶えざる懺悔の生となる。自己の底に取り除きがたく巣喰っている悪を自覚することは、そのようなものである自己に安んじることではない。それは懺悔の生活となる。

親鸞のひたすらな自信教人信の生活も、恩師法然の眼を通して自らが自らを批判するとき、なおその足跡が名利の大山に迷惑し続けると、彼には感じられる。そこに親鸞のかぎりない努力があり、『教行信証』が滴々血涙の跡である理由がある。しかしこの懺悔は同時に讃嘆であり、懺悔と讃嘆の交互媒介は、彼の自督（自己の体得したところを、批判を通じて、自覚にのぼらせること）の深さとなって示されている。（同書、一一九頁）

武内は、自己においてそのような親鸞の「自督の深さ」を究めてゆくことに、「トランス・デサンダンス」としての超越を捉えているのである。

初出一覧

Ⅰ　無限のイマージュ

心情に映った空――空と無常――（『無常』岩波講座　日本文学と仏教第四巻、岩波書店、一九九四年に所収、原題「空と無常」）

宗教と構想力（『日本の哲学』第二号「構造力／想像力」、昭和堂、二〇〇一年に所収、原題「影現の世界としての宗教」）

表現と自覚（『宗教哲学研究』No.16、北樹出版、一九九九年に所収、原題「表現と自己」）

Ⅱ　自然と自覚と他者

自覚における自然――シェリングの自然哲学とフランス・スピリチュアリスムの哲学――（『シェリング年報』第八号、晃洋書房、二〇〇〇年に所収）

他者と無限――エマニュエル・レヴィナスの思想――（山本誠作・長谷正當編『現代宗教を学ぶ人のために』、世界思想社、一九九八年所収、原題「エマニュエル・レヴィナス」）

「霊動弁別」という判断の形式――イグナチウス・デ・ロヨラの『霊操』における――（『修行の研究――修行の目的・形態・意味についての学際的研究――』、平成8～11年度科学研究費補助金―基盤研究(A)(2)研究成果報告書、二〇〇〇年に所収）

Ⅲ　人間と超越

絶対自由意志と象徴の世界――ベルクソンから見た西田哲学の位置づけ――（上田閑照編『西田哲学』、創文社、一九九四年に所収、原題「西田哲学とベルクソン」）

死の哲学と実存協同の思想――田邊元の晩年の思想――（『哲学研究』五六五号、京都哲学会、一九九八年に所収）

ニヒリズムと空の思想――西谷啓治の哲学の根本問題――（『大乗禅』第八五九号、中央仏教社、一九九六年に所収）

トランス・デサンダンスとしての超越――武内義範の宗教哲学――（『宗教哲学研究』No.21、北樹出版、二〇〇四年に所収）

出典文献一覧

『霊操』（岩波文庫、イグナチオ・デ・ロヨラ著、門脇佳吉訳・解説、岩波書店、一九九五年）
『存在と意味』（『ティリッヒ著作集』9、ティリッヒ著、大木英夫訳、白水社、一九七八年）
『全体性と無限──外部性についての試論』（エマニュエル・レヴィナス著、合田正人訳、国文社、一九八九年）
『存在するとは別の仕方であるいは存在することの彼方へ』（エマニュエル・レヴィナス著、合田正人訳、朝日出版社、一九九〇年）
『省察』（中公クラシックス、デカルト著、井上庄七・森啓訳、中央公論社、二〇〇二年）
『習慣論』（岩波文庫、ラヴェッソン著、野田又夫訳、岩波書店、二〇〇一年）
『夜と霧』（『フランクル著作集』1、ヴィクトール・フランクル著、霜山徳爾訳、みすず書房、一九五六年）
『道徳と宗教の二つの源泉』（『世界の名著53』ベルクソン著、森口美都雄訳、中央公論社、一九六九年）
『ロンドン論集とさいごの手紙』（シモーヌ・ヴェーユ著、田辺保・杉山毅訳、勁草書房、一九八七年）
『シモーヌ・ヴェーユ著作集』2、4、5（2中田光雄、4渡辺秀、5山崎庸一郎訳、春秋社、一九九八年）
『超自然的認識』（シモーヌ・ヴェーユ著、田辺保訳、勁草書房、一九七六年。新装版は一九八四年）
『宗教学会報』No. 3（大谷大学宗教学会、一九八七年）
『西田幾多郎全集』第二巻、第三巻、第四巻、第十巻（岩波書店、一九八七〜一九八九年）
『西谷啓治著作集』第一巻、第八巻、第九巻、第十巻、第十一巻、第十三巻、第十四巻、第二十巻（創文社、一九八七〜一九九五年）

『随想集　青天白雲』（西谷啓治著、佐々木徹解説、燈影舎、二〇〇一年）
『田邊元全集』第九巻、第十三巻（筑摩書房、一九六三年）
『曽我量深撰集』第三巻、第五巻（彌生書房、一九七六年）
『武内義範著作集』第一巻、第二巻、第三巻、第五巻（法藏館、一九九九年）
『真宗聖典』（真宗大谷派宗務所出版部、一九七八年）
『欲望の哲学――浄土教世界の思索』（長谷正當著、法藏館、二〇〇三年）
"*Dialogues with contemporary Continental thinkers*", *Thi phenomenological heritagem*, Richard Kearney, Manchester University Press, 1984
『日本語の語源』（阪倉篤義著、講談社現代新書、一九七八年）
『小林秀雄全集』第八巻（新潮社、一九七八年）
『亀井勝一郎全集』第八巻（講談社、一九七三年）
『無常』（唐木順三著、筑摩書房、一九六四年）

あとがき

本書には、著者が一九九四年から二〇〇四年までの間に書いた十篇の論文が収められている。前著『欲望の哲学』では浄土教の思想に関するものを主としたので、本書では、そこに収められなかった宗教哲学に関する諸論がまとめられている。それぞれが書かれた時期は、前著の諸論のそれと大体において重なっているが本書の最初の論文と西田幾多郎、田邊元、西谷啓治の宗教哲学思想に関する諸断片は、時期としては前著の諸論よりも以前に書かれている。したがって、本書は前著よりも先に、あるいは同時に出版する方がよく、またその予定であったが、整理の都合で順序が逆になり、また発行の時期も大幅に遅れることになった。

本書の諸論もさまざまな機会に応じて発表されたもので、統一的な見方のもとに書かれたものではない。しかし、それらに通底するものがないわけではないので、それを、本書に付した題名と副題、『心に映る無限――空のイマージュ化――』について簡単に説明することで示しておきたい。

人間は有限な諸事物に囲まれ、それらと関わりつつ、同時に、目に見えぬ無限に関わり、無限を呼吸することで生きている。人間は生物として他の諸動物と同じように土の上に生き、土を離れえないが、そこで生きるための不可欠な要素として人間は無限をもつ。そこに人間の固有性と独自性があり、人間が言葉を語り、善や悪に関わり、自由な存在である所以がある。古来から、神、如来、空、本願、そして他者や汝などの名で呼ばれてきたものは、人間が大地に住みうるために呼吸し、それによって自らを養ってきた無限を指すものにほかならない。しかし、人間は超絶的な無限に無媒介的・直接的に触れることはできない。我々が無限を呼吸しうるためには、無限は我々に身近かな情意の世界に降りて来てそこに映るのでなければならない。それは無限がイマージュとなることである。我々はイマージュにおいて無限を生きるのである。芸術や宗教が関わるのは、そのような情意に映った無限にほかならない。「表現」や「信」という言葉が示すのもまた、無限が情意に現れて映るという出来事である。

本書の諸論において、直接的、あるいは間接的に考察され追究されているのは、そのような人間の身近に現れた無限の諸相である。「空のイマージュ化」という言葉は、西谷啓治がその最後の論文「空と即」において用いている言葉を借りたものである。その言葉によって西谷は、超絶的で不可視な無限ないし永遠が人間の情意に映って、いわば可視的になることを指している。しかし、その事態を、西谷は「無限」という一般的で普遍的な哲学的用語ではなく、「空」という、仏教の伝統において馴染みな語を用いて説明している。それゆえ、ここでも、人間の情意において現れ映った無限を「空のイマージュ化」と捉え直して本書の副題とした。

本書は三部に分けられている。第一部は、人間存在において想像力やイマージュがもつ意味ないし働きを「表現」や「自覚」や「超越」の問題との関わりから考察した諸論が集められている。なかには、前著で述べた事柄と若干の重複も含まれているが、前後のつながりを考えて、そのままとどめておいた。

第二部は、ラヴェッソン、シェリング、レヴィナス、イグナチウス・デ・ロヨラなど西欧の哲学者ないし宗教家の思想において問題とされた事柄を対象としたものであるが、そこでは、イマージュの問題は、習慣や芸術が関わる「内なる自然」という角度から、また宗教的生の深みに働く想像力の問題との関わりにおいて考察されている。シェリングの哲学とフランス・スピリチュアリスムとの連関を考察したものは、一九九九年度のシェリング学会での講演がもとになっているが、フランス・スピリチュアリスムの哲学をその外から眺めてみたいという思いがシェリングの哲学からラヴェッソンの哲学を照明することを促した。レヴィナスに関するものは一九九八年、その哲学の紹介を目的として書かれたもので入門的なものである。しかし、レヴィナスの思想の骨格をなすものとその哲学の主要な諸問題が示されているので本書に収録した。イグナチウス・デ・ロヨラの『霊操』で考察したことも、宗教的生の深みにおける想像力の働きを「霊動弁別」という判断力の一形式を介して見ようということである。

第三部は西田、田邊、西谷、武内など、京都学派の哲学や宗教哲学に触れて書いたものである。武内義範の思想を取り上げた「トランス・デサンダンスとしての宗教哲学」は二〇〇四年に書かれたもので比較的新しいが、西田哲学、西谷啓治、田邊元の思想について述べたものは一九九四年から一九九八年にかけて書かれており、時期的にはかなり古く、今の時点では不備なものを感じざるをえない。とくに、西田、西谷についてのものは与えられた題名のもとで書かれたという制約もあって、一面しか触れておらず、いずれも断片的で不十分なものでしかない。しかし、これまで西田や西谷に関する諸研究においてあまり注目されてこなかったが、両者の思想を深いところで繋いでいる問題があるように思う。それは「イマージュとしての知」の問題である。それは表立って現れてはいないにせよ、西田の思索において、とりわけ『自覚における直観と反省』から「場所」にいたる思索の展開において重要な位置を占めているものである。そしてまた、西谷の晩年の思索は、その問題を、西田の直接経験や純粋経験の考えを補完するものとして追究しており、その問題をめぐる西谷の思索の意義は今後本格的に追究されることになるであろう。そのような問題への関心がそこにある。

鈴木大拙は仏教の本質は「ものを内から知ること」としたが、西谷啓治は、仏教に固有な知を「ものに即した知」として捉え、その知の固有性を、西欧の哲学的知の究極をあらわすアリストテレスの「ノエシス・ノエセオース（知の知）」やそれのより徹底した別表現であるヘーゲルの「絶対知」と対比させて究明している。そして、「ノエシス・ノエセオース」としての西欧の哲学知が「ものから離れ行く知」であるのに対して、「ものに即した知」

としての仏教の知は「ものを内から知る知」であり、それは「イマージュとしての知」であるとする。「イマージュとしての知」は人間の知の最も原初的形態である、動物にも通じるような感覚という知から、釈尊の正覚において出現したような根源的な目覚めとしての知にも跨がり、あらゆる知の段階を含んでいる。イマージュは、人間を超えた見えない超越的世界を情意の世界に映し、それを呼吸することを可能にするだけではない。それは人間存在の暗い根底から立ちのぼってきて、不透明な事実を内から照らし出し、情意に映った無限を人間存在の根底に浸透せしめる。そのようなものとして、イマージュは人間において最も直接的で原初的な知なのである。そのようなイマージュとしての知を人間に最も本有的な知として追究することを西谷の晩年の思索は課題としている。

本書の諸論に共通するなんらかの特色があるとするならば、それは、超越の問題をイマージュとの連関において追究して、人間存在の内奥に通じるイマージュとしての知の働きや意味を明らかにしようと模索しているところにあると言えよう。

本書の出版に際しては今度も、法藏館編集部の戸城三千代さんにお世話になった。さまざまのきめ細かい配慮や助言をいただいたことにこころよりお礼申しあげたい。

平成十七年五月三日

長谷　正當

長谷正當（はせ　しょうとう）

1937年富山県に生まれる。1965年京都大学大学院文学研究科博士課程修了（宗教学専攻）。文学博士。現在，大谷大学教授，京都大学名誉教授。
主な著書に『欲望の哲学——浄土教世界の思索』（法藏館），『思想史の巨人たち』（共著，北樹出版），『象徴と想像力』（創文社），『現代宗教思想を学ぶ人のために』（共編，世界思想社），『宗教の根源性と現代』（共編，晃洋書房）ほか。

心に映る無限——空《くう》のイマージュ化——

二〇〇五年九月一五日　初版第一刷発行

著　者　長谷正當
発行者　西村七兵衛
発行所　株式会社　法藏館
京都市下京区正面通烏丸東入
郵便番号　六〇〇-八一五三
電話　〇七五-三四三-〇〇三〇（編集）
〇七五-三四三-五六五六（営業）

装幀者　高麗隆彦
印刷・製本　亜細亜印刷株式会社

ISBN 4-8318-3825-X C1010